四川省社会科学研究"十三五"规划基地重大项目（SC17EZD050）

互联网时代
中华优秀传统文化的传承与创新研究

主　编／李贵卿
副主编／祖　霞

四川大学出版社
SICHUAN UNIVERSITY PRESS

图书在版编目（CIP）数据

互联网时代中华优秀传统文化的传承与创新研究 / 李贵卿主编． — 成都：四川大学出版社，2023.5
ISBN 978-7-5690-6055-3

Ⅰ．①互… Ⅱ．①李… Ⅲ．①中华文化－研究 Ⅳ．① K203

中国国家版本馆 CIP 数据核字（2023）第 056760 号

书　　名：互联网时代中华优秀传统文化的传承与创新研究
Hulianwang Shidai Zhonghua Youxiu Chuantong Wenhua de Chuancheng yu Chuangxin Yanjiu
主　　编：李贵卿

选题策划：庄　溢
责任编辑：庄　溢
责任校对：刘一畅
装帧设计：墨创文化
责任印制：王　炜

出版发行：四川大学出版社有限责任公司
　　　　　地址：成都市一环路南一段 24 号（610065）
　　　　　电话：(028) 85408311（发行部）、85400276（总编室）
　　　　　电子邮箱：scupress@vip.163.com
　　　　　网址：https://press.scu.edu.cn
印前制作：四川胜翔数码印务设计有限公司
印刷装订：成都市新都华兴印务有限公司

成品尺寸：170mm×240mm
印　　张：17.75
字　　数：338 千字

版　　次：2023 年 5 月 第 1 版
印　　次：2023 年 5 月 第 1 次印刷
定　　价：78.00 元

本社图书如有印装质量问题，请联系发行部调换

版权所有 ◆ 侵权必究

扫码获取数字资源

四川大学出版社
微信公众号

前　言

中华优秀传统文化博大精深、辉煌灿烂、自成一体，是中华民族最根本的精神归宿和最深层次的精神追求，也是中华民族历经艰险、不断发展的内在动力。中华优秀传统文化对中国历代治国理政产生了极其深刻的影响，对牢不可破的中华民族共同体意识形成发挥了重要的历史作用。在人类社会迈入21世纪，互联网深度融入我们的工作生活时，如何传承与创新中华优秀传统文化，使其在实现中华民族伟大复兴中国梦的进程中放射出璀璨的光芒，是摆在我们面前的时代课题。

2015年，习近平主席在俄罗斯媒体发表《铭记历史，开创未来》的署名文章，曾引用俄罗斯著名历史学家克柳切夫斯基的话："如果丧失对历史的记忆，我们的心灵就会在黑暗中迷失。"在互联网时代，在对知识的学习和积累已渐趋碎片化这一总趋势下，人们容易被铺天盖地、真假难辨的网络信息所淹没，对中国传统文化或一知半解，或知之不深，存在着对中华优秀传统文化的本质认识不足，对中华优秀传统文化的内涵和资源认识不足，对中华优秀传统文化的历史作用认识不足，对在互联网时代传承与创新中华优秀传统文化的机遇与挑战认识不足，对中华优秀传统文化传承与创新对中华民族和人类当代及未来的影响与作用认识不足等诸多问题。因此，我们需要开展互联网时代中华优秀传统文化传承与创新研究，挖掘中华优秀传统文化对中华文明的贡献以及中华优秀传统文化对当今社会具有积极意义的核心内容；讲清楚中华优秀传统文化既是人类文明的重要组成部分，也将成为未来文明的发轫，以增强中华民族的文化自信。这既是实现中华民族伟大复兴之文化复兴的需要，更是实现中华民族伟大复兴的历史责任。

党的二十大报告指出："中华优秀传统文化源远流长、博大精深，是中华文明的智慧结晶。"[1] 我们要把马克思主义基本原理与中华优秀传统文化相结合，不断推进马克思主义中国化，增强中华文明的传播力和影响力。"中国共产党人深刻认识到，只有把马克思主义基本原理同中国具体实际相结合、同中华优秀传统文化相结合，坚持运用辩证唯物主义和历史唯物主义，才能正确回答时代和实践提出的重大问题，才能始终保持马克思主义的蓬勃生机和旺盛活力。"[2] 因此，中华优秀传统文化具有长远的生命力。

在本书中，我们将开展互联网时代传承与创新中华优秀传统文化研究，阐明传承与创新中华优秀传统文化是实现中国梦不可或缺的重要组成部分、中华优秀传统文化在新时代中国特色社会主义建设时期的指导意义，厘清中华优秀传统文化与中国经济建设、政治建设、文化建设、社会建设、生态文明建设"五位一体"总体布局的关联，这是传承与创新中华优秀传统文化的意义与价值所在。我们还将开展互联网时代传承弘扬中华优秀传统文化与铸牢中华民族共同体意识的价值研究，以揭示中华优秀传统文化对于培育中华民族共同体意识，增强我国各族人民对伟大祖国、中华民族、中华文化、中国共产党和中国特色社会主义道路认同的价值和作用。我国高等教育的重要任务之一是文化的传承与创新，因此，就如何在高等教育中弘扬中华优秀传统文化，将"天下兴亡、匹夫有责"的家国情怀、"仁爱共济、立己达人"的社会关爱、"正心笃志、崇德弘毅"的道德修养等文化精髓传承给当代大学生，使其成为中华优秀传统文化的传承者、传播者、创造者开展研究，就非常具有时代意义。为发挥中华优秀传统文化的滋养功能、育人功能和凝聚功能，需要不断开发优质的文化产品并有效地拓展文化传播途径以促进文化繁荣。因此，我们以党的二十大精神为指引，开展互联网时代中华优秀传统文化的传播研究和"互联网＋中华优秀传统文化"产业新业态融合创新研究，分析互联网时代中华优秀传统文化传播所面临的机遇与挑战，就如何落实"互联网＋"和"文化＋"产业行动，充分发展"互联网＋中华优秀传统文化"新业态，提出建议和对策。总之，开展"互联网时代中华优秀传统文化的传承与创新研究"并尝试回答上述诸问题，既能抛砖引玉，又具有深远的理论意义和实践价值。

---

[1]习近平：《高举中国特色社会主义伟大旗帜　为全面建设社会主义现代化国家而团结奋斗——在中国共产党第二十次全国代表大会上的报告》，人民出版社，2022年版，第18页。

[2]习近平：《高举中国特色社会主义伟大旗帜　为全面建设社会主义现代化国家而团结奋斗——在中国共产党第二十次全国代表大会上的报告》，人民出版社，2022年版，第17页。

一、传承与创新中华优秀传统文化的时代价值

（一）中华优秀传统文化的主要内涵

2017年1月，中共中央办公厅、国务院办公厅印发了《关于实施中华优秀传统文化传承发展工程的意见》，指出传承发展中华优秀传统文化是建设社会主义文化强国，增强国家文化软实力，实现中华民族伟大复兴的中国梦的重要举措。

中华优秀传统文化的内容主要包含中华优秀传统文化的传统核心理念、中华传统美德、中华人文精神等。

1. 传统核心理念

中华民族和中国人民在修齐治平、尊时守位、知常达变、开物成务、建功立业过程中培育和形成的基本思想理念，如革故鼎新、与时俱进的思想，脚踏实地、实事求是的思想，惠民利民、安民富民的思想，道法自然、天人合一的思想等，可以为人们认识和改造世界提供有益启迪，可以为治国理政提供有益借鉴。传承发展中华优秀传统文化，就要大力弘扬讲仁爱、重民本、守诚信、崇正义、尚和合、求大同等核心思想理念。

2. 中华传统美德

中华优秀传统文化蕴含着丰富的道德理念和规范，如"天下兴亡，匹夫有责"的担当意识，"自强不息"的奋斗精神，"舍生取义"的牺牲精神，"精忠报国、振兴中华"的爱国情怀，"崇德向善、见贤思齐"的社会风尚，"孝悌忠信、礼义廉耻"的荣辱观念，"革故鼎新"的创新思想，"国而忘家，公而忘私"的价值理念，等等，一直是中华民族奋发进取的精神动力。此外，"天人合一""天下为公"的社会理想，"以人为本""民为邦本"的治国理念，"载舟覆舟""居安思危"的忧患意识，"止戈为武""协和万邦"的和平思想，"与人为善""己所不欲，勿施于人"的处世之道，"儒法并用""德刑相辅"的治理思想，"和为贵""和而不同"的东方智慧，一直是中华民族治国理政的思想渊源，体现着评判是非曲直的价值标准，潜移默化地影响着中国人的行为方式。传承发展中华优秀传统文化，就要大力弘扬自强不息、敬业乐群、扶危济困、见义勇为、孝老爱亲等中华传统美德。

3. 中华人文精神

中华优秀传统文化积淀着多样、珍贵的精神财富，如求同存异、和而不同

的处世方法，文以载道、以文化人的教化思想，形神兼备、情景交融的美学追求，俭约自守、中和泰和的生活理念等，是中国人民思想观念、风俗习惯、生活方式、情感样式的集中表达，滋养了独特丰富的文学艺术、科学技术、人文学术，至今仍然具有深刻影响。传承发展中华优秀传统文化，就要大力弘扬有利于促进社会和谐、鼓励人们向上向善的思想文化。①

（二）传承与创新中华优秀传统文化必须坚定文化自信

党的十八大以来，习近平总书记多次谈到中国传统文化。他指出："我们要坚持道路自信、理论自信、制度自信，最根本的还有一个文化自信。"习近平总书记对此还有过多次论述，如"增强文化自觉和文化自信，是坚定道路自信、理论自信、制度自信的题中应有之义""中国有坚定的道路自信、理论自信、制度自信，其本质是建立在5000多年文明传承基础上的文化自信"。为何习近平总书记如此重视文化的作用？这是因为"文明特别是思想文化是一个国家、一个民族的灵魂，无论哪一个国家、哪一个民族，如果不珍惜自己的思想文化，丢掉了思想文化这个灵魂，这个国家，这个民族是立不起来的。"②

我们有博大精深的中华优秀传统文化。它积淀着中华民族最深沉的精神追求，是中华民族文化发展的源泉，是中华民族的精神归宿、赖以生存和发展壮大的软实力。在中华传统文化诸多思想理念里，像"厚德载物"的宽容品格、"舍生取义"的牺牲精神、"先天下之忧而忧，后天下之乐而乐"的担当意识、"协和万邦"的和平思想、"达济天下"的人类情怀等，传承千百年，已浸润于每个中国人心中，潜移默化地影响着每个中国人，它不仅构成了中国人独特的精神世界，也是社会主义核心价值观的重要来源。流传至今的经史典籍中包括浩如烟海的治国理政智慧、自我修养的名言警句，为中华民族认识世界、治理国家、修身养性提供了重要依据，不仅为人类文明添砖加瓦，也是我们文化软实力的重要组成部分。

习近平总书记在十九大报告中指出："文化是一个国家、一个民族的灵魂。文化兴国运兴，文化强民族强。没有高度的文化自信，没有文化的繁荣兴盛，就没有中华民族伟大复兴。要坚持中国特色社会主义文化发展道路，激发全民

---

①刘建琼，罗慧：《基于文化自信的区域教育史志研究》，湖南教育出版社，2018年版，第5—6页。

②习近平：《在纪念孔子诞辰2565周年国际学术研讨会暨国际儒学联合会第五届会员大会开幕会上的讲话》，《人民日报》2014年9月25日。

族文化创新创造活力,建设社会主义文化强国。"①中华民族拥有历史悠久、底蕴深厚的文化传统,正是因为有了对民族文化的自信和自豪,才能历经磨难而越挫越勇,不断发展壮大,傲然屹立于世界民族之林。

深刻理解文化自信,有利于增强对道路自信、理论自信和制度自信的认识。"四个自信"同向而行、相互印证、相互成就。但事实不容忽视,虽然中华传统文化源远流长,对世人影响颇深,但中国目前仍然是文化大国而不是文化强国。历史一再告诉我们,一个遗忘、抛弃甚至背叛自己国家民族历史和文化的国家即使能强盛一时,也迟早或被侵略者打败、或不打自败直至自行消亡。所以,坚定文化自信,把文化作为民族凝聚力的根本要素,对国家经济发展、政治清明、社会稳定、百姓安居乐业等都有着巨大的作用力和影响力。文化资源是一个社会保持可持续发展的重要因素。在中国特色社会主义新时代,必须对中华优秀传统文化进行传承和创新,以推动中华民族的经济和社会发展。尤其是在互联网时代,中华优秀传统文化更加需要创新、转化,使之成为中华民族建设中国特色社会主义和实现中华民族伟大复兴中国梦的精神力量。

(三)互联网时代传承与创新中华优秀传统文化的重大意义

互联网时代,传承与创新中华优秀传统文化是形势所需,如何传承与创新则是摆在我们面前的一个重要的时代课题。

1. 中华优秀传统文化是坚定文化自信的重要基础

张田田、陈琳认为:"中华优秀传统文化是当代中国发展的历史根基,是坚定文化自信的重要来源。首先,中华传统文化历史悠久且至今仍富有极强生命力。世界四大古文明中,唯有以中国传统文化为核心的华夏文明绵延五千余年而从未中断,并且中华传统文化在经过创造性转化和创新性发展之后更是焕发新的生命力。譬如,新儒学重新成为显学,孔子学院遍布世界,国外汉学研究日渐增多,这些都是中国优秀传统文化极具生命力的体现。其次,中国传统文化博大精深、成就辉煌,并在世界历史上曾长期处于领先地位。中华民族在哲学、史学、文学、艺术以及科学技术等领域都曾创造出辉煌灿烂的成就,为我们留下了宝贵的文化遗产。更重要的是,中华优秀传统文化中蕴含着仁爱、重民本、守诚信、崇正义、尚和合、求大同等核心思想理念,自强不息、敬业乐群、扶危济困、见义勇为、孝老爱亲等中华传统美德,促进社会和谐、鼓励

---

① 习近平:《决胜全面建成小康社会 夺取新时代中国特色社会主义伟大胜利——在中国共产党第十九次全国代表大会上的报告》,人民出版社,2017年版,第40—41页。

人们向上向善的思想文化内容，至今仍可以为人们认识和改造世界提供有益启迪，可以为治国理政提供有益借鉴，是中华民族的宝贵精神财富。最后，中国传统文化具有广泛世界影响力。"①

2. 中华优秀传统文化是社会主义核心价值观的重要思想源泉

中华民族在发展进程中形成了一整套关于人与自然、人与社会、人与人等关系的行为规范，并且形成了有别于其他民族的价值观念和行为准则。这些观念、规范是中华优秀传统文化的重要组成部分，同时成为维系中华民族共同体的精神内核，成为在中华大地上代代相传、凝心聚力的精神纽带。

中国共产党一直致力于继承和弘扬中华优秀传统文化，挖掘中华优秀传统文化的宝藏。党的十八大正式提出，"倡导富强、民主、文明、和谐，倡导自由、平等、公正、法治，倡导爱国、敬业、诚信、友善，积极培育和践行社会主义核心价值观"。把中华优秀传统文化与当代社会主义核心价值观联系起来考察，我们认识到中华优秀传统文化是社会主义核心价值观的重要思想源泉。社会主义核心价值观植根于中华传统文化的沃土之中，继承和发扬了中华优秀传统文化中的核心思想理念和传统美德。国富民强、格物致知、诚意正心、修身齐家等价值准则早已牢固镌刻在中华儿女的内心深处。

所以，社会主义核心价值观不是无源之水、无本之木，而是中华优秀传统文化长期积淀的成果，承载着中华优秀传统文化的基因，对于促进人的全面发展、促进社会繁荣进步、引领世界和平发展具有重要现实意义和深远历史意义。

3. 中华优秀传统文化是全面推进社会主义现代化建设的重要法宝

在社会主义现代化建设的进程中，我国的综合国力、人民的生活水平和幸福指数显著提高。但是，随着物质文明建设水平的提高，精神文明建设水平却没有同步提升（这是社会发展过程中的普遍规律），并出现诸多社会矛盾。

中华优秀传统文化中蕴含着丰富的治国理政理念、道德规范和人文精神等思想精华，是加强社会主义先进文化建设、促进社会稳定和谐发展、全面推进社会主义现代化建设的重要法宝。

---

① 张田田、陈琳：《论新时代学习与传承中华优秀传统文化的重要意义》，《理论观察》2019年第1期。

4. 中华优秀传统文化是建设和发展中国特色社会主义的重要支撑

建设和发展中国特色社会主义，势必要传承和创新中华优秀传统文化，弘扬具有理论价值和时代价值的思想理念、传统美德和人文精神，创造出具有国风民韵、内容丰富、表达形式多样的文化产品，不断充实和丰富中国特色社会主义文化的内涵，使文化自信发自内心、更具底气、更加豪迈。

因此，在中国特色社会主义建设新时代以及互联网时代的背景下，中华优秀传统文化的传承被赋予了新的内涵和历史使命。我们不仅要探索中华优秀传统文化与实现中华民族伟大复兴中国梦的关系，要发挥中华优秀传统文化对培育中华民族共同体的滋养作用，以及中华优秀传统文化对高校思想政治教育工作的价值引领功能，还要积极探索互联网时代中华优秀传统文化的传播方式与策略的创新，大力发展"互联网＋""文化＋"产业，助推"互联网＋中华优秀传统文化"的新业态融合创新发展。

5. 中华优秀传统文化是增强文化软实力、维护国家文化安全的重要保障

进入 21 世纪，伴随着日趋激烈的综合国力竞争，以发展道路、国家形象尤其是价值观念、民族精神为核心内容的软实力竞争也愈加激烈，世界主要大国无不将提高文化软实力作为国家重要发展战略。

对于我国而言，同快速提升的经济实力相比，文化软实力仍是短板弱项。"西强我弱"的国际舆论格局没有得到根本改变。同时，对于一个国家和民族而言，缺乏安全屏障的文化开放，有可能丧失文化发展自主性，甚至沦为异质文化的附庸。我们珍视、礼敬中华优秀传统文化，是要在文化开放发展中强基固本，向世界大力宣介崇仁爱、重民本、守诚信、讲辩证、尚和合、求大同的中华文化，将一个文明、民主、开放、进步的中国展示给世界，这对于树立和维护中国良好的国际形象具有越来越重要的战略意义。

在此意义上，中华优秀传统文化是增强文化软实力、维护国家文化安全的重要保障。

6. 中华优秀传统文化是讲好中国故事、向世界宣传展示中国的不竭源泉

习近平总书记在 2015 年 12 月全国党校工作会议上的讲话中指出："落后就要挨打，贫穷就要挨饿，失语就要挨骂。形象地讲，长期以来，我们党带领人民就是要不断解决'挨打'、'挨饿'、'挨骂'这三大问题。经过几代人不懈

奋斗，前两个问题基本得到解决，但'挨骂'问题还没有得到根本解决。"[①]

我们只有讲好中国故事，才能增强国际传播竞争能力。当年周恩来总理用"中国的罗密欧和朱丽叶"向国际友人介绍越剧《梁山伯与祝英台》，他们很快就产生了情感共鸣。讲故事是向国际社会传播本民族思想文化的最佳方式，讲好一个故事胜过万千大道理。因此，以中华优秀传统文化为根基有利于讲好中国故事，向世界展示一个真实的中国、立体的中国、全面的中国。

二、创新观点和研究框架

（一）创新观点

其一，根据习近平总书记"文化是一个国家、一个民族的灵魂。文化兴国运兴，文化强民族强。没有高度的文化自信，没有文化的繁荣兴盛，就没有中华民族伟大复兴。要坚持中国特色社会主义文化发展道路，激发全民族文化创新创造活力，建设社会主义文化强国"的重要论述，阐明中华优秀传统文化是中国文化自信的重要源泉与根基。

其二，全方位审视中华优秀传统文化，充分论述传承与创新中华优秀传统文化对新时代中国特色社会主义建设的重要意义。

其三，在互联网时代传承与创新中华优秀传统文化，需要洞悉互联网时代给传承与创新中华优秀传统文化带来的机遇与挑战，把中华优秀传统文化的思想精髓与互联网结合，大力弘扬中华优秀传统文化的时代价值与人文精神，不断丰富和充实中国特色社会主义的文化内涵，坚定"四个自信"，为实现中华民族的伟大复兴奠定坚实的文化基础。

（二）研究框架

本书主要从以下几个方面进行阐释：

第一，深入挖掘中华优秀传统文化中的积极因素，通过文献分析，从中华优秀传统文化基本特征在于"讲求仁者爱人""立足民生民本""坚守诚信正义""追求和合大同"等方面进行深入研究，并深入阐释其现代意义，在"总论"中明晰中华优秀传统文化的基本内涵、功能及相关内容。

第二，厘清中华优秀传统文化与中国特色社会主义经济建设、政治建设、

[①] 中共中央党史和文献研究院：《习近平关于总体国家安全观论述摘编》，中央文献出版社，2018年版，第117页。

文化建设、社会建设、生态文明建设"五位一体"总体布局的关联，深入研究中华优秀传统文化对服务经济建设、促进政治建设、创新文化建设、和谐社会建设、生态文明建设的积极意义；在此基础上进一步分析中华优秀传统文化对实现中华民族伟大复兴中国梦的积极意义。

第三，系统研究中华优秀传统文化对培育中华民族共同体意识的重要作用，分析互联网时代铸牢中华民族共同体意识所面临的机遇与挑战，以及铸牢中华民族共同体意识的路径。

第四，研究中华优秀传统文化对于丰富高等教育思想政治教育工作的重要价值，阐述互联网时代高等教育传承创新中华优秀传统文化的主要目标和重要功能，解析互联网时代高等教育传承与创新中华优秀传统文化的重点与难点，对互联网时代实施高等教育传承创新中华优秀传统文化工程提出具体思路。

第五，本着凡是源远流长、历久弥新的文化，一定既渗透着历史基因，也浸润着时代精神的逻辑思维，科学分析在互联网时代如何解决中华优秀传统文化在传播过程中面临的机遇与挑战，深入探讨中华优秀传统文化在传播过程中的策略、受众培养和传播人才培养等问题。

第六，研究"互联网+中华优秀传统文化"产业新业态融合创新发展模式和政策体系。

总之，中华优秀传统文化必须经过"转化"，才能适应新时代中国特色社会主义建设的文化需求；中华优秀传统文化必须经过"传承"，才能历久弥新，继往开来；中华优秀传统文化必须经过"提升"，才能用于指导当前的伟大实践；中华优秀传统文化必须经过"创新"，才能为人民提供丰富的精神食粮；中华优秀传统文化必须经过"融合"，才能推动社会主义文化的繁荣兴盛；中华优秀传统文化必须通过"自信"，才能整体提升国家的文化软实力。

本书的研究框架见图1-1。

```
┌─────────────────────────────────────────┐
│ 互联网时代中华优秀传统文化传承与创新 总 论 │
│ ·中华优秀传统文化的基本内涵及演进         │
│ ·新时代中华优秀传统文化传承与创新的新要求 │
│ ·互联网时代中华优秀传统文化传承创新的主要内容│
│ ·互联网时代传承与创新的机遇挑战           │
│ ·互联网时代传承与创新的途经方法           │
└─────────────────────────────────────────┘
```

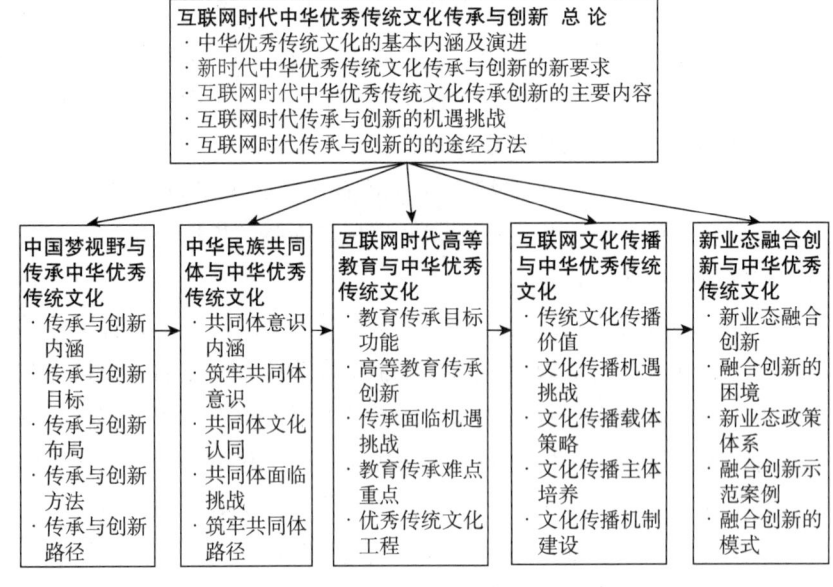

中国梦视野与传承中华优秀传统文化	中华民族共同体与中华优秀传统文化	互联网时代高等教育与中华优秀传统文化	互联网文化传播与中华优秀传统文化	新业态融合创新与中华优秀传统文化
·传承与创新内涵 ·传承与创新目标 ·传承与创新布局 ·传承与创新方法 ·传承与创新路径	·共同体意识内涵 ·筑牢共同体意识 ·共同体文化认同 ·共同体面临挑战 ·筑牢共同体路径	·教育传承目标功能 ·高等教育传承创新 ·传承面临机遇挑战 ·教育传承难点重点 ·优秀传统文化工程	·传统文化传播价值 ·文化传播机遇挑战 ·文化传播载体策略 ·文化传播主体培养 ·文化传播机制建设	·新业态融合创新 ·融合创新的困境 ·新业态政策体系 ·融合创新示范案例 ·融合创新的模式

图 1-1 研究框架

三、研究思路和研究方法

（一）研究思路

第一，对中华优秀传统文化进行挖掘与梳理，分析互联网时代特征以及互联网时代传承与创新中华优秀传统文化所面临的机遇与挑战。

第二，开展互联网时代中国梦视野下中华优秀传统文化传承与创新研究。

第三，论述中华优秀传统文化对培育中华民族共同体意识的作用，分析互联网时代铸牢中华民族共同体意识所面临的机遇与挑战，提出互联网时代铸牢中华民族共同体意识的文化路径与方法。

第四，分析互联网时代高等教育传承与创新中华优秀传统文化的重点和难点，将创新性继承和发展中华优秀传统文化进行系统整合，发挥中华优秀传统文化对高等教育特别是思想政治教育的引领功能。

第五，阐述互联网时代中华优秀传统文化的传播价值、传播内容、传播策略、传播主体、面临的机遇与挑战等问题。

第六，结合当前"互联网+中华优秀传统文化"产业发展情况，通过一些实际案例分析，探讨互联网时代中华优秀传统文化的传播方式以及"互联网+中华优秀传统文化"新业态、"文化+"新业态融合创新的路径与方法。

（二）研究方法

理论研究方面，主要采取以下研究方法：

第一，文献分析法。首先采用文献分析法，分析中华优秀传统文化概念、内涵、分类；深入研究相关文本，全面了解前人研究基础，准确掌握相关学术前沿和最新研究成果。坚持以文献为本，以文本为本，在阅读和分析中不断深入论题，避免做出空泛的理论假设。透过文本分析，准确还原文本语境，把握事实真相，充分吸纳国内外创新理论及系统动力学精华，形成概念模型的建构理论基础。

第二，历史分析法。分析中华优秀传统文化历史价值及对当代社会发展的现实价值，运用历史考察、哲学思辨、比较分析，以及宏观中观微观、定性与定量、理论与实证相结合等多种分析方法，提出具有现实针对性和理论前沿性的对策建议。

第三，跨学科研究法。运用文化学、传播学、教育学、哲学等多学科知识开展相关研究。

实证研究方面，主要采取以下研究方法：

第一，专家访谈法。进行专家访谈，确定中华优秀传统文化的影响，调研目前文化产业和市场发展的相关政策和现状，探讨"互联网＋中华优秀传统文化"新业态融合创新政策体系、外在环境及产业融合创新模式。

第二，案例研究法。用案例分析法研究"互联网＋"和"文化＋"典型案例，提出"互联网＋中华优秀传统文化"产业发展模式的实践方案。

第三，行动研究法。研究者作为行动者介入"互联网＋中华优秀传统文化"产业融合创新发展的具体工作，归纳总结相应的融合创新模式。

本书的研究方法见图1-2。

```
                ┌──────────┐           ┌──────────┐
                │ 现实困境  │           │ 文献研究  │
                └────┬─────┘           └────┬─────┘
                     │                      │
                     ▼                      ▼
                    ╭────────────────────────╮
                    │   国内外理论与实践动态   │
                    ╰────────────────────────╯
                      │                    │
         ┌────────────┘                    └────────────┐
         ▼                                              ▼
┌────────────────────────────┐          ┌────────────────────────────┐
│·文献分析法：分析中华          │          │·专家访谈法：专家访谈，        │
│优秀传统文化的基本概念、       │          │确定中华优秀传统文化影         │
│内涵、分类，全面了解前         │◄────────►│响，调研目前文化产业和市       │
│人研究基础，准确掌握相         │          │场发展的相关政策和现状         │
│关学术前沿和最新研究成果       │          │·案例研究法：研究"互联         │
│·历史分析法：分析中华          │◄────────►│网+"和"文化+"典型案例          │
│优秀传统文化的历史历史         │          │·行动研究法：研究者作为        │
│价值及对当代社会发展的         │          │行动者介入"互联网+中华         │
│现实价值                      │          │优秀传统文化产业"融合创        │
│·跨学科研究法：运用文          │◄────────►│新发展的具体工作              │
│化学、传播学、教育学、         │          │·实践价值总结                 │
│哲学等多学科等知识开展         │          │                              │
│相关研究                      │          │                              │
│·理论创新总结                 │          │                              │
└────────────────────────────┘          └────────────────────────────┘
                     │                      │
                     └──────────┬───────────┘
                                ▼
                    ╭────────────────────────╮
                    │  研究结论、创新、对策、展望  │
                    ╰────────────────────────╯
```

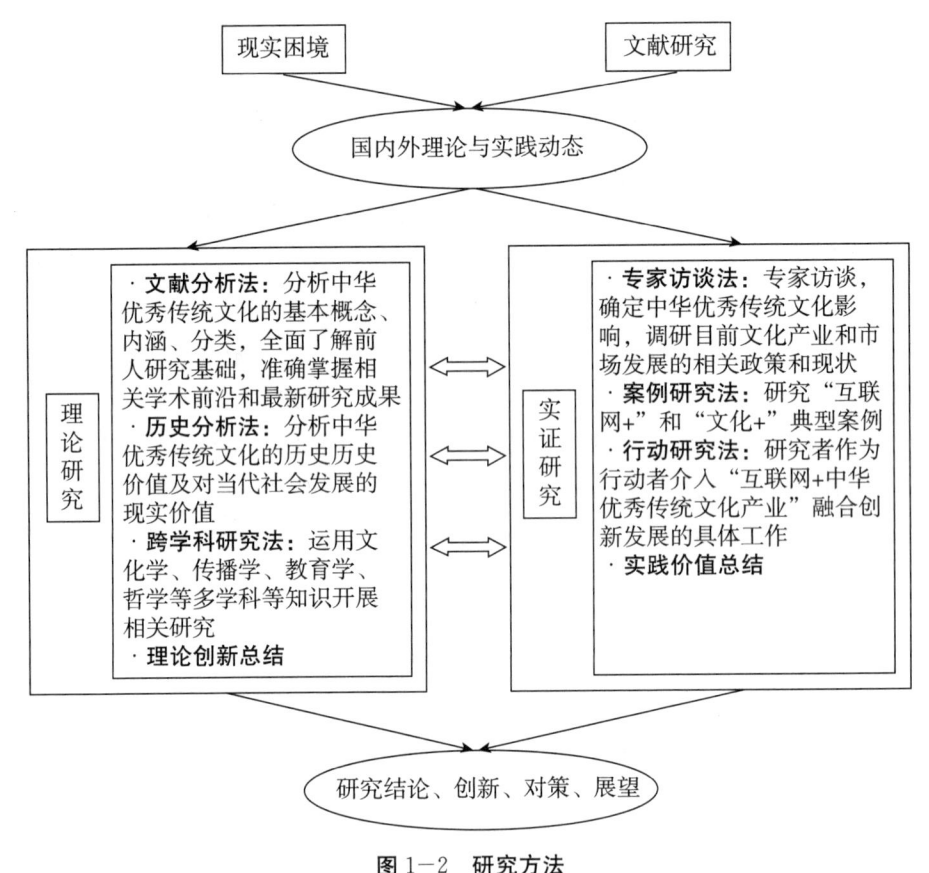

图 1-2 研究方法

中华优秀传统文化在中华民族发展的历史进程中起到了推动中国社会各个方面发展的积极作用。在中国特色社会主义进入新时代的伟大征途中，中华优秀传统文化亦要担负起它的责任。在互联网时代的背景下，如何发挥中华优秀传统文化的积极作用，传承与创新中华优秀传统文化的积极要素，服务于新时代中国特色社会主义建设，是本书的研究重点，也是本书的研究核心所在。

文化立世、文化兴邦，为中国稳定发展提供更加长久的软保护、构筑更加有利的软环境，让文化自信为我们的强国自信、民族自信提供更强大、更持久的保护，这是需要我们高度重视的时代课题。

本书得到了四川省社会科学研究"十三五"规划基地重大项目（SC17EZD050）的支持。本书共六章：前言和第一章主要由黄澜、敬枫蓉撰写，李贵卿、祖霞、曾利、孙莎岚提供了部分相关内容；第二章由李贵卿写作完成；第三章由曾利写作完成；第四章由孙莎岚写作完成；第五章和第六章由祖霞写作完成。统稿工作由敬枫蓉、李贵卿、祖霞和曾利完成。

感谢团队成员付出的创新性辛勤劳动，感谢成都信息工程大学网络文化研究中心的支持，也感谢所有参考资料的作者——他们的研究给了我们很多启发。本书的引用文献如果有遗漏，还望作者海涵。感谢四川大学出版社编辑的辛勤劳动，也感谢西南大学陈涛老师给予书稿宝贵的修改建议。

目 录

第一章 总 论 …………………………………………………（1）
第一节 中华优秀传统文化的基本内涵及演进………………………（1）
第二节 新时代中华优秀传统文化传承与创新的新要求……………（30）
第三节 互联网时代中华优秀传统文化传承与创新的主要内容……（40）
第四节 互联网时代中华优秀传统文化传承与创新中面临的机遇与挑战
………………………………………………………………（52）
第五节 互联网时代中华优秀传统文化传承与创新的途径与方法…（59）

第二章 互联网时代中国梦视野下的中华优秀传统文化传承与创新研究
………………………………………………………………（70）
第一节 中国梦与中华优秀传统文化…………………………………（70）
第二节 中国梦视野下中华优秀传统文化传承与创新的目标——文化
软实力的建设……………………………………………………（83）
第三节 "五位一体"总体布局与中华优秀传统文化的传承发展……（89）
第四节 中国梦视野下的中华优秀传统文化传承与创新的方法论…（94）
第五节 互联网时代中国梦视野下中华优秀传统文化传承与创新的路径
………………………………………………………………（99）

第三章 互联网时代传承弘扬中华优秀传统文化与铸牢中华民族共同体
意识研究 ……………………………………………………（112）
第一节 中华民族共同体意识的核心内涵……………………………（112）
第二节 弘扬中华优秀传统文化，铸牢中华民族共同体意识………（122）
第三节 传承与弘扬中华优秀传统文化的具体路径…………………（128）
第四节 互联网时代铸牢中华民族共同体意识面临的机遇与挑战…（140）
第五节 互联网时代铸牢中华民族共同体意识的路径………………（143）

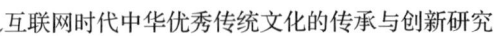

第四章　互联网时代高等教育传承与创新中华优秀传统文化研究 …………（154）
第一节　互联网时代高等教育传承与创新中华优秀传统文化的主要目标与重要功能 …………………………………………………………（154）
第二节　互联网时代高等教育传承与创新中华优秀传统文化的机遇与挑战 …………………………………………………………………（164）
第三节　互联网时代高等教育传承与创新中华优秀传统文化的重点与难点 …………………………………………………………………（177）
第四节　互联网时代高等教育传承与创新中华优秀传统文化工程 ……（183）

第五章　互联网时代中华优秀传统文化的传播研究 ……………………（197）
第一节　互联网时代中华优秀传统文化传播的价值 ……………………（197）
第二节　互联网时代中华优秀传统文化传播面临的机遇与挑战 ………（202）
第三节　互联网时代中华优秀传统文化传播的策略分析 ………………（211）
第四节　互联网时代中华优秀传统文化传播的主体培养 ………………（218）

第六章　"互联网＋中华优秀传统文化"产业新业态融合创新研究 ……（233）
第一节　"互联网＋中华优秀传统文化"产业新业态融合创新概述 ………………………………………………………………………（234）
第二节　建立扶持"互联网＋中华优秀传统文化"产业新业态的政策体系 …………………………………………………………………（247）
第三节　"互联网＋中华优秀传统文化"产业融合创新示范案例 ……（256）
第四节　"互联网＋中华优秀传统文化"产业融合创新模式 …………（259）

第一章 总 论

导读：中华优秀传统文化是中国五千年文明史上最璀璨的一颗明珠。民族的发展和振兴，主要体现在文化的振兴。进入 21 世纪，中国在完成了第一个百年奋斗目标后，又踏上了向第二个百年奋斗目标迈进的征程。面对世界百年未有之大变局，中华民族需要在中华优秀传统文化中仔细研读先哲们的智慧，寻求实现第二个百年奋斗目标的精神力量。本章从中华优秀传统文化的基本内涵入手，探讨中华传统文化因为时代的变迁而衍生出新内容的可能性和必要性，促进中华传统文化不断创新以适应时代的变迁。

第一节 中华优秀传统文化的基本内涵及演进

一、中华优秀传统文化的主体内容

（一）中华优秀传统文化的基本概念和组成

1. 中华优秀传统文化的基本概念

我们经常谈到传统及传统文化。所谓传统，是指经过岁月的磨炼和时间的流逝及筛选，从历史上流传下来的对人们的社会行为具有无形的影响和控制作用的思想、道德、风俗、文化、艺术、制度以及行为方式等。传统世代相传，是社会进步和国家民族发展的表现，具有时间的延续性和文化基因的继承性。在阶级社会里，传统具有阶级特性和民族特性，优秀的传统可以促进社会的发展，消极和保守的传统会阻碍社会的变革和进步。传统犹如空气，渗透于人们日常生活的每一天及每一个角落，产生着潜移默化的影响。文化是传统的主要表现方式，精髓是一种统摄人心的凝聚力和影响力。而这种传统的具体细节是以文化为依托来加以表述的。传统文化是在长期的国家变迁和社会发展过程中形成和发展起来的，保留在每一个民族中，而且每一个民族都具有稳定的传承形式。它展示了一个民族的精神财富，有着特定的精神内涵和精神基因。传统让一个民族特有的性格和文化得以展示，承载着一个民族的价值取向，让成员们有着共同的价值追求，决定了一个民族的生活方式和思维方式，凝聚着一个民族自我认同的向心力，也是本民族发展的内在驱动力。

中华传统文化，是指中华民族在长期的斗争历程和社会发展过程中积累发展并延续下来的道德传统、文学艺术、宗教信仰、风俗习惯、教育科技等诸多层面的内容。中华传统文化，是中华文明成果的集中表现，是民族历史上道德传承、各种文化思想、风俗习惯和精神观念形态的总体和传承，是直到今天仍然对中华民族产生巨大影响的文化体系。中华传统文化，依据中国历史大系表顺序，经历了有巢氏、燧人氏、伏羲氏、神农氏（炎帝）、轩辕氏（黄帝）、尧、舜、禹等时代，到夏朝建立，之后绵延发展至今。中华传统文化纷繁复杂、丰富多样，但主要由儒、佛、道三家文化为主流组成。儒家、佛家、道家文化是在中华传统文化中占据主流地位的文化，规范了中华民族的行为、道德标准以及最终的精神归宿。儒家强调仁义教化，为历代大家所推崇；佛学强调慈悲、大爱、解脱，强调世道轮回，提倡"诸恶莫作，众善奉行"；道学强调顺应自然，讲究人与自然和谐相处，遵从事物发展的客观规律，讲究无为而治。在中国，流传至今并有广泛受众的各种绘画、雕塑、书法、戏剧、节日等，多是在儒、佛、道三家文化基础上派生出来的。

我们是从时间角度来理解中华传统文化的，因为传统文化首先是指一种存在状态的文化，其次是指延续状态的文化。在20世纪初期的新文化运动和五四运动时期，才出现了具有确切含义的"中华传统文化"的概念，它最初所指是1840年鸦片战争爆发以前，中华先民所创造并不断延续和发展的传统文化。我们现在所拥有的中华民族辉煌文化，是中华先民在长期的发展过程中积累、发展并延续下来的。中华传统文化揭示的是各个不同历史时期的哲学、宗教、科技、文学、教育、艺术，以及中国古代的价值观念、思维方式、风俗习惯等。这些是观念形态的文化，是一种纵向的思维模式，是按照中华传统文化的发展顺序和发展轨迹来进行梳理的。

文化作为一种观念形态的东西，是无形的，同时又是有形的。在日常生活中，它不为我们所觉察却又无时无刻不在影响着我们的生活，并且总是处于一个不断发展又不断自我否定的过程中。只有那些对社会进步和国家发展具有推动作用并同时具备传播价值和生命力的文化才能得以保存和延续下来，并成为后代文化的主要组成部分，形成"传统文化"。中国古代的许多文化成果——包括《四书》、《五经》、汉赋、唐诗、宋词、古典音乐、绘画作品等——虽然是中华先民们所创造的，却对现代人的文化思想、价值观念、思维方式、审美情趣乃至生活习惯等都有重要影响。我们很笃定地认为，这些文化成果除了影响和感动了过去、现在的中国人，也必将对将来的欣赏者产生深刻影响。所以传统文化，对未来而言仍是一种开放性的、不断适应社会发展和进步的文化。它经过今天人们的认识和选择并使用之后，会积累、更新为未来新型文化的重要组成部分。由此可见，传统文化对现代人而言，绝不是产生于过去、已过时甚至早应该被丢进垃圾堆的文化，而是一种连接过去、现在和未来的桥梁和纽带，是中华民族的精神基因，是中国人的精神归宿。

关于中华优秀传统文化的基本内涵，长期以来学者们进行了诸多探索，有着角度不同、观点各异的论述。中华优秀传统文化显然属于"中华传统文化"的范畴，是"中华文化"的重要内容。但是，究竟何谓"中华优秀传统文化"，人们往往没有一个明确的概念界定。从 20 世纪 80 年代以来，在中华传统文化的研究过程中，相关的文章、专著纷纷问世，但对于什么是"中华优秀传统文化"却没有本质上的充分揭示。

杨翰卿、李保林二学者在这个问题上有一定的阐释。他们认为，中华传统文化中具有积极意义和当代价值、应该归属于中华优秀传统文化范围内的，至少有以下两个方面：其一，体现和表达民族精神的内容，如"天下兴亡，匹夫有责"的忧患意识、"兴利除弊"的改革精神、重民贵民的民本思想、自强不息的吃苦耐劳精神、注重和谐的"和合"思想、"厚德载物"的宽容精神和关于吸收异质文化的"会通精神"等；其二，扬善抑恶、注重人格和道德修养的伦理精神和人生价值观念，如"己所不欲，勿施于人"的仁爱精神、"勿以恶小而为之，勿以善小而不为"的律己观念、"三军可夺帅，匹夫不可夺志"的人格思想等。[①] 这些都是中华传统文化中具有传承价值的思想内容。

经过以上的分析，我们可以知道中华优秀传统文化是中华传统文化中的一个组成部分，是特指那些经过了人民大众的社会实践检验，历经了时间的磨炼之后，"优胜劣汰"而被保留至今并且能够传承久远的文化，是中华传统文化的精华所在、精神所在、气魄所在，是体现中华民族精神内涵的文化。在这个问题上，李宗桂认为中华优秀传统文化，就是在中华民族长期发展过程中形成的、有着积极的历史作用、至今仍具有重要价值的思想文化。李宗桂认为：

---

① 杨翰卿，李保林：《论中国传统文化的当代转换》，《中国社会科学》1999 年第 1 期。

"优秀文化传统应当具备的特征是：反映中国文化健康的精神方向；能够鼓舞人们前进，无论在历史上还是在当代中国文化的建设中，都具有激发民族自信心和自豪感的作用；具有民族文化认同功能；具有历史继承性和稳定性；是中华文化的活精神，在今天仍然具有强大的生命力。"[1]

2. 中华优秀传统文化的基本组成

学者宋玉静认为："中华传统文化是中华文明演化而汇集成的一种反映中华民族特质和风貌的民族文化。中国传统文化源远流长，博大精深，它是先辈们传承下来的丰厚遗产。中华传统文化的精髓历经五千年的传承，已成为人们思想观念、行为规范及人文精神的主导，是中华民族强大凝聚力的源泉。"[2] 在它的长期发展过程中，主要是由于人民群众社会实践的推动，辅以思想家们的概括提炼，一系列优秀的文化传统才得以形成。这些中华优秀传统文化，对于中华民族的成长壮大和中国社会的政治经济发展有着极为重要的推动作用，凝聚整合成了中华民族文化的基本精神。中华优秀传统文化包含以下内容：

（1）思想理念

中华传统文化包含着一组组相互对立又相辅相成的概念：动与静、阴与阳、有和无……这无不体现中华民族先人们的辩证思维和思辨能力，体现出中华民族特有的对立统一意识。在这一系列的矛盾中可以看出，代表中华民族刚健有为、奋发图强精神的部分始终占据了中华传统思想的主流，发展到今天仍然具有积极意义，仍然对中华民族具有警示作用。《周易》说："天行健，君子以自强不息。"其所蕴含的刚健有为、自强不息的奋斗精神，经过儒道两家不同角度的阐释，已成为中华民族优秀传统文化的重要组成部分。它不仅反映了中华民族蓬勃发展、生生不息的顽强生命力，更表现了中华民族在面对前进中的困难时所表现出的不屈服、不服输的奋斗精神，在面对外敌入侵时迎敌而上的战斗精神及在日常生活中所具有的克己奉公的集体主义意识，吃苦耐劳的坚韧品质，严以律己、宽以待人的律己精神。千百年来，中华民族就是在这种精神的感召下，历经艰险而不屈不挠。与其他文明相比，中华传统文化作为历经数千年却始终保持活力并流传至今的文明，其承载的不畏艰险、奋发图强的中华民族精神是重要前提，深深地影响了今天的中国人。中华传统文化的基本精神可以被称为中华民族的民族精神。放眼世界历史的发展，与中华传统文化相

---

[1] 李宗桂：《试论中国优秀传统文化的内涵》，《学术研究》2013年第11期。
[2] 宋玉静：《中华优秀传统文化主要内容及其当代价值》，《沈阳农业大学学报》（社会科学版）2018年第1期。

比，西方文化往往表现出强烈的排他性和指向明确的专一性。这种排斥和压制其他文化的"一家独大"的文化理念甚至引致了世界史上无数悲剧和极端行为，尤其是在与宗教相关的方面。中华传统文化却与西方文化有巨大的差异。中华优秀传统文化有着包容大度的特点，对不同文化有着巨大的吸纳功能。例如，传自印度的佛教，传自中东的伊斯兰教，传自西方的基督教，在经过东西方文化交流进入中国后很快便融入了中华文明，被本土化后经过进一步发展而与中国本土的道教等宗教"相安无事"。这在世界文明进程中几乎是绝无仅有的现象，也展示了中华传统文化的独特魅力。

（2）传统美德

"历览前贤国与家，成由勤俭破由奢。"勤俭、廉正是中华民族固有的传统美德。在汉朝的文景之治、唐朝的贞观之治中，统治者的勤政和勤俭使百姓安居乐业，也带来了前所未有的国力强盛和经济繁荣，与秦朝与隋朝由于统治者的穷奢极欲而导致的民不聊生、王朝覆亡形成了强烈的对比。中华先民欣赏的是节约俭朴，厌恶的是奢侈铺张，这表明了中华民族对勤俭与奢侈的明确态度。明朝干臣于谦在北京保卫战中救万民于水火，力挽狂澜，为人间留下了至今被后世传颂的两种清白，一是为了民族大义和国家安危不计个人名誉和安危的"清白"之心，二是平时严于操守、廉正不苟的"清白"之风。"粉身碎骨浑不怕，要留清白在人间。"直到今天，于谦的铮铮铁骨仍然让中华民族引以为傲。

（3）人文精神

厚重的人文精神是中华传统文化中非常突出的方面。个体注重道德修养，"慎独"成为历代知识分子追求的最高境界。中华传统文化的人文伦理精神，道德色彩明显，更关注个人应承担的责任和义务。中国古代社会的三大主流思想体系——儒家、道家和佛家，虽然从不同方面和不同角度进行了观念阐述，但是都脱离不了人生哲学的范畴，都是围绕着人的生存意义、人生的奋斗目标等来展开。《大学》当中提出了八目，分别是诚意、正心、格物、致知、修身、齐家、治国、平天下。其中，修身发挥着承上启下的作用，至关重要，因为诚意、正心、格物和致知前四个方面都是为修身服务的，修身之后才可以进一步达成下一阶段目标，直至挥斥方遒、指点江山。而齐家、治国和平天下则是修身的最终目标。国家和社会的管理者遵循道德准则、修炼道德涵养才是人民和社会的福分，反之则会给人民带来灾难。这也是为何古代的知识分子把"内圣外王"作为人生追求的最大目标。宋玉静认为："中华传统文化当中的道德伦理，提倡的人是人际关系的核心，是道德的载体。道德素质越高，则人品越好，越受人推崇，反之，则为人所不齿。这种文化激励了无数人培养健全的人格和高尚的道德，净化了社会风气。"[1]

（二）中华优秀传统文化的基本内涵

中华传统文化是中华民族在长期改造自然、改造社会、改造自身的实践中积累和流传下来的精神遗产。它经历了时间的考验，是中华民族特有的生活方式和思维方式的精神体现。自给自足的自然经济，高度集权的政治体系，还有作为中国长期社会生活基础形态的宗族关系和血缘关系，都是中华传统文化产生和发展的基础，并且形成了在数千年封建社会中起到关键作用的"三纲五常"和伦理道德。这些是社会的主导性价值取向，也凝练成了以政治伦理文化为主体的中华传统文化，是渔猎文明时期和农耕文明时期非常重要的文化形态。进入工业文明时代尤其是后工业文明时代，中华优秀传统文化迎来了新的发展时期，迸发出新的生命力。

学者赵玉华认为：中国传统文化的基本内涵可大致概括为——刚健有为、和与中、崇德利用、天人协调。[2]《周易》中提出的"天行健，君子以自强不息"及"地势坤，君子以厚德载物"两个命题，集中地体现了中国文化的精神实质，既有奋发向上、不断努力的进取精神，又有包容万物的气度和胸怀。这些特点概括出了中华民族的民族精神。中国历史上虽然也有思想家主张无为而治，但从总体上讲，中国文化历来关注现实人生，关注天下苍生的福祉，并以此作为自己的责任。此思想一直占据主流，并且形成了一代又一代的中华儿女以天下为己任的情怀。具体来说，中华优秀传统文化的基本内涵包含以下几个方面：

1. 天人合一思想——万物一体、民胞物与

所有的人与物在大自然面前都是平等的，没有任何超越自然的权利，都要受到大自然的约束和限制。"天人合一"代表着中华民族自古及今的一贯追求。这是儒释道三家共同认可的一种基本精神，由此就必须以"民吾同胞，物吾与也"的态度，看待和处理人与人、人与物的关系，在实践中珍爱人和其他万事万物。该思想一直影响着历代中华儿女，成为中华儿女以仁爱之心处理人际关系、人物关系的境界追求和方向指引，是中华民族和谐发展的重要价值理念。

---

[1]宋玉静：《中华优秀传统文化主要内容及其当代价值》，《沈阳农业大学学报》（社会科学版），2018年第1期。

[2]赵玉华：《中国传统文化基本内涵探析》，《东岳论丛》2003年第5期。

2. 和谐共生思想——和而不同、并行不悖

"和实生物,同则不继"是西周末年思想家史伯的观点,意即纷繁复杂的事物只有和平相处、和谐共生才能存在和发展下去,大千世界的复杂性和多样性是我们彼此相互依存和发展的基础。还有在此基础上形成的"万物并育而不相害,道并行而不相悖"等观念,都指向万事万物能够相向而行彼此无害,各种不同的客观规律都在发挥着它们的作用而不相互影响和冲突。这些观念非常确切地体现了我国早在商周和春秋战国时期就已经产生了对不同性质、不同性状的事物的包容心态,体现了中华民族主张万物相互依赖、和谐共生的理念。在中国古代,和谐共生思想是处理不同事物——包括不同学术思想派别、不同文化——之间关系的重要原则,是在民族融合与文化融合的历史过程中产生并积淀下来的精神动力。其宽容、平和、兼收并蓄、博大恢宏的品格,正是和谐辩证法的品格,也显示了中华先民高超的思辨能力。

3. 积极进取思想——刚健有为、自强不息

"刚健而文明,应乎天而顺乎人""刚健中正,纯粹精也""天行健,君子以自强不息;地势坤,君子以厚德载物"……中华优秀传统文化历来崇尚、敬畏"天地",尊崇自然,把大自然刚强有劲的运行规律引入了对人自身修养的要求中,希望中国人民能够像天那样刚毅坚韧、不屈不挠,像大地那样厚实宽容、承载万物。作为中华传统文化基本精神之一的奋发向上、自强不息,贯穿于中华民族历史的全过程,引导中国人民战胜了一个又一个困难。刚健有为、自强不息的思想,集中体现了中华民族努力向上、朝气蓬勃的顽强生命力,反映了中华民族百折不挠的开拓进取精神。

4. 天下为公思想——天下己任、整体为上

以天下为己任,整体利益高于个人利益的思想,是中华传统思想的特色之一。从三国时期的杨阜"常侃然以天下为己任",到五代十国崔遉"忧国如家,以天下为己任",再到隋唐时期的高颎"竭诚尽节,进引贞良,以天下为己任"等,无一不是在阐述中华优秀传统文化中把天下苍生的安危、芸芸众生的富足作为学子肩负的重任。

5. 仁爱修身思想——己所不欲、勿施于人

圣人孔子提出的仁爱思想流传至今,对中华子民影响颇深,几千年中国社会的主流价值观和行事规范都在仁爱思想的指引下演变。"人而不仁,如礼何?人而不仁,如乐何?"如果没有了仁爱,礼仪、礼乐就没有了生存之地。要做到仁爱,需要"克己复礼""己所不欲,勿施于人""在邦无怨,在家无怨"。

既要做到仁爱，在行为规范上做到修身养性，约束自己，克制自己的私心，又要做到推己及人，不要将自己不喜欢的强加于别人，这样才能处理好各种关系，维持好社会的和谐与稳定。这是处理人类社会中各种复杂关系的重要原则，体现了儒家的仁爱思想以及推己及人、仁爱待人的具体处事原则，于细节处展现着尊重他人、修身自持的行为准则。

6. 求新务实思想——与时消息、通权达变

"日中则昃，月盈则食，天地盈虚，与时消息"，《周易》里的这段话大意是太阳到了大中午就要开始向西运转了，月亮盈满后就开始亏蚀了。天地有变化，日月有盈亏，人们应该学会在这些变动中掌握规律，求新务实。也因此有了"通权达变"的要求，即要适应客观情况和规律的变化，不因循守旧，要懂得变通，在变化的事物和现象中求新求变，要有创新思维。这些思想是中华优秀传统文化的重要内涵，体现了不拘泥于时空的辩证逻辑思维。

7. 社会伦理思想——孝亲尊老、忠信笃敬

在中国的传统伦理观念中，有"百善孝为先"之说，由此可见"孝"影响深远，是中华文明中历史悠久、最基本和最重要的传统伦理观念。从关爱自家的老人、孩子开始的这种对家人的爱，逐渐演化为对社会弱势群体的关爱，整个中国孝亲尊老的社会伦理氛围就这样形成了。"老吾老以及人之老，幼吾幼以及人之幼"是中华优秀传统文化中最早定型并传承至今的美德之一。具体到如何去践行尊老孝亲，就需要"言忠信，行笃敬"，即言辞应该忠诚信义，行为应该谨慎。由孝敬老人扩展到忠君爱国，这种伦理思想既是对孝亲思想的拓展，也是中华传统思想的特色之一。中华传统美德的"忠""孝"观念，既是规范人们行为的准则，也是衡量人们品质的重要尺度。

8. 德行理性思想——以道制欲、中正平和

品行良好、冷静思维是衡量君子性情行为的标尺之一。在实际生活中，我们面临着许多的诱惑和欲望，要保持清醒、冷静的思维，就需要依靠道德修养和强大的自控力。所以荀子提出："君子乐其道，小人乐其欲。以道制欲，则乐而不乱；以欲忘道，则惑而不乐。"在以道制欲的同时，还需要"中正平和"，即对什么事情都不能偏执，因为事物的发展并没有自己想象计划中的那么简单明了。例如，我们拥有了物质以后却不执着物质，对待物质生活要持有一颗平常心，不能做物质的"奴隶"。故而《中庸》曰："喜怒哀乐之未发谓之中，发而皆中节谓之和。中也者，天下之大本也；和也者，天下之达道也。致中和，天地位焉，万物育焉。"以道制欲、中正平和是中华优秀传统文化中对

于德行理性的良好注释,非常成熟地引导了我们在财富、地位、权力等外界要素的纷扰下保持一颗平常心,做到随遇而安、心平气和,哪怕拥有再多的金钱、权力等也不迷失自己,不执着或偏执于身外之物。

9. 教育教化思想——尊师重教、劝学劝善

在中国历史上,凡有作为的政治家、思想家、文学家无不重视教育对于开启民智、净化社会氛围、推动社会进步的积极意义,师长对于引导学子向上向善的表率作用。所以,我们有了"疾学在于尊师""尊师则不论其贵贱贫富矣""君子隆师而亲友""国将兴,必贵师而重傅""师者,所以传道授业解惑也""一日之师,终身为父"等许多关于尊师重教的千古名句。自孔子于春秋时代开启私学以来,我国的教育一直重视道德修养与道德教化,在对学子进行知识传授的过程中潜移默化地引导其向上向善。尊师重教、劝学劝善思想是中国文化生命的重要部分,是中华思想的重要传统。

(三) 中华优秀传统文化的结构、流派与载体

李宗桂认为:中华传统文化是中华民族赖以长期发展、不断进步的精神支撑和智力支持。[①] 中华传统文化是中华文明不断演化发展而成的一种反映中华民族精神、特质和风貌的民族文化。中华传统文化历史悠久、博大精深,是经过先辈们凝结、选择并传递后世的丰厚遗产。中华传统文化的精髓历经五千年的磨炼和积累,已成为规范行为及人文精神的主要标准,是中华民族强大凝聚力的思想源泉。

1. 中华优秀传统文化的结构

就结构而言,中华优秀传统文化是包括了物质文化、制度文化和思想文化等层面的完整系统。中华传统文化应当蕴含从古至今在中国这片广袤土地上形成的所有物质文明和精神文明的结晶,其中主要是思想文化(包括先秦诸子百家、秦汉至明清时期出现的丰富多彩的思想学说等)、典章制度、民俗民风、文学艺术(包括诗词歌赋、戏剧、书法绘画、建筑文物)等。学者谢惠媛就认为:中华优秀传统文化包括思想文化、文学艺术、文化遗产以及非物质文化遗产等。[②]

就文化构成而言,中华优秀传统文化是以汉民族文化为主要组成部分并包

[①] 李宗桂:《试论中国优秀传统文化的内涵》,《学术研究》2013 年第 11 期。
[②] 谢惠媛:《中华优秀传统文化传承体系的理论与实践支点》,《光明日报》2017 年 4 月 6 日。

括各个少数民族的文化在内的多元一体文化，是各民族文化相互融合、相互依赖、共同发展的多元文化体系。

2. 中华优秀传统文化的思想学术发展史

就思想学术发展历史而言，中华优秀传统文化包括先秦子学、两汉经学、魏晋玄学、隋唐佛学、宋明理学、清代朴学和新学等不同发展阶段的文化实体。这些文化前后承继，经历了数个学术思想繁荣时期，其丰富的哲学思想、学术观点、教化观念、道德理念、人文精神等，为中华民族繁衍生息、发展壮大提供了丰富滋养，也为我们今天不断认识世界和改造世界、治国理政和思想道德建设提供了有益的启发，也为全人类面临的共同性问题提供了借鉴和解决方案。

3. 中华优秀传统文化的学术流派

就学术流派而言，中华优秀传统文化包括儒家、道家、墨家、法家、佛家、阴阳家、兵家、名家、杂家等在内的诸子百家的理论精华，是各文化流派沿不同方向发展又相互碰撞争论吸收的结果。例如，汉朝董仲舒提出的"罢黜百家，独尊儒术"的思想，已非春秋战国时期的儒家思想原貌，而是在道家、法家、阴阳五行家的一些思想的共同影响下形成的，体现了儒家思想的"兼容"与"发展"特性，是一种与时俱进的新思想。董仲舒所提出的这一思想维护了封建统治秩序，神化了专制王权，稳定了封建王朝，因而受到中国古代封建统治者的推崇，成为其后两千多年中华传统文化的正统和主流思想。

4. 中华优秀传统文化的载体

就载体而言，中华优秀传统文化包括经史子集之类的典籍和风土人情、生活方式等。随着时间的推移，不仅经史子集之类的优秀典籍被保存了下来，很多独具特色的风土人情、生活方式也被流传了下来。中华优秀传统文化包括思想、文字、语言和衍生出来的书法、音乐、武术、曲艺、棋类、节日、民俗等，它们不仅赋予了传统文化新的内容和表达形式，也构成了人们喜闻乐见并乐此不疲的共同生活状态。

5. 中华优秀传统文化的时代特点

中华优秀传统文化还具有鲜明的时代性，是与时俱进、不断彰显时代精神的产物。在中华文明五千年历史中，中华传统文化已成为中华民族不可割舍的根本，并随着时代的发展而发展。它具备两个基本特点：一是具有溯源性，它是在继承传统的基础上传承至今的；二是具有时代性，它融合了新的时代特征，不断发展，与时俱进。

6. 中华优秀传统文化的民族性

就民族性而言，中华优秀传统文化是以汉民族文化为主体、以黄河流域和长江流域为发展的核心区域、以儒家文化为思想主脉、辐射周边并吸收部分少数民族文化融合而成的。它承载了中华民族的智慧，并不断发展。中华传统文化是中华各民族在长期共同生活过程中创造的，具有鲜明的民族特色、民族风格和民族气概，是维系中华民族生存和发展的精神纽带。

7. 中华优秀传统文化的价值

中华优秀传统文化以中华民族精神为核心，以爱国主义为指引，蕴含着团结统一、守成创新、贵和尚中、以人为本的一整套价值理念，是一个完整的有机体。中华优秀传统文化是中华民族共同体认同的精神基因和文化根基，是中华儿女民族文化归属感的源头。中华优秀传统文化中蕴含着许多处理人与自然、人与社会、人与人关系的准则，对其加以弘扬，能够促进我国社会发展，实现人与自然、人与社会、人与人的和谐共处；同时，中华优秀传统文化中的"大道之行也，天下为公""和羹之美，在于合异"等思想无一不宣扬着建设一个开放包容的世界，对当今世界影响至深。所以中华优秀传统文化对于促进人类和平与发展、构建人类命运共同体，乃至实现人类大同都有着积极的促进作用。

8. 中华优秀传统文化的历史发展阶段

中华优秀传统文化在中国的大地上生根发芽，并且呈现出了多元化的态势。据相关考证，中华传统文化起源于远古时期的神农氏时代以前。当中国历史进入诸侯纷争的春秋战国时期，中华优秀传统文化也进入了百家争鸣的辉煌时期。以儒家、道家、墨家、法家、兵家、名家、杂家、阴阳家等为主的各种思想流派的代表人物及其思想，构成了中华优秀传统文化的精华和基础，也让春秋战国时期成为中华传统文化发展的重要时期。两汉时期经学兴盛，魏晋南北朝玄学流行和佛教传入中国，其后历经千余年的融合发展，宋明理学发展，完成了中华优秀传统文化与佛教的兼收并蓄，形成了儒释道三个流派互融互补的中华文明主体。进入明清两代，随着政治经济的衰退，中华传统文化在走向顶峰的时候已经隐藏着被怀疑的危机。五四运动后，新文化运动进一步发展，形成了一股反思、质疑"传统"的文化浪潮。新中国成立后，尤其是走进中国特色社会主义新时代，中华优秀传统文化进入了又一新的发展时期。

（四）中华优秀传统文化的基本特征

中华优秀传统文化主要包括讲求仁者爱人、立足民生民本、坚守诚信正义、崇尚尊师重学、追求和合大同等基本特征。

1. 讲求仁者爱人

"君子以仁存心，以礼存心。仁者爱人，有礼者敬人"[①] 等，都指明了人有源自血缘关系、地缘关系、业缘关系的爱人之心，也就是"仁心"。通过自我的道德修养，这种仁心可以施于大多数人，乃至社会、自然界，到达"民胞物与"的境界。

2. 立足民生民本

中华传统文化中历来有重民、亲民的思想，中华传统政治思想中民本和重民的思想在中华传统文化中占据重要地位。"民之所欲，天必从之"[②]，"民为贵，社稷次之，君为轻"[③]，"君者，舟也；庶人者，水也。水则载舟，水则覆舟"[④]，"道之以政，齐之以刑，民免而无耻。道之以德，齐之以礼，有耻且格"[⑤] 等，都是对历史经验的理性思考，是礼治和仁政的体现。"克勤于邦，克俭于家"[⑥]，反映的是中华优秀传统文化中提倡节俭的一个重要方面，这也是重视民生民本的具体体现。"生之有时，而用之亡度，则物力必屈"[⑦]，"生之者甚少而靡之者甚多，天下财产何得不蹶"[⑧]，"淫侈之俗，日日以长，是天下之大贼也"[⑨] 等则表达出消费超过了生产所能提供的产品限度会招致财富匮乏甚至贫困的反对铺张浪费的观点，认为节约社会资源对社会生产、百姓生活具有重要意义。

3. 坚守诚信正义

中华民族中的每个个体都有在群体中的定位，并与其他个体存在关系（如君臣、父子、夫妻、兄弟、朋友），因而为了群体的良好发展，和谐相处，个

[①]（宋）张栻：《南轩先生孟子说》第4卷，中华书局，2015年版，第491页。
[②]（清）阮元：《十三经注疏　清嘉庆刊本》，中华书局，2009年版，第384页。
[③]（清）阮元：《十三经注疏　清嘉庆刊本》，中华书局，2009年版，第6037页。
[④]（清）王先谦：《荀子集解》，中华书局，1988年版，第544页。
[⑤]（元）保巴：《周易原旨》，中华书局，2009年版，第38页。
[⑥]（清）阮元：《十三经注疏　清嘉庆刊本》，中华书局，2009年版，第285页。
[⑦]（汉）班固：《汉书》，中华书局，1962年版，第1128页。
[⑧]（汉）班固：《汉书》，中华书局，1962年版，第1128页。
[⑨]（汉）班固：《汉书》，中华书局，1962年版，第1128页。

体必须有效地约束自己，遵守自己基于所在位置的人伦关系准则，也就是"礼"。"不知礼，无以立"，还有诸如"勿以恶小而为之，勿以善小而不为""富贵不能淫，贫贱不能移，威武不能屈，此之谓大丈夫""老吾老以及人之老，幼吾幼以及人之幼"等。个人的价值在于能够对他人尽到自己的伦理义务，并对社会有所贡献。"三从四德""三纲五常""克己复礼"等都反映了每个人的地位及与他人的关系，以及为了维系这个关系而应该具备的诚信正义的准则。这些要求维护了两千多年封建社会的伦理秩序和发展。

4. 崇尚尊师重学

《大学》开篇第一句"大学之道，在明明德，在亲民，在止于至善"，表明了对中国知识分子影响至深的儒学三纲（明明德，亲民，止于至善）八目（格物、致知、诚意、正心、修身、齐家、治国、平天下）的追求。人可以通过学（学习历史及实践经验）与思（理性思考）进行自我修养，获得知识，但需要学思结合，相向而行。孔子曰"学而不思则罔，思而不学则殆""学而时习之，不亦说乎""朝闻道，夕死可矣"，可见孔子对于他心中的"道"的追求。这里的"道"是大道，即宇宙本源，亦可以表达孔子"仁"的境界。"君子之学也，入乎耳，箸乎心，布乎四体，形乎动静"，说的是君子应该首先获得感性认识，获得第一手资料，再进行理性思维，然后将认识付诸行动。"为天地立心，为生民立命，为往圣继绝学，为万世开太平""先天下之忧而忧，后天下之乐而乐"等名家名句不仅早已成为世代中华民族优秀分子追求的崇高思想境界，集中反映了中国人的高尚胸怀和治学济世的抱负，而且影响了世世代代的读书人。

5. 追求和合大同

中华传统文化认为天地万物是统一的，而自然界的运行规律和人间的伦理纲常也是统一的；人对自然的索取要有节制，人与自然的关系才是和谐的。"道生一，一生二，二生三，三生万物""万物负阴而抱阳，冲气以为和"，老子提出了"阴阳和气"的思想。这是中国追求和谐思想的起源，对天道变易与和谐提出了一整套系统思想，也是中国传统哲学关于宇宙及事物运动、变化的辩证思维，都是围绕对立统一规律而展开的。

（五）中华优秀传统文化对当今社会具有积极意义的核心内容

中华优秀传统文化古为今用的优秀思想很多。例如，"自强不息，厚德载物"，提醒人们要永远保持进取之心，要有包容心态，面对今天激烈的世界竞争态势，要有立于不败之地的底气和实力，面对不同于中华文明的其他文明，要有宽容之心，承认文明的多样性而不能只是"一家独大"。中华文化中的许多优秀思想对当今社会都具有重要的现实指导意义。

1. "见利思义、义利两有"的伦理态度与当代经济形象

义利问题是人类社会重大难题之一，也是中国古代道德理论中的一个重要问题。处理好义利两者之间的关系，对国家、政治、经济、伦理及社会风尚都具有十分重要的意义。在义利关系上，孔子认为要先义后利，才能以义制利。在义利问题上，孔子认为符合道义，取之无妨，这叫作"义然后取"。在市场经济的发展阶段，道德和金钱的关系问题日益凸显，能否正确看待和处理义利关系，既关系到做人、立身，更关系到社会主义市场经济能否顺利发展。可见，孔子所说的"见利思义"，有助于启迪社会成员在义利面前做出正确的道德选择。[①]

2. "民惟邦本、德法并治"的政治智慧与当代政治形象

民本思想是我国古代社会朴素的政治思想和治理理念，显示了中华民族立国安邦的独特政治智慧，是我国传统政治思想的核心价值所在，是我国传统政治文化的精华。我国传统民本思想是以君主专制中央集权政治制度为根本统治体系的中国数千年封建社会发展过程中形成的政治文化，具有一定的独特性，是我国古代社会政治稳定和社会发展的思想基础，对中华文明和中华民族发展起到了巨大的推动作用。中国共产党以马克思主义为指导思想，根植于中华优秀传统文化的深厚土壤，汲取了优秀传统文化独特的政治智慧，在民本思想的影响下，确立了以全心全意为人民服务的根本宗旨、以人民为中心的核心价值，坚持从群众中来，到群众中去，实现了我国传统民本思想在新时期的创新性发展，开拓了我国传统民本思想的新境界。

3. "生生日新、会通超胜"的创新精神与当代文化形象

明代数学家徐光启在翻译西方数学著作和统领历法改革的工作中，提出了从"翻译"到"会通"，再从"会通"到"超胜"的科学思想，即在实际工作中可以借鉴别人的思想，但一定要认真理解消化，并形成自己的认识，根据实际需要再决定是否使用，不能照本宣科。对于中华传统文化也是如此，必须要弘扬民族文化的主体性和精神实质，实现中华优秀传统文化的创造性转化和创

---

① 黄伟合：《善的冲突——对中国历史上义利之辨的历史分析与理论分析》，《学术月刊》1988 年第 8 期。

新性发展，以树立中华民族崭新的文化形象。

4."和而不同、以和为贵"的价值追求与和谐社会形象

"和"的精神在中国文化中占据重要地位，渗透于中华民族每一个人的思想观念和行为方式中，是中华文化中极其重要和宝贵的思想遗产。"和为贵""家和万事兴"早已成为中国人处理矛盾、解决纠纷的"良方"。直到今天，"和"的精神仍然是中华民族对待和处理人与人关系的准则。

5."文明以止、天人合一"的生态睿智与当代生态形象

中国古代"天人合一"思想主要思考人与自然之间的道德关系。以崇尚自然为基本精神的中华传统文化不仅蕴涵着深刻的自然生态观，同时也体现出以关注自然界中的人为鲜明特征的生态伦理精神，关注自然的发展、人与自然的关系。根据这种思想，人类生产生活应主动顺应和配合天地的生生变化，追求人与自然和谐相处，纠正为经济发展而不顾及环境保护与生态平衡的做法，促进经济社会和生态环境全面协调可持续发展。这与当代生态文明所阐述的动态平衡与协调发展思想具有相通之处，为今天的生态文明建设提供了文化渊源和哲学基础。

二、中华优秀传统文化的功能

中华优秀传统文化得到世界学者们的高度赞誉。日本现代政治活动家吉田茂认为：中华民族是"东方最优秀的民族"，"古代的中国拥有非常先进的文明，对日本来说，学习中国，是一个莫大的恩惠"[1]。法国百科全书派领袖狄德罗则说："举世公认，中国人历史悠久，智力发达，艺术上卓有成就，而且讲道理，善政治，酷爱哲学；因而，他们比亚洲其他各民族都优秀。"[2] 中华优秀传统文化是中华民族的重要精神标识，是传统文化中的精华和精髓，具有重要的时代价值，具有强大生命力、深远影响力和鲜活感染力。中华优秀传统文化发展到今天，仍然具有强大的功能。

（一）中华优秀传统文化在文化冲突中兼容并蓄

学者周东娜认为：作为一个文化整体，中华优秀传统文化的包容性和延展

---

[1]〔日〕吉田茂：《激荡的百年史 我们的果断措施和奇迹般的转变》，世界知识出版社，1980年版，第14页。

[2]杨生枝：《走进哲学世界》（下），陕西人民出版社，2015年版，第676页。

性与同时期其他国家或地区的文化相比具有空前的影响力。中华传统文化的包容性发展贯穿于中国历史发展的始终,首先体现为对中华大地上的各种文化的包容,如战国时期的百家争鸣、汉代独尊儒术旗号下的兼综众家等都是这种包容性和延展性发展的早期典型表现。① 其次,它也体现为对域外异质文化的吸收和取鉴,以他山之石攻玉,如印度佛教进入中国后演变为独具中国特色的禅宗,基督教在中国的传播也被文化改造,等等,皆彰显了中华传统文化对外来文化同样具有包容性和延展性。直至今日,中华优秀传统文化仍然具有吸纳外来优秀文化的强大功能,彰显了中华优秀传统文化宽容大度的品格。

(二) 中华优秀传统文化在吐故纳新中自我进化

在全世界文明进程中,四大文明只有中华文明长久不衰,延续至今,而其他三大文明或者衰弱,或者中断,逐渐消亡在历史的长河之中。中华文明不仅一直存留至今,而且仍然保持着旺盛的活力,仍然有着蓬勃的生命力。之所以能够如此,一个非常重要的原因就在于中华文明本身具有自我革新、自我变通和海纳百川的包容性。中华优秀传统文化在其中扮演了相当重要的角色,如《周易》中的"地势坤,君子以厚德载物"意为君子应该像大地那样具有宽广的胸怀而包容万物,南宋大儒朱熹有诗云"问渠那得清如许?为有源头活水来",不仅如此,像"海纳百川,有容乃大""生生不息"都是一代又一代中国人耳熟能详的语句……这些无不是通过中华优秀传统文化传递着多元宽厚、兼收并蓄、不断更新的价值观念。这些观念也是中华优秀传统文化的精髓,是它旺盛的生命力所在,使它不局限于既有的传统,既秉承了固有的思想,又善于吸纳新鲜的养分,始终散发着盎然生机。②

(三) 中华优秀传统文化崇尚与自然和谐相处

数千年来,中华传统文化的主流之一是追求人与自然的和谐。中国古代的思想家们把天地万物看作一个相互联系的有机整体,认为有机整体内的万物只有处于和谐关系中,才能生生不息。中国的儒、佛、道三家都十分强调人与自然和谐一体的思想。他们认为,人与天地万物互相依存,具有同根性、整体性和平等性。儒家文化认为人处于天地之中,要通过自己的主观能动性,改变自身行为以符合天地之道。我国佛教思想中的"天人合一"则是说明世间万物都

---

① 周东娜:《中国传统文化的包容性发展及其当代启示》,《理论学刊》2014 年第 12 期。
② 丁学志,吴祖鲲:《传统文化中的革新与包容》,《桂海论丛》2018 年第 2 期。

在不断变化,彼此相互促进,恰恰体现出"和谐共生"的理念。"我国传统道教文化中主张'天人合一',强调人与自然有机统一、人与自然相互平等"①。

(四) 中华优秀传统文化塑造中华民族品格

中华文化作为世界上最古老的文化之一,几千年来一直塑造并影响着民众的心理与行为方式。中华优秀传统文化来源于中华民族五千年的文明史,积淀了丰厚的文化底蕴。正是由于中华优秀传统文化的影响,中华民族才在思想、信念及行为方式等诸多方面区别于其他民族,形成了仁爱礼让的社会氛围,才会有王泰推枣、孔融让梨、卧冰求鲤等代代流传的典故;形成了真诚守信的道德节操,出现了公沙穆卖猪、管鲍之谊、范式守信、商鞅立木、季札赠剑等让中华儿女崇敬的诚信典范;形成了身处逆境而固守节操、严于律己的品格特征,出现了"瘦羊博士"甄宇、卧薪尝胆的越王勾践、受刖刑后写出《孙膑兵法》的孙膑、受宫刑后作出巨著《史记》的司马迁等激励中华儿女自强不息、坚毅顽强的一代代历史伟人。中华优秀传统文化浸染下的中华民族品格对身处新时代的广大中华儿女也有着深深的影响。在几千年的中华优秀传统文化熏陶下,热爱祖国、热爱人民、胸怀宽广、甘于奉献、诚信守诺的英雄模范人物正是中华民族品格闪闪发光的当代榜样。

(五) 中华优秀传统文化助力文化自信

在庆祝中国共产党成立 95 周年大会的讲话中,习近平总书记鲜明地指出:"文化自信,是更基础、更广泛、更深厚的自信"②,是继道路自信、理论自信和制度自信之后的中国特色社会主义的"第四个自信"。并且在他看来,"中国共产党、中华人民共和国、中华民族是最有理由自信的"③。"文化自信是一个民族、一个国家以及一个政党对自身文化价值的充分肯定和积极践行,并对其文化的生命力持有的坚定信心。"④ 在五千年的文化传承与发展过程中,中华民族创造和保留了独具特色的文字、极富特色的语言、浩如烟海的典籍、深刻完备的伦理、精彩丰富的艺术,它们共同构成了中华传统文化的基本内容。在世界历史较长的一段发展时期内,中华文化中以优秀传统文化为代表的文化一度居于领先地位,对于世界尤其是周边国家的物质生产发展和精神生活丰裕都

---

① 牟方志:《传统文化的生态智慧》,《人民论坛》2019 年第 8 期。
② 习近平:《在庆祝中国共产党成立 95 周年大会上的讲话》,人民出版社,2016 年版,第 13 页。
③ 习近平:《在庆祝中国共产党成立 95 周年大会上的讲话》,人民出版社,2016 年版,第 12 页。
④ 林志友:《坚定中国文化自信的根源》,《科学社会主义》2016 年第 5 期。

产生了巨大的影响,是中华民族为整个人类进步发展做出的重要贡献。可以说,中华优秀传统文化既是中华民族产生民族自豪感的重要资本,也是涵养当代中国人民文化自信的重要源泉。2021年7月1日,习近平总书记在庆祝中国共产党成立100周年大会上的讲话中指出:"中华民族拥有在5000多年历史演进中形成的灿烂文明,中国共产党拥有百年奋斗实践和70多年执政兴国经验,我们积极学习借鉴人类文明的一切有益成果……"[①] 这段讲话高度凝练了中华文化绵延发展、生生不息的原因,指出了中国人民文化自信的重要源泉。

(六) 中华优秀传统文化助推人类和平共处

张立文指出:人与自然、人与社会、人与人、人与自我心灵以及不同文明之间的冲突是现代社会人类面临的五大冲突,同时这五大冲突还造成了生态危机、社会危机、道德危机、精神危机以及价值危机五大危机。[②] 在当今时代,这些冲突和危机无时无刻不在影响着我们每一个人和我们的社会。如果我们要找到解决这些冲突和危机的方法,在西方文化中几乎是找不到答案的,因为西方文化非常关注个人的需求和发展,对国家利益和社会发展的探索不足,而中华传统文化恰恰可以在这方面为我们提供一些有价值的借鉴和帮助,可以为我们找到解决这些困扰和难题的"密钥"。因为从一开始中华优秀传统文化就关注了人与自然、人与社会、人与人、人与自我心灵的和谐相处,而追求和谐是中华优秀传统文化希冀达到的最高境界。中华优秀传统文化所追求的是一种真、善、美的人生境界,所注重的是国家的命运、个人的道德修养、人生的价值和意义问题,致力于培养国民的家国情怀。正如学者孙家正所说:"文化看似柔弱,实则坚强。当历史的尘埃落定,许多喧嚣一时的东西都会烟消云散,唯有优秀的文化,会长留世间。"[③] 因此,它是人生智慧之学,滋养了一代又一代中华儿女。

传统文化是一个国家、一个民族的支撑,是一个国家、一个民族发展的灵魂,物质的富足、社会的发展不能埋没了中华传统文化的支撑和浸润。中华优秀传统文化凝聚着中华民族万物一体、和谐共生的精神追求和历久弥新的精神财富,给人们以思想的启迪、心灵的温暖,鼓励人们追求人与自然、人与社会、人与人、人与自我心灵以及不同文明之间的和平相处、共同发展,是构建

---

① 习近平:《在庆祝中国共产党成立100周年大会上的讲话》,人民出版社,2021年版,第14页。
② 张立文:《和合、和谐与现代意义》,《江汉论坛》2007年第2期。
③ 孙家正:《文化与人生——在首届全国青联论坛上的主题报告》,《新华文摘》2011年第15期。

人类命运共同体的深厚文化基础。

三、中华优秀传统文化的演进

（一）中华优秀传统文化的演进路径

中华优秀传统文化五千年的发展历史是一个沿着自然规律、技术进步和社会文明进步演进的过程，在人类活动中是积极的、正向的、健康的，对人类社会的进步有着积极持续的促进作用，是一个像自然系统一样，具有从低级到高级、从简单到复杂演进的具有强大生命力和符合自然规律的自组织系统，是随着社会进步、生产力进步和技术进步而进步的文化系统。

1. 沿着自然规律演进

依据《现代汉语词典》的解释，自然规律是指"存在于自然界的客观事物内部的规律"，即物质运动固有的、本质的、稳定的联系，具有不以人的意志为转移的客观性，不能被人改变、创造或消灭，但可以利用。人类社会作为大自然的产物，也是如此。人类从小规模的生物群体到超大规模的社会群体演进，人类的群体行为一定是适合了这个星球的运动规律的。人类行为的规范依靠的是文化，遵循自然规律演进才是文化的强大生命力之源。

中华优秀传统文化恰好具备了这样一种能力。观察其从萌生、发展、鼎盛、衰落直至再发展等循环往复的各个阶段，它表现在"天人观"（人和自然系统的关系）中人与群体关系对自然系统的适应方面，如个性修养、群体行为规范、多群体关系（如民族间、文化间、文明间），以及人对自然系统的利用方面，如自然物质的获取、耕作、中医药学等，均是以符合"天人观"为基本行为准则发展起来的技术智慧和文化精华。特别是中华民族在对自然系统的作用能力和这种作用能力的使用度上，充分展现了天人合一的自觉与自律：如中医药学提倡人体这个小系统需与其生存的自然大系统高度协同，包括起居、饮食、运动、劳作以及整个生命周期，使用自然药物和物理疗法调整机体系统内部的平衡以及机体与环境系统的平衡，以治疗疾病、促进健康。在中华民族的历史进程中，先民们还广泛使用这一理论来有效防止重大疫病灾害，曾以中医药和中华文化中的健康观念来保护中华民族免受像中世纪欧洲黑死病那样恶性传染病等灭绝性灾难。又譬如，我们的祖先通过对土地、水、气候的合理利用发展出的耕作技术（梯田、桑基鱼塘等），既保证了自然资源不被过度使用，土地能持续地生产粮食，又满足了那个时期人们对食物的基本需求。人们在生产生活中形成的勤俭节约、反对铺张浪费的思想文化精髓影响了中华民族的基本行为，从根本上遏制了因欲望的无限膨胀而对自然资源的无节制地索取以及人与自然关系的恶化与崩溃。不懂得敬畏自然，不按自然规律行事，甚至以自身掌握的先进科技释放无限膨胀的物质欲望，而导致战争、自然灾难、资源枯竭、经济危机等灾祸，常常成为民族和文化中断甚至灭绝的重要原因。中华民族在绵延数千年的生存与发展中，中华文化在跨文化、跨民族、跨地域、跨技术代次的发展中，不断地适应自然规律的约束，不断地获得强劲的发展动力，深刻地体现了中华优秀文化正是顺应自然规律生机勃勃地演进发展。

2. 沿着技术进步演进

从宏观角度讲，技术进步大体经历了渔猎文明时期、农耕文明时期、工业文明时期、数字文明时期。当一个技术阶段向更高级阶段进化时，若文化也随之进化，则该文化得以延续和发展，否则就会消亡。也就是说，如果这种文化体系能够与技术同步演进，并且其文化内核能支持技术进步并推动社会文明，那么该文化体系一定能够被传承和发扬光大。中华优秀传统文化正是具备了随同技术进步演进的自然禀赋，所以延绵不衰，五千年来从未中断。

在中华文明发展史上，人类跨越渔猎文明时期，走向农耕文明时期，从个人及小群体的渔猎到群体的农业耕作，创造出辉煌的农业技术文明，同时中华文化也从部落的渔歌、猎舞、占卜、祭祀等演进到诸子百家以及以儒家文化为核心的中华民族共同体文化。其间，中华优秀传统文化在民族间的传播中形成了中华民族共同体认同和共有的文化，在跨越地域空间的传播中形成了中华民族共同拥有的广域文化。可以说，中华优秀传统文化在人类技术进步中发轫、成长、成熟，具有与人类技术进步如影随形的先天禀赋，同时这些来自人类活动的经验总结和理性升华，又成为指导人类活动和指引人类前行的理性灯塔。在农耕文明末期，西方挟工业文明的坚船利炮，强势冲击中华农耕文明和中华文化，中华民族经受了百年的屈辱和灾难。由于中华优秀传统文化拥有自强不息、艰苦奋斗、包容并蓄和吐故纳新等优秀文化内核，"理性""德性""悟性"使中华文化具有区别于其他任何民族的开放性、包容性以及超强的融合同化能力，中华民族用了百余年的时间，消弭了西方列强的冲击，又用了数十年，跨越了西方用三百年时间走过的工业化之路。其中，中华优秀传统文化再一次扬弃了陈旧的不适合工业文明发展的部分，吸收融合了科学的思想文化，从农耕文明形态进入了全新的工业文明形态。

3. 沿着社会文明进步演进

笔者认为,"文明＝某种文化的核心＋人的组织和行为方式＋人对自然的作用能力＋人对自身行为的管理控制能力",时代文明是按照这样的定式被外化出的,所以中华文化的核心——中华优秀传统文化是能够适应文明的核心内容的。中华文化沿着社会文明进步的演进,实质上是沿着各个文明阶段适应新型生产力和生产关系的演进,形成了中华文化特有的渔猎文明、农耕文明、工业文明乃至未来数字文明的文明形态。

从内容上看,"中华优秀传统文化是以儒家道家文化为主干,包含个人修身文化、人际交往文化、治国理政文化、和谐文化、生态文化五种积淀深厚的文化体系"[①]。个人修身文化强调"慎独",人际交往文化强调"君子之交淡如水""己所不欲、勿施于人",治国理政文化强调"以民为本",和谐文化强调"和而不同""天下大同",生态文化强调"天人合一""阴阳互补"等,比较理想化地解决了人自身、人与人、人与社会、人与国家、人与自然的关系问题,这样就圆满地、全覆盖地解决了人类社会发展过程中面临的问题。特别是中华优秀传统文化中的和谐文化,是我们民族所向往的理想状态,蕴含着民族的向心力和创造力。和谐文化是中华文明的核心内容之一,即使在当今社会也是具有普遍意义,并超越了国家、民族和人种的价值和规范。不管中华文化与域外文化经历了多少次交锋和冲突,核心价值从未被动摇,在吸纳各种文化之后反而历久弥新,更加根深蒂固。这也是构成中华优秀传统文化的精华核心部分和主轴红线。

从空间上看,中华优秀传统文化主要是以黄河流域和长江流域两大区域为核心产生的文化,涉及范围东抵大海,西达高原,北接大漠,南临群岛,在经历一系列的沧桑和演变后,形成了中国的固定文化版图。当然,在核心区域周边,由于各民族的交流、交融,中华游牧民族的风土人情、骑射技术和边疆风物特产等也纷纷传入中原地区,为中原文化的自我丰富、自我发展提供新鲜养分。从总体上说,中华优秀传统文化长期领先于世界,辐射影响全世界,在地域上呈现出稳定延续的特点。中国在历史上尽管有过战乱和分裂,但大多数时候仍处于大一统的状态。这也为中华优秀传统文化生生不息、发扬光大创造了条件。关于这一点,英国历史学家汤因比和日本学者池田大作的对话集《展望21世纪》中有这样的评论:"中国人比世界任何其他民族都成功地把几亿民众从政治上、文化上团结起来。他们显示出这种政治上、文化上统一的本领,具

[①] 王家荣:《从中华传统文化演进的四大特征看文化自信》,《探索》2017年第2期。

有无与伦比的成功经验。"①

4. 伴随互联网技术与数字时代的发展演进

当我们即将步入数字时代的时候,"互联网+中华优秀传统文化"创新发展同互联网技术与数字时代的发展具有极高的伴随性,大致会经历两个发展阶段。

第一个阶段:"互联网+中华优秀传统文化"形成互联网时代的中华优秀文化和文明。互联网技术的发展和日益成熟,突破了时间和空间的限制,为人类构架了无形的互通之路,自然也成为传播人类优秀文化的重要载体。借助互联网无疑可以更好、更快、更广泛地传播中华优秀传统文化及当代中国文化创新的优秀成果,让世界更多元地了解中华优秀传统文化的内涵和精髓,让中华优秀文化成果走出国门,走向世界,形成互联网时代的中华优秀文化,借以展示中国的文化自信。

第二个阶段:"数字时代+中华优秀传统文化"形成数字时代的中华优秀文化和文明。所谓数字时代,就是以数字为基本构成要素而构建的社会结构的时代。数字时代的来临,为中华优秀传统文化的传播提供了强有力的技术支持,优化了传播方式。例如,展示最新文化成果时,可以利用虚拟现实技术、增强现实技术等生成逼真、实时、三维虚拟场景,在扩大受众面、强化传播效果、提升内容传播效度和广度上将会产生过去难以实现的效果。但是,我们应该特别意识到,数字时代的中华优秀传统文化传播,由于技术要素占比越来越大,很可能会存在文化价值被稀释的隐患。这是我们需要尽力避免的。在未来数字时代的发展进程中,中华文化思想的主流价值观不能偏移。正如习近平总书记所指出的,"中华优秀传统文化是中华民族的精神命脉"②,无论技术如何发展,我们必须坚持中华优秀传统文化的精髓,不能舍本求末。进入数字时代,通过"数字时代+中华优秀传统文化"的模式创造性地继承和创新中华优秀传统文化,将逐渐形成数字时代的中华优秀文化和文明。这才是我们传承与创新中华优秀传统文化的价值追求和目标。

---

①孙运德,韩育萍:《做担当民族复兴大任的时代新人》,国家行政学院出版社,2019年版,第92页。

②习近平:《在文艺工作座谈会上的讲话》,人民出版社,2015年版,第25页。

(二)中华优秀传统文化的三个重要历史阶段

1. 百家争鸣奠定了中华优秀传统文化的坚实基础

百家争鸣,是指春秋(公元前770年—公元前476年)战国(公元前475年—公元前221年)时期知识分子中不同学派的产生发展及各家流派之间论战的局面。由这一阶段的学术精华和学派观点融合产生的诸子百家学说,奠定了中国两千多年封建社会的思想基础和中国古代思想文化发展的基础,被誉为中国思想文化发展史上的奠基时期和黄金时代。它不仅为后世留下了丰厚的精神成果,对中华民族影响深远,开创了中国古代思想文化发展的道路,也为人类文化贡献了自己的力量。

2. 儒释道融会时期构造了自洽的文化体系

自两汉至近代,以儒家思想为主体的中华传统文化之所以能绵延千年、经久不衰,创造了世界文化史上的奇迹,在相当程度上应当归因于这一文化所具有的儒释道三家间相互渗透、相互补充的内在格局,此消彼长,形成了对中华传统文化影响深刻的文化自洽体系。中华传统文化内容极其丰富,涵盖人类社会生活的方方面面,经过不同文化体系数千年的冲突、竞争、融合,逐渐形成了以儒为主,以释、道为辅的传统文化体系,它们相互补充,不断完善。分属不同文化系统的儒、释、道经过魏晋南北朝的求同、隋唐的会通、宋元的创新等阶段,扬弃彼此,实现了三者的理论互动,在充实、提升各自系统的情况下,实现了儒释道"三元一体"的创新,建构了稳定的文化结构,从而使中国思想文化的发展达到一个全新的高度。[①]

3. 技术代差和东西方文化冲突时期的蜕变

1840年,中国在西方列强坚船利炮的打击下被迫打开大门,遭受了来自几乎所有帝国主义国家的侵略。此时的西方国家已经进入工业时代,而中国仍然是以农耕文明为主的农业文明国家。伴随着这种技术代差出现的东西方文化冲突,实质上是工业文明对农业文明的降维冲击。先进的工业技术文明夹带着游牧文化、城堡文化、大航海文化和早期的工业文化,汇成了这一时期西方文化的主体,其核心内容延续至今,已然成为西方的"优秀"传统文化。西方列强挟所谓先进的工业文明生产力组织方式和坚船利炮,一头冲进膏腴之地——中国,对农业文明造成了强大的冲击和破坏,给中华民族造成了百年灾难。但

---

①张广保:《中国传统文化的独特结构 儒释道的互补互融》,《中国宗教》2015年第1期。

这种技术代差的优势绝不能成为西方文化的先进性和合理性的证明。殊不知当中华优秀传统文化早已走出"丛林",用人类大同的目光审视这个星球的芸芸众生时,西方文明至今仍然深陷丛林法则不能自拔;当中国人早在两千多年前的秦始皇时代即已实现"书同文、车同轨",实现了"大一统",西方一些地区至今在国家经济政治文化上依然不能合奏交响乐。这凸显了西方核心文化的致命性先天缺陷。

近百年来,在中国共产党的领导下,中华优秀传统文化再次以兼收并蓄的胸怀融合人类文明之精华,扬弃人类文化之糟粕,取得了更加优秀的文化成果。从"民本思想"到"为人民服务",从"天人合一"到"绿水青山就是金山银山",从"天下大同"到"和平发展、合作共赢"再到"构建人类命运共同体"等,无一不闪耀着中华优秀传统文化传承与创新的时代光芒。与此同时,一个璀璨的以中华优秀传统文化为内核,融合先进工业文明、科技文明的中华工业文明破茧而出。历史出奇一致,每一次中华文明被外来文化冲击,都会变得更加强大。近代历时百年的西方列强对中华民族的侵略凌辱,西方文化对中华文化的入侵,非但没有使中华民族灭亡,没有使中华文化断裂,反而使中华文明再一次融合了人类先进文明——工业文明,被西方文明奉为神明的物质探源与科学体系也从技术层面完善了儒学的格物致知体系,再一次完成了中华文化在东西方文化的碰触交融中的超越。这充分证明了中华文明的核心——中华优秀传统文化是中华文明之源、是先进文化创新之源,是中华民族实现伟大复兴的内在动力。

如今,面对现代化和全球化的文化挑战,中华民族正以更加开放的心态,承继中华优秀传统文化,借鉴世界各国先进文化,在新时代中国特色社会主义的建设征程中,不断创造具有中华民族特色的新文化。

四、中华优秀传统文化对中华文明的贡献

自古以来,中华文明在继承创新中不断发展,在应时处变中不断升华,积淀着中华民族最深沉的精神追求,是中华民族生生不息、发展壮大的丰厚滋养。中华文化延续着中华民族的精神血脉,塑造了具有独特气度和神韵的中华儿女。

(一)"贵和尚中"的理念引领创建和谐社会

"贵和尚中"是中华传统文化中的一个基本理念。"和"是中华传统文化的精髓,特指不同事物之间的和谐、和睦、融洽,也指人天之和,也就是人类行

为顺应天地变化，遵守自然规律，达到人与自然的和谐。"礼之用，和为贵。先王之道，斯为美""天时不如地利，地利不如人和"，这里的"和"是国家稳定发展的条件，因为政治和谐是其前提。要达到"和"的状态，必须依靠"尚中"的思想方法。"不偏不倚谓之中，恒常不易为之庸。""中"不仅是一种人生和道德的至高境界和追求目标，更是达到"得道者多助"的途径和方法。中华文明秉承"贵和尚中"的理念，形成了厚德载物和宽容大度的处事做人品格，也是今天构建和谐社会的理论基础。

（二）"和而不同"的思想推动不同文明的交流互鉴

"万物并育而不相害，道并行而不相悖"是中华文化"和而不同"的基本原则。每一种文化和文明都是一个国家和民族集体记忆的产物，传承着独特的民族性格和民族文化，是在特定的自然环境、生活条件、民族传统中生长而来，传承至今，体现着国家和民族独特的生产生活方式，并衍生出新的民族文化。"和而不同"就是既要遵从发展大局，又要量体裁衣、因地制宜；既要实现人类共同发展目标，又能兼顾国家发展的不同利益。在中华文明的发展历程中，中华民族大家庭的多民族文化中既有汉民族文化，也有其他少数民族的文化精髓。"和而不同"的思想体现在对待其他文明的态度中，就是开放包容，就是"己欲立而立人，己欲达而达人，己所不欲勿施于人"的忠恕之道。但是"和而不同"的基础是平等，每一种文明都是独特的、不可替代的，没有哪一种文明比另一种文明更优越，每一种文明都在其所处的时空中发挥着其他文明不能发挥的独特作用，承载着不可复制的历史，体现着文明的多样性。

中华文化不认为国力强盛的国家的文化就能一家独大，因此并不认同人为地把文明划分为三六九等、搞文化歧视和唯我独尊的思想倾向。这也是中华传统文化的基本原则。中华历史和中华文明历史久远，但世界各国各民族的文明各有优势，不可相互替代。正是由于多种多样的文明各有其美，相互补充，相互促进，才有了世界文明的丰富多彩。各国各民族的文明都有其历史渊源和存在价值，都值得被尊重、珍惜和传承，并且需要相互交流，共同进步。

（三）民本思想倡导以人为本

民本思想始于夏商周时期，《尚书·五子之歌》中首次提出"民惟邦本，本固邦宁"的民本思想。最早对民本思想做出系统阐述的是西汉政治思想家贾谊，他深入阐述了人民的重要性，总结出国家之所以走向兴衰成败，人民是根本动力。《史记·郦生陆贾列传》指出："王者以民人为天，而民人以食为天。"

这就高度评价了中国古代民本思想。唐代柳宗元在"民为本"思想的基础上提出官吏是百姓的仆役的观点，用现代语言表述就是为官者应该是人民的公仆，要为人民办事。这是一个具体的创新性的观点，也可以说是中国古代民本思想发展的高峰。中国民本思想影响深远。在民本思想的推动下，广大人民在一定程度上能够安居乐业，中国农业社会生产力得以发展，最终形成了中国历史上非常难得的政治清明、经济繁荣的时期，即汉代"文景之治"、唐代"贞观之治"、清代"康乾盛世"等，直至今天仍然被人们津津乐道。

新民主主义革命时期，中国共产党就是依靠人民取得了革命的胜利。从中国共产党诞生的那一天起，在党的宗旨里就体现了以人为本的思想，同时在统一战线和武装斗争的具体实践中也贯彻了民本思想。中国共产党紧紧依靠广大人民，取得了新民主主义革命的胜利。新中国成立以后，中国共产党更是充分认识到人民群众是历史的创造者，是社会变革的决定力量，是推动社会前进的动力，并依靠群众、发动群众，取得了社会主义改造完成、新时期改革开放等一个又一个的胜利，从而实现了中华民族的站起来、富起来。在未来的征程中，民本思想仍是中华民族实现伟大复兴中国梦的重要思想源泉。

在中华民族伟大复兴的历史征程中，我们要继续坚持以人为本，贯彻"以人民为中心"的发展思想，紧紧依靠广大人民群众实现中华民族"强起来"的伟大目标。这是民本思想在中国特色社会主义道路上的又一次生动实践。"富强路上一个都不能少"，是党和国家对人民群众的保证，也是对中华优秀传统文化中重视民生、以人为本这一思想的传承创新与理论实践。

（四）"天下大同"的理想指引构建中华民族共同体

中国古代儒家思想追求的最高社会理想就是"天下大同"。"天下大同"也是人类社会发展的理想境界，是人们对美好未来的憧憬。秦汉之际的《礼记·礼运》大同篇中对这一理想社会状态进行了全面描绘。"大道之行也，天下为公，选贤与能，讲信修睦。故人不独亲其亲……是故谋闭而不兴，盗窃乱贼而不作。故外户而不闭，是谓大同。""天下大同"实际上是儒家"仁"学思想的至高境界与最终归途，是"仁"学思想理论和社会达到实践高度融合的最佳表现方式。中华传统文化中的"天下"的核心内涵类同于今天的"世界"的概念。为实现"天下大同"的人文理想，中华民族先辈们孜孜以求不懈努力并付出了巨大的代价。从秦汉之际儒家开始阐述大同思想，到南宋康与之虚构"计口授田"平均分配的理想社会景象，从太平天国时期洪秀全在《天朝田亩制度》中提出建立"有田同耕，有饭同食，有衣同穿，有钱同使，无处不均匀，无人不保暖"的社会纲领,到清末维新派康有为在《大同书》中提出"人人相亲,人人平等,天下为公"的理想社会,最后到近代民主革命伟大先驱、政治家、思想家孙中山提出"中国五大种族扩充自由、平等、博爱于全人类"的思想,实际上都是将传统的"天下大同"概念逐渐扩展到了中华民族共同体。经过数千年的摸索实践,才完成了对中华民族共同体思想的梳理。

中华民族共同体是一个在中国历史上始终存在的客观整体。我们追求"天下大同"首先要做到的就是中华民族共同体的繁荣兴盛,它既是铸牢中华民族共同体意识的坚强基石,也是中华优秀传统文化中"天下为公"在中国特色社会主义新时代的生动体现。

五、中华优秀传统文化对人类文明的重要作用

中华传统文化是以汉民族文化为主体,以黄河流域和长江流域两大区域为核心,以儒家文化为主流,吸收周边民族和周边国家部分文化,经过融合发展而成的。"中华核心思想文化的形成和发展,大体经历了先秦诸子百家争鸣、两汉经学兴盛、魏晋南北朝玄学流行、隋唐儒释道并立、宋明理学发展等几个历史时期。"[1] 无论在哪个阶段和时期,即使是发生了秦始皇时期的"焚书坑儒"、汉代的"独尊儒术",乃至清政府大兴文字狱,中华文化遭到了一定程度的损坏,但居于主导地位的儒家思想与中国历史上的其他学说始终处于既交锋又趋同、既竞争又相互借鉴的局面之中,成为中华文明的重要组成部分,也影响着人类文化的发展。

(一)中华优秀传统文化是中国文化走向世界的重要根基

中国文化走向世界是中国建设文化强国的标志之一,而中华优秀传统文化是中国文化走向世界的重要根基。这主要体现于三个方面:第一,中华优秀传统文化是保持中华文化独特性、应对西方文化冲击的精神内核;第二,中华优秀传统文化在历史上影响深远,对世界文明贡献巨大,为各国人民接受中国文化提供了文化心理认同;第三,中华优秀传统文化对解决当今世界面临的各种复杂问题提供有益启示,受到当代西方社会的重视和欢迎。[2] 文化的独特性是一个民族存在的重要标志。一个民族如果被迫接受强势国家的文化,丧失了自己的文化特性,将无法在世界上证明自己的存在。随着经济全球化的到来,特

---

[1] 王家荣:《从中华传统文化演进的四大特征看文化自信》,《探索》2017年第2期。
[2] 张造群:《优秀传统文化:中国文化走向世界的重要根基》,《社会科学战线》2014年第11期。

别是进入互联网时代后,各国各族文化交往与交流的力度、广度和深度不断加大,西方发达国家借助其经济优势、军事优势和科技优势强力实施文化扩张,向欠发达国家及地区施加影响,搞所谓的"文化一体化",企图实现全球文化的唯一性。基于此,联合国教科文组织在2001年通过的《世界文化多样性宣言》中指出:"文化多样性是交流、革新和创作的源泉,对人类来讲就像生物多样性对维持生物平衡那样必不可少。从这个意义上讲,文化多样性是人类的共同遗产,应当从当代人和子孙后代的利益考虑予以承认和肯定。"事实上,文化以民族为载体,民族的存在是以文化的存在为条件的,文化的民族性决定了世界不可能像实现经济全球化那样实现"文化一体化",更应该百花齐放。

面对经济全球化对民族文化的冲击,费孝通说:"全球化潮流发端于西方世界,非西方世界在接受西方文化的同时,应当通过发扬自身的文化个性来对全球化潮流予以回应。"[①] 传统文化是维护文化民族性、促进文化多样性的根基,其内容本身和历史沿革组成了当今的中国文化,中国文化走向世界理所应当地包含着其中的精华部分——中华优秀传统文化走向世界。可以说,中华优秀传统文化是中国文化走向世界的重要根基。

(二) 中华优秀传统文化是未来文明的发轫

习近平总书记曾提出:"中华优秀传统文化已经成为中华民族的基因,植根在中国人内心,潜移默化影响着中国人的思想方式和行为方式。"[②] 任何民族要想走向世界,都首先要对自身文化有完整的了解和认识,并在此基础上进一步保护和发扬,才能在当今全球化背景下认识、吸收和消化其他民族的优秀文化。也就是说,本土化是国际化的前提,两者不是对立的关系,而是相辅相成的。

在互联网时代,世界文明秩序正在重新构建,中国已经成为世界第二大经济体,中华文明也必将在新的世界文明秩序中发挥重要作用。而中华优秀传统文化作为中华文明的集中表现,其作用显然不可替代。它蕴含了中华文明上下五千年的思想精华,倡导"君子和而不同"的社会观,"己所不欲,勿施于人"的处世观,宣扬"仁者爱人"的高尚人格,体现了"吾将上下而求索"的求知精神……它能够为当代世界的文明冲突、种族冲突、经济不平等等一系列问题

---

① 费孝通:《经济全球化和中国"三级两跳"中的文化思考——在"经济全球化与中华文化走向"国际学术研讨会上的讲话》,《中国文化研究》2001年第1期。
② 习近平:《青年要自觉践行社会主义核心价值观——在北京大学师生座谈会上的讲话》,人民出版社,2014年版,第7页。

提供伦理、价值层面的解决方案。正如2014年3月习近平主席在联合国教科文组织总部发表的重要演讲中指出："推动中华文明创造性转化和创新性发展，激活其生命力，把跨越时空、超越国度、富有永恒魅力、具有当代价值的文化精神弘扬起来，让收藏在博物馆里的文物、陈列在广阔大地上的遗产、书写在古籍里的文字都活起来，让中华文明同世界各国人民创造的丰富多彩的文明一道，为人类提供正确的精神指引和强大的精神动力。"[1] 为此，我们需进一步积极挖掘中华优秀传统文化与当今时代的共鸣点，方能为解决当今世界面临的共性难题与发展困境贡献宝贵的中国智慧。[2]

当今世界比以往任何时期都更加紧密地关联在一起，各国都面临了更多的共同问题。全球生态问题、全球资源问题、全球贸易问题、全球和平问题等关系到全人类的命运，仅仅依靠单个国家的力量无法解决，需要从人类思维和行为的根本上寻找解决这些问题的方法。但在世界各大文明中，唯有中国具有源远流长的"天下一家"的思想、"天人合一"的思想、"天下大同"的思想，而西方思想家考虑政治问题、人与自然的问题，习惯于从本民族国家的立场出发、习惯于从对其他人和自然的索取的当下利益最大化出发。[3] 影响中国儒家士大夫的座右铭是"天下兴亡，匹夫有责"和"天行有常，不为尧存，不为桀亡"，因此，相比较而言，中国儒家思想更具有在自然面前的自律倾向，更具有悲天悯人的人文情怀。

在中国五千年发展的历史长河中，中华文化有效地解决了农业文明条件下优秀人格的形成、人与人的关系、人与自然的协同、人类的发展协同等问题，有效地解决了人类文明跨代发展中的矛盾。在人类具备了对社会和自然的超强作用力和影响力的今天，这一思想文化体系仍然有效，能为解决人类超大规模社会和自然活动中的各类矛盾提供一整套思想方法、理论体系、行为准则和解决方案，供世人选择和思考。事实上，中华文明在从诸子百家到儒释道三家互鉴的史诗般的发展中淬炼升华出的中华优秀传统文化，已经为当代具有多元文化的世界向人类命运共同体的大同世界发展提供了有益的历史借鉴。[4] 中华民族共同体的千年辉煌是人类命运共同体的预演，昭示着中华优秀传统文化这一

---

[1] 习近平：《出席第三届核安全峰会并访问欧洲四国和联合国教科文组织总部、欧盟总部时的演讲》，人民出版社，2014年版，第17页。

[2] 赵可金：《全球治理的中国智慧与角色担当》，《人民论坛》2016年第2期。

[3] 范希春：《人类命运共同体：科学社会主义的最新理论成果及其世界性贡献》，《中共杭州市委党校学报》2020年第1期。

[4] 夏兴有，郭凤海：《文化的价值——中国文化的历史发展及启示》，《洛阳师范学院学报》2002年第3期。

人类文明中坚实厚重广博的人类智慧，将为人类新文明的开启做出巨大的贡献。由此，中华优秀传统文化能够以其蕴含的思想观念、人文精神、社会伦理、道德规范等为当代人类社会解决当下面临的各种问题提供重要启示，成为解决未来文明时代各种社会问题的重要思想资源，是未来文明的发轫。

第二节　新时代中华优秀传统文化传承与创新的新要求

"不忘历史才能开辟未来，善于继承才能善于创新。"[①] 习近平总书记这句话告诉我们，对待古老而富有生机的中华优秀传统文化既要继承，又要创新，与时代相结合，与社会共前进，充分发挥其具有的社会价值和时代价值。中华优秀传统文化是中华民族宝贵的精神财富，是凝聚中华民族的力量源泉，是国家综合国力的关键要素之一。正如习近平总书记所指出的那样："一个国家、一个民族的强盛，总是以文化兴盛为支撑的，中华民族伟大复兴需要以中华文化发展繁荣为条件。"[②] 可见，继承和弘扬中华优秀传统文化在培育社会主义核心价值观，推进国家治理体系建设，提升国家文化软实力，提升国民思想道德素质，增强中华民族自豪感、责任感以及民族自尊心、自信心等方面都有着极其重要的作用和突出的价值。

一、中华优秀传统文化的传承与创新将成为新时代人类的文明财富

中华优秀传统文化有着独特的价值。它以天下大同的发展理念、求同存异的处事方法、安民富民的人文精神、悲天悯人的人类情怀等，在世界文明的历史进程中独树一帜，是中华民族的宝贵精神财富，为中华民族提供了丰富的精神滋养。

梁启超曾言："凡一国之能立于世界，必有其国民独具之特质。上自道德、法律，下至风俗、习惯、文学、美术，皆有一种独立之精神。祖父传之，子孙

[①]习近平：《在纪念孔子诞辰2565周年国际学术研讨会暨国际儒学联合会第五届会员大会开幕会上的讲话》，人民出版社，2014年版，第11页。
[②]中共中央文献研究室：《习近平关于社会主义文化建设论述摘编》，中央文献出版社，2017年版，第3—4页。

继之，然后群乃结，国乃成。"① 这些共同的历史记忆、共同的文化认可把我们的祖先凝聚在一起，深深地影响了世世代代的每一个民族成员，成为中华民族共同的精神追求，影响和推动着中国历史不断向前发展。事实上，中华优秀传统文化对世界的影响也是极其深刻的，已经成为世界文化的重要组成部分，为人类文明进步发挥了积极作用。不少有识之士认为，包括儒家思想在内的中华文化蕴藏着许多解决当代人类所面临难题的重要启示，所以直至今日，国际上依然有许多学者仍在不断研究探讨中华优秀传统文化的当代价值，希冀在其中找到解决人类所面临的共同性问题的答案。

中华传统文化在与世界文化的交流碰撞中，以其自身的突出优势和独特魅力经久不衰、地位坚稳，赢得了世界上大部分国家以及人民的认可。当前，世界文化格局有两个显著特点：一是各种思想文化交流交融交锋十分频繁，相互影响，思想文化的力量逐渐显现，在不同国家综合国力的竞争中其战略地位得到重视；二是"西强我弱"的总体格局没有得到根本改变，中国作为最大的发展中国家，国际地位并不稳固，文化影响力还未真正得到增强。在构建国际话语权的过程中，文化话语权和文化软实力占有重要位置，极具分量。习近平总书记指出："中华文化既是历史的、也是当代的，既是民族的、也是世界的。"② 今天，世界对中国的关注度越来越高，无疑也会对中国、中国人民、中国文化了解更多、印象更深、接纳程度更高，当中华优秀传统文化被世界人民所体验、感知、欣赏、接纳、融合的时候，亦是传播中国文化、弘扬中国精神、展示中国风采的时候。

与其他国家的文明相比，中华优秀传统文化在五千年的文明发展中以其源远流长、博大精深的磅礴气势得到了发扬光大，放射出了人类文化历史上异常璀璨的真理光芒。传承中华优秀传统文化，正如习近平总书记所指出的，"'以古人之规矩，开自己之生面'，实现中华文化的创造性转化和创新性发展"。③ 这既是要求我们不能简单地继承而不反思，不能盲目自大而一味排外，也是要我们本着"万里淘沙始得金"的态度，与时俱进、辩证取舍，古为今用、洋为中用，推陈出新、去粗存精，结合时代背景，创新地继承中华优秀传统文化，使中华民族最优秀的文化基因在传承过程中能够与当今时代发展紧密结合，使中华优秀传统文化能在当代重新焕发生机，让源于本国又面向世界的文化创新

---

① 梁启超：《国民自新之路：新民说》，崇文书局，2019年版，第9页。
② 习近平：《在中国文联十大、中国作协九大开幕式上的讲话》，人民出版社，2016年版，第10页。
③ 习近平：《在文艺工作座谈会上的讲话》，人民出版社，2015年版，第26页。

成果通过互联网广泛传播，能被世界更多地听到、看到，感知到中华优秀传统文化的独特魅力。

二、中华优秀传统文化的传承与创新将成为推动科技进步的新动力

当今社会，人类正在走向一个科技高速发展、科技化水平日益提高的新时代。科学技术革命正以前所未有的速度和规模，推动着整个人类社会的快速发展。科学技术进步在促进社会经济快速发展的然而，也同时也人们生活带来前所未有的富足和便捷。然而，它同时也成为少数人满足日益膨胀的个人欲望、破坏人与自然的平衡的"利器"。同样，伴随着现代科学技术进步，中华优秀传统文化的传承与创新也迎来了新的机遇和挑战。

（一）中华优秀传统文化与科学技术发展

科学技术是第一生产力。它对社会经济基础有重大的影响作用，进而反映到上层建筑中的文化上来。文化对经济基础也具有反作用。中华优秀传统文化经历了几千年的发展，对科学技术的巨大推动作用是不可低估的。在元明以前，中国的科学技术处于当时世界的领先水平，很多发明创造在世界科技发展史上都占据着重要地位。中华传统文化中遵从自然、求真求实、自强不息、探索创新的精神是这些辉煌科技成就取得的重要原因。正如英国著名学者李约瑟所说，此时的中国"走在那些创造出著名的'希腊奇迹'的传奇式人物的前面，和拥有古代西方世界全部文化财富的阿拉伯人并驾齐驱，并在公元3世纪到13世纪之间保持一个西方望尘莫及的科学知识水平"。[①] 进入明清之后，随着中国封建专制政权统治的腐败无能、经济的日趋衰落、现行社会制度的逐渐腐朽、大众教育的落后以及实验科学体系的薄弱，中国科学技术远落后于西方世界，整个社会普遍缺乏科学向上的探索精神。

新中国成立以来，在中国共产党的领导下，中国人民以自力更生、追赶先进的姿态，把一个贫穷落后的中国带进了工业文明时代。中国人民不断解放思想、实事求是、改革开放、大胆创新，从中华优秀传统文化中汲取底蕴深厚又源源不断的营养，给科技插上腾飞的翅膀，在很多领域特别是高科技领域缩小了与发达国家的差距，甚至取得了一些领先于世界的科技成果。比如，中医中药是中华优秀传统文化中的一颗璀璨耀眼的明珠，在传统中医著作《肘后备急

---

① 文兴吾：《科技进步与社会发展导论》，四川人民出版社，2016年版，第257页。

方》的启示下,以屠呦呦为代表的中国科学家团队历经反复试验,于20世纪六七十年代用低沸点溶剂提取出青蒿素,用于治疗对抗疟药物氯喹等产生抗性的疟疾,不仅造福了中国人民,还给越南、老挝、柬埔寨、缅甸、非洲等国家和地区的人民带来了福音。这样的事例再次证明了中华优秀传统文化是科技进步的不竭源泉,能够为科技发展提供强有力的支撑。

(二)科技创新丰富了中华优秀传统文化的内涵

我们不能用工业文明标准审视处于农业文明之中的中国的科技水平,这不合理。在农业文明中,中国拥有世界最先进的科学技术,如历法、算学、水利、农艺、耕种、农作物加工、中医药、生育与人口技术等富有农耕特色的科学技术,而同期西方世界的科技水平却相去甚远,可以说那个时代的文化与当时的生产力发展水平是相适应的。岳敏认为:"封闭、自给自足的自然经济形成了中国特色的农耕文化和农耕文明。定居生产,男耕女织,规模小,分工简单,不用于商品交换,形成了中国人勤劳、保守、求稳的心态……反映在科学技术方面就使得整个社会缺乏向自然界和科学进军的一种不畏艰难险阻的动力。"[1] 即便如此,中华文化和中国社会并没有表现出对科学技术的歧视,而是在长期的对自然与未知的不断探索中形成了"天行健,君子以自强不息;地势坤,君子以厚德载物"的自强不息、奋发进取、勇于探索的科学精神,这都是具有民族精神的文化特质。

工业文明时代,在中国共产党的坚强领导下,中国人民仅用了70余年的时间,以坚韧不拔、不惧牺牲、前仆后继、栉风沐雨、筚路蓝缕的顽强奋斗精神,跨过了西方300余年的工业文明和科技发展历程。这说明中华民族具有科技与创新的先天文化基因和驾驭其发展的智慧和能力,也说明科技发展的同时也能够创造出展现人类本质特征的精神文化,并带动与之相适应的中华优秀传统文化同步演进,丰富了其文化内涵。因此,进一步传承与创新中华优秀传统文化就成了时代的需要和历史的重任。只有这样,中华优秀传统文化才能担当起引导科技创新并向着人类文明与进步的方向发展的重任。

---

[1]岳敏:《科学技术的发展与中国传统文化的相互关系》,《学理论》2011年第32期。

（三）中华优秀传统文化的传承与创新将推动科学技术进步

在现实生活领域，科学技术的进步引起了生活方式、消费方式及社会文化的转变。科技产品成为现代社会生活的一个重要组成部分，并逐渐被应用到社会生活的方方面面。人们的衣食住行无不与科技发展的程度密切相关。例如，网购、高铁、支付宝和共享单车成为中国的"新四大发明"，也让中国人民的生活充满了"科技含量"。同时，科技还改变着社会文化氛围，有力地塑造和影响着人们的思维结构，改变了人类的思维方式，开拓了人类的思维领域。

当今时代是一个科学技术飞速发展、社会无限繁荣的时代。科技对人类和自然的作用力快速增大，如果文化的进步跟不上技术的繁荣进步，如果由于文化道德缺失而导致科技这把双刃剑的使用失控，那么科技对人类有益的作用就会被弱化甚至消解，更为可怕的是可能引致对人类和自然的破坏作用被无限放大的结果。在这样的情况下，核、基因工程、网络、天基武器、人工智能等技术都可能给人类带来灭顶之灾。没有文化制衡的技术进步极易失序并导致混乱，先进技术就有可能变成毁灭人类社会的暴力工具。多元文化的冲突造成社会动荡，科技变成毁灭人类社会的工具，人类进步将陷入徘徊不前甚至倒退的沼泽之中。现实告诉我们，科学技术是一把双刃剑，但不良后果的最终症结不在于剑，在于擎剑之手——人类的道德和智慧。

当今的互联网时代是平面传播时代，极易出现多元文化于现实中冲突频繁、技术失去理性控制甚至为了满足人的欲望而恶性生长等情况，这就需要更理性的人类行为与更高的人类智慧，需要优秀文化的辅助与制衡。在世界各大文明体系中，只有中华优秀传统文化具有这样的底蕴，能够为互联网时代的社会发展提供行为约束和道德滋养，并能够引导科学技术创新向着人类文明与进步的方向发展。因此，我们要在继承中华优秀传统文化的基础上，弘扬科学理性和科学精神，推动中华优秀传统文化的创新性发展，让中华优秀传统文化在新时代焕发新活力新光彩，成为推动科学技术进步的新动力。

三、中华优秀传统文化的传承与创新承载着民族复兴的历史重任

文化是一个民族的集体记忆。2012年11月29日，习近平总书记带领十八届中共中央政治局常委参观国家博物馆"复兴之路"展览时向全世界阐述了实现中华民族伟大复兴的中国梦。民族复兴的前提是文化复兴，文化是一个民族的灵魂，中华民族复兴的根本标志之一是中华优秀传统文化的复兴。习近平

总书记指出："古往今来，中华民族之所以在世界有地位、有影响，不是靠穷兵黩武，不是靠对外扩张，而是靠中华文化的强大感召力和吸引力。"[①] 党的十九大报告再次强调，文化兴国运兴，文化强民族强。当今时代，在国家核心竞争力上，文化因素日益突出，谁拥有了强大的文化软实力，谁就能在激烈的国际竞争中占据主动。只有积极推进文化的繁荣兴盛，在国家经济实力不断提升的同时，更好地展现中华文化的独特魅力，为我国日益走近世界舞台中央提供有力的文化支撑，中华民族就能逐渐走向强盛，中国就能展示出真正的大国责任和大国担当。

文化复兴的关键在于对中华优秀传统文化的传承与创新。中华优秀传统文化中蕴含的观念、意识、规范、精神、品质等承载着先民们的思想精华和智慧结晶，不仅影响了中华民族的价值观和精神世界，更是今天滋养当代中国人精神世界、展示中国力量、提振中国信心的不竭动力。在解决人类面临的共同问题时，中华优秀传统文化也能提供一些有益的启示。尊重并复兴中华优秀传统文化，就能延续中华民族的历史根脉，守住中华民族的精神家园；就能承继中华儿女的勤劳奋斗，支撑起中华儿女孜孜以求的实践探索；就能完整诠释中华儿女的不懈追求，满足中华儿女的精神文化需求。进入社会主义新时代，尤其要注重文化的继承与发展，而文化的发展就是新时代中华优秀传统文化的传承与创新。中华优秀传统文化不仅仅是过往先民的文明遗存，也不仅仅是现世繁华的热闹点缀，更是一个时代人民的精神依归、一个民族文化创新的活力之源，只有不断地丰富内涵、传承创新、发扬光大，才能充分发挥其推动社会文明进步的积极作用。

当前，中华民族伟大复兴的中国梦呈现出光明的前景，中国人民从站起来、富起来再到强起来，经历了近百年时间。今天，我们比历史上任何时期都更接近、也更有信心与能力去实现中华民族伟大复兴的目标。中华优秀传统文化的传承与创新承载着民族复兴的历史重任。中华优秀传统文化不仅是我们的精神家园，是我们赖以发展的精神动力，也是我们最深厚的文化软实力。对中华优秀传统文化进行传承和创新，是时代赋予我们的历史重任，也是中华民族实现伟大复兴的精神动力和精神支撑。

---

①习近平：《在文艺工作座谈会上的讲话》，人民出版社，2015年版，第3页。

四、中华优秀传统文化的传承与创新丰富了中国特色社会主义的文化内涵

中华优秀传统文化既是中华民族的"根",也是中华民族的"魂",是中国特色社会主义文化的重要组成部分之一,是中国特色社会主义文化的底蕴之一。我们要发展中国特色社会主义文化,就要留住中华优秀传统文化之根脉、守住中华民族之灵魂,随着时代的发展,也需要对中华优秀传统文化进行传承和创新。"我们要善于把弘扬优秀传统文化和发展现实文化有机统一起来,紧密结合起来,在继承中发展,在发展中继承。"① 这是习近平总书记反复强调的重要理念。

正如习近平总书记所指出的那样:"要使中华民族最基本的文化基因与当代文化相适应、与现代社会相协调,以人们喜闻乐见、具有广泛参与性的方式推广开来,把跨越时空、超越国度、富有永恒魅力、具有当代价值的文化精神弘扬起来。"② 这意味着我们要加强对中华优秀传统文化的挖掘和阐发,根据现实生活的需要赋予其新的含义,特别是要立足时代和现实需要,挖掘中华优秀传统文化资源中包含的诸多关于社会主义核心价值观的现代价值因子,在不断开辟当代中国马克思主义新境界的伟大实践中"创造性转化、创新性发展",为丰富中国特色社会主义文化内涵提供文化基因和深厚文化基础,不断增强中华优秀传统文化的生命力和影响力,发挥其以文化人、以文育人的功能。

习近平总书记提出的"创造性转化、创新性发展"的重要原则,是今天中国共产党对待中华优秀传统文化的基本方针,蕴含着继承发展、扬弃创新的思想方法,体现了中国共产党高度的文化自信。传承与创新中华优秀传统文化,丰富中国特色社会主义文化内涵,需要从中华优秀传统文化宝库中汲取能量。在中华民族的发展史上、中国文化的发展史上,凡是起到过积极的社会推动作用的,促进了公序良俗的形成、增强了中华民族凝聚力、提升了民族精神底气之类的思想力量或者精神价值等都需要我们大力传承与创新。同时,我们还需要从历史的角度出发,以中华优秀传统文化演进、发展的大格局看待其当下的时代价值,把中华优秀传统文化与现实生活相融通,对中华优秀传统文化进行创造性转化和创新性发展,以此来不断丰富中国特色社会主义文化内涵。

---

①习近平:《在纪念孔子诞辰 2565 周年国际学术研讨会暨国际儒学联合会第五届会员大会开幕会上的讲话》,人民出版社,2014 年版,第 11 页。

②习近平:《习近平谈治国理政》,外文出版社,2014 年版,第 161 页。

（一）从中华优秀传统文化宝库中汲取能量

古往今来，世界上各个国家、各个民族都受到了他们在不同时期产生的文艺精品和文艺巨匠的深刻影响。同样，在中国历史上，中华民族也为这个世界留下了无数辉煌灿烂、影响深远、世代不朽的文化成果。诗经、楚辞、汉赋、唐诗、宋词、元曲、明清小说等，汇聚为灿烂的中国文艺历史星河，对中华民族传统文化传承提供了宝贵的文化资源。我们要将代表着中华民族优秀传统文化的这些文化宝贵资源全面融入国民教育尤其是青少年教育之中，构建中华优秀传统文化课程体系及教育体系，让中华优秀传统文化在青少年内心扎根生长。

（二）与现实生活相融通

中国人几千年来积累的生活智慧和生产智慧集中体现在中华优秀传统文化中。与世界其他文明相比，这是中华优秀传统文化的独特优势。中华文明延续着中国和中华民族的精神血脉，传承着中华民族的精神基因，既需要守护，又需要创新。习近平总书记指出："不忘本来才能开辟未来，善于继承才能更好创新。"[1] 我们要坚持古为今用、推陈出新、去其糟粕，"用中华民族创造的一切精神财富来以文化人、以文育人"[2]。

将中华优秀传统文化与现代生活更好地结合起来，与世界各国的进步文化融通起来，使之融入道德建设、法治建设、文化创造、生产生活等方面，只有这样才能让中华优秀传统文化成为中国特色社会主义文化建设的强大动能和丰厚素材，才能实现中华优秀传统文化的创造性转化、创新性发展，从而使中华优秀传统文化真正能够在社会主义"五位一体"总体布局中发挥基础性、协调性作用。如果没有对中华优秀传统文化的创造性转化、创新性发展，我们的现实生活就会丢掉深厚的文明内涵，具有传统风格、文艺内涵、国潮风格等标志的中华优秀传统文化就会逐渐退出我们的生活，那么西方文化就会大行其道。随着互联网技术的日益成熟和逐步推广，中华优秀传统文化中的许多元素都借助现代技术实现了创造性转化和创新性发展。例如，对四大名著、中华诗词等经典作品的各类改编受到了极大关注，掀起了一波又一波的对中华优秀传统文

---

[1] 中共中央文献研究室：《习近平关于社会主义文化建设论述摘编》，中央文献出版社，2017年版，第140页。

[2] 中共中央文献研究室：《习近平关于社会主义文化建设论述摘编》，中央文献出版社，2017年版，第140页。

化的热爱与追捧；同时，反映中国传统田园生活的短视频"吸粉"无数，在国际视频网站里风头无限。这些现象都说明了中华优秀传统文化需要融入我们日常生活，不应被束之高阁，通过创造性转化、创新性发展，无论是以文字、图画、声音为载体，还是以电影、短视频等方式呈现出来，对全世界都会产生强大的吸引力和感染力。

五、传承创新中华优秀传统文化，构建人类命运共同体文化

人类命运共同体理念既是中华民族传承创新数千年文化理念和智慧的重大理论成果，也是中华民族为促进人类更好发展的新时代宣言。

（一）人类共同体及人类命运共同体

人类共同体（Human Community）是一个历史悠久、指向松散、含义广泛的概念。2011年《中国的和平发展》白皮书提出，要以"命运共同体"的新视角，寻求人类共同利益和共同价值的新内涵。2012年，中国共产党第十八次全国代表大会报告向世界郑重宣告：合作共赢，就是要倡导人类命运共同体意识。2013年3月，习近平主席在俄罗斯莫斯科国际关系学院首次向世界提出"人类命运共同体"的重大倡议，呼吁国际社会树立"你中有我、我中有你"的命运共同体意识。人类命运共同体是指在追求本国利益时兼顾他国合理关切，在谋求本国发展中促进各国共同发展。[①]

习近平总书记提出的人类命运共同体理念是关于人类社会发展的新思路，是一种倡导世界各国共同遵守的价值观，是处理国家利益、全球治理、可持续发展等一系列发展观念的总和，关乎全球利益。人类命运共同体意识超越了国家界线与各自的意识形态，探索全人类未来发展方向，把意识形态各不相同的国家都联系在一起，指向为人类的未来共同努力。人类命运共同体理念是在新形势下，中国推动搭建更加公正合理的国际新秩序，打破大国霸权，实现人类共同发展、共同进步的重大理论贡献。这一理念凝聚和体现了人类发展的价值共识，是世界各国谋求合作共赢、和平发展的共同心愿，体现了中国的大国担当。人类命运共同体理念让人们认识到不同国家不仅有利益冲突，还有很多共同利益和命运走向，有助于打破国与国之间的对立冲突，实现不同国家间的发

---

① 余志勇：《中国特色大国外交构建新型人类命运共同体》，中青在线，http://news.cyol.com/baidunews－eco/2017－11/10/content_16677774.htm。

展共赢。

人类命运共同体理念被深深地打上了中华文明的烙印。它有着非常深厚的文化内涵，既是对中华优秀传统文化的传承，又是对新时代全球面临共同难题寻找解决方案的观念创新。人类命运共同体理念是习近平总书记在深刻把握人类社会发展规律基础上提出的应对当前全球化困境、构建全球公平正义新秩序的中国方案，具有重要的现实意义，也赢得了世界人民的认同和支持。

（二）承前启后继往开来，构建人类命运共同体文化

人类命运共同体理念的提出与中华优秀传统文化有着密切的关联。中华优秀传统文化不仅为中华儿女提供了丰厚的文化熏陶和精神滋养，也为人类命运共同体理念的提出提供了思想源泉和精神动因。习近平总书记指出："这些思想文化体现着中华民族世世代代在生产生活中形成和传承的世界观、人生观、价值观、审美观等，其中最核心的内容已经成为中华民族最基本的文化基因。""中国优秀传统文化的丰富哲学思想、人文精神、教化思想、道德理念等，可以为人们认识和改造世界提供有益启迪，可以为治国理政提供有益启示，也可以为道德建设提供有益启发。"[①]

"天下大同"思想是中华优秀传统文化的一个重要思想内容。"天下大同"的理念主张天下一体，对于我们今天提出和理解人类命运共同体理念具有重要的启迪作用。"天下大同"思想对世界的认识和畅想以及力图建立的理想社会图景，是中华先哲们将人类放在世界的范围内，体察人类和宇宙的关系之后形成的，体现了中华先哲们的人类情怀。中国政治家提出的人类命运共同体理念继承和发展了"天下大同"的中国传统思想，积极寻求人类共同利益和共同价值，展现当代中国融入世界、担负世界、发展世界的气度和智慧，给世界指明了未来的发展方向。

人类命运共同体理念，主张不同文明之间的交流互鉴、共同发展，体现了当代中国敢于和善于参与解决世界性问题的中国智慧，也体现了中国的大国担当。人类命运共同体理念继承和发展了中华优秀传统文化中"大道之行也，天下为公"的大爱胸怀，"是故谋闭而不兴，盗窃乱贼而不作，故外户而不闭，是谓大同"的社会治理，"单则易折，众则难摧"的安全观念，"和羹之美，在于合异"的开放包容思想。可以说，人类命运共同体理念是将中华先哲们提出

[①] 习近平：《在纪念孔子诞辰 2565 周年国际学术研讨会暨国际儒学联合会第五届会员大会开幕会上的讲话》，人民出版社，2014 年版，第 7、12 页。

的"天下大同"思想具体到了解决国际冲突和谋求全球共同发展的场域,既是对"天下大同"思想的创新性发展,也是面对目前国际形势而提出的新的解决之道。新中国成立后,中国人民咬紧牙关、迎难而上,创造了经济快速发展和社会长期稳定两大奇迹,被世人所称道。今天的世界,如果依靠发动战争掠夺他国资源来拓展自身发展的道路,既破坏世界和平,又直接威胁到全人类的生存和发展,必将招致全人类的反对。因此,人类要生存和发展下去,必须寻求新的途径。"天下大同"的思想是中华民族往圣前贤以胸怀天下的智慧卓识,为人类命运共同体构建提供的古代中国方案;是继承了自身优秀传统文化的中国贡献给当今世界的伟大理念,借鉴了自身独有的发展道路——和平发展;是人类命运共同体文化的精神内核,也是中华优秀传统文化的精华所在。

第三节 互联网时代中华优秀传统文化传承与创新的主要内容

习近平总书记提出:"培育和弘扬社会主义核心价值观必须立足中华优秀传统文化。牢固的核心价值观,都有其固有的根本。抛弃传统、丢掉根本,就等于割断了自己的精神命脉。博大精深的中华优秀传统文化是我们在世界文化激荡中站稳脚跟的根基。"[1] 我们从中华优秀传统文化中吸收养分,目的是更好地培育和践行社会主义核心价值观,使社会主义核心价值观成为全体国民共同的价值观念。包萍认为:"优秀传统文化是中华民族历经几千年的历史变迁沉积下来的宝贵文化基因和精神追求,有着'天下兴亡,匹夫有责'的爱国情怀,有着'富贵不能淫,贫贱不能移,威武不能屈'的人格信仰,有着'鞠躬尽瘁,死而后已'的献身精神。"[2] 这些文化基因和精神追求,是中华优秀传统文化中的核心内容,是值得中华各族人民代代相传的价值理念。中华优秀传统文化的作用表现在它塑造了中华儿女的民族性格和民族精神,为后世子孙克服困难、自强不息提供精神动力和活力源泉。中华优秀传统文化所倡导的民本思想、和合思想以及重责任、求诚信的价值观念等,与今天社会主义核心价值观大力倡导的追求和指向具有高度的内在契合性。中华民族只有使民族的主流价值观与传统文化相契合,才能在激烈的竞争中处于不败之地,并不断走向强

---

[1] 习近平:《习近平谈治国理政》,外文出版社,2014年版,第163—164页。
[2] 包萍:《优秀传统文化的传承与创新》,《吉林日报》2017年4月7日。

盛。在互联网时代，要传承和创新中华优秀传统文化，必然要顺应当下的时代主题。

一、互联网时代中华优秀传统文化与社会主义核心价值观

（一）社会主义核心价值观是对中华优秀传统文化的继承和发展

中华优秀传统文化的构成是社会主义核心价值观的文化根基和精神血脉，是社会主义核心价值观的思想资源和肥沃土壤，能够为社会主义核心价值观提供价值支撑和道义支持。习近平总书记指出："一个民族、一个国家的核心价值观必须同这个民族、这个国家的历史文化相契合，同这个民族、这个国家的人民正在进行的奋斗相结合，同这个民族、这个国家需要解决的时代问题相适应。"[1] 中华优秀传统文化是中华民族实现文化认同与价值观认同的基石和土壤，是凝聚中华民族的精神纽带，对中国人的思想观念、思维方式和行为方式有着深刻的影响，决定了中国独特的历史传统、文化积淀、生活习惯和基本国情。我国社会主义核心价值观就是植根于这样的中华优秀传统文化的土壤之中，被中国人民普遍理解和接受，为中国人民自觉遵守和践行，成为中国人民普遍的价值追求和行为规范。

社会主义核心价值观充分体现了互联网时代对中华优秀传统文化的继承和发展。中华文明历时数千年，绵绵不绝，有其独特的内涵和价值体系。中国古代便讲诚意正心、格物致知、修身齐家、治国平天下，这种以天下为己任的家国情怀，强调个人、家庭的命运都需要与社会、国家、天下的命运紧密连接，要求每个国民都承担个人、社会与国家多重责任。从某种角度上说，诚意正心、格物致知、修身是个人层面的要求，齐家是社会层面的要求，治国平天下是国家层面的要求。社会主义核心价值观的三个层面的要求正好与上述观点有契合之处。可见，社会主义核心价值观继承了中华优秀传统文化的思想精髓，体现了社会主义的本质要求和时代精神。中华文化强调"民惟邦本"，突出以人为本的思想；强调"天行健，君子以自强不息"，号召要报效祖国、造福人民；强调"天下兴亡、匹夫有责"，认为每一个国民都有义不容辞的责任去维护国家的安宁；强调"诚者，天之道也；思诚者，人之道也"，认为"诚"是

---

[1] 习近平：《青年要自觉践行社会主义核心价值观——在北京大学师生座谈会上的讲话》，人民出版社，2014年版，第8页。

做人的根本准则;强调"仁者爱人""出入相友,守望相助",推崇相互帮助、慈爱之心;等等。这些具有鲜明中华民族特色的思想和理念对社会主义核心价值观的不同层面都有着深刻影响。

2017年4月,文化部发布的《"十三五"时期文化产业发展规划》指出:要坚持正确导向,以社会主义核心价值观为引领,始终把社会效益放在首位,坚定文化自信,传承中华文明,鼓励和引导创作生产内容健康向上、群众喜闻乐见的精品力作,努力实现中华优秀传统文化的创造性转化和创新性发展。2021年5月,文化和旅游部印发的《"十四五"文化产业发展规划》指出:要充分运用数字文化产业形态推动中华优秀传统文化创造性转化、创新性发展,继承革命文化,发展社会主义先进文化。当前,我国正处于"十四五"规划实施的关键时期,要教育引导广大群众树立正确的价值观,这关系着国家的命运和人民的切身利益。进入中国特色社会主义新时代,应正确认识中华优秀传统文化与社会主义核心价值观的关系,大力弘扬中华优秀传统文化,推进社会主义核心价值观的培育和践行。

(二) 互联网时代更加需要社会主义核心价值观的引领

一个民族、一个国家、一个社会在共同的环境中,通过长期共同的认识和实践活动,形成了一定的价值观。这种价值观是由整个社会崇尚和倡导的思想理论、理想信念、道德准则、精神风尚等构成的社会价值认同体系。在这个体系中居核心地位、起主导和统领作用的就是核心价值观。社会主义核心价值观既来源于中华优秀传统文化的价值内涵,又体现了具有鲜明时代特征和时代要求的先进的思想文化。

中华优秀传统文化是社会主义核心价值观的重要内容,是中华民族赖以生存和发展的精神支柱,具有强大的感召力、影响力和推动力。当今社会正处于互联网时代,互联网技术推动着世界向大发展、大变革、大调整迈进。随着我国经济社会的深刻变革,对外开放日益扩大,互联网技术和新媒体技术迅速发展,各种思潮和各种观念不断涌现、碰撞,各个民族文化的交流交融交锋日益频繁,特别是一些西方国家持续利用互联网技术和话语权优势,加强对我国的文化渗透,向我国输入西方价值观念。在此背景下,我们迫切需要深入挖掘中华优秀传统文化价值内涵,进一步激发中华优秀传统文化的生机与活力;迫切需要进一步增强中华民族的文化自觉和文化自信,以更高的站位,更宽的视野,充分认识到中华优秀传统文化对滋养社会主义核心价值观的重要作用;迫切需要在全社会大力倡导和积极践行社会主义核心价值观,以中华优秀传统文化的内在魅力和中国特色社会主义文化构建中国精神和中国力量，发出时代强音。

二、互联网时代中华优秀传统文化与中国梦的实现

（一）中国梦与中华优秀传统文化

1. 中国梦的由来

2012年11月29日，党的十八大刚刚闭幕，中共中央总书记习近平同志在参观国家博物馆"复兴之路"展览时，第一次阐释了中国梦的基本内涵。习近平总书记深情地指出："现在，大家都在讨论中国梦，我以为，实现中华民族伟大复兴，就是中华民族近代以来最伟大的梦想"，中华民族的昨天可以说是"雄关漫道真如铁"，中华民族的今天正可谓"人间正道是沧桑"，中华民族的明天，可以说是"长风破浪会有时"。中国梦是国家的梦、民族的梦，归根到底也是中国人民的梦。中华民族中国梦的核心目标也可以概括为"两个一百年"的奋斗目标，到中国共产党成立100年时全面建成小康社会的目标一定能实现，到新中国成立100年时建成富强民主文明和谐的社会主义现代化国家的目标一定能实现，中华民族伟大复兴的梦想一定能实现。

2. 中国梦对中华优秀传统文化的传承

习近平总书记在纪念孔子诞辰2565周年国际学术研讨会上说："优秀传统文化是一个国家、一个民族传承和发展的根本，如果丢掉了，就割断了精神命脉。"[1] 中华优秀传统文化绵延数千年，融合了中华各民族历代文化精髓，逐渐形成了中国人独特的价值体系，已经成为中华各民族人民的文化基因。这种独特的价值体系和文化基因深深地影响着中国历代人民的思想和行为方式。这也是中华民族屹立于世界民族之林的根本力量，中国人民的精神内核、价值观念、文化风尚、行为规范、生活礼仪、待人接物都蕴含和传承了优秀传统文化。

习近平总书记指出："对传统文化中适合于调理社会关系和鼓励人们向上向善的内容，我们要结合时代条件加以继承和发扬，赋予其新的涵义。"[2] 上

---

[1] 习近平：《在纪念孔子诞辰2565周年国际学术研讨会暨国际儒学联合会第五届会员大会开幕会上的讲话》，人民出版社，2014年版，第11页。

[2] 习近平：《在纪念孔子诞辰2565周年国际学术研讨会暨国际儒学联合会第五届会员大会开幕会上的讲话》，人民出版社，2014年版，第7页。

古时代的中国人对梦想的追求有以下表现：一是"上古神梦"，尧舜时代是中国上古时期朴素的理想政治时代，"致君尧舜上，再使风俗淳"，古代先民的为君思想和为民风尚，都在那个时代得到理想化的阐释；二是"大同理想"，是孔子在《礼记·礼运》篇中的描述，"天下为公""世界大同"是中国千百年来无数仁人志士追求的社会梦想；三是"小康社会"，《大雅·民劳》中有"民亦劳止，汔可小康"的诗句，在古代儒家心目中"小康社会"梦想主要是对政通人和的渴望、民富国强的期盼。

3. 多样性有机融合的中华优秀传统文化孕育了中国梦的文化资源

中国梦是国家情怀、民族情怀、人民情怀相统一的梦。"家是最小国，国是千万家。"中国梦造福于中国各族人民。中国有 56 个民族，各民族优秀传统文化相互包容，相互借鉴，都具有其独特的内涵和无法替代的价值。中华优秀传统文化中自强不息、厚德载物的精神财富是伟大的中华民族得以绵延生息的精神动力。中华优秀传统文化造就了中国人身份认同的基础，中国人无论身在何处，都能有效地与其他民族人民加以区分，正是因为中国人有着自强不息的文化基因，有着勤奋敬业的价值取向，有着未雨绸缪的忧患意识，有着家国情怀的思想观念，有着尊老爱幼的家庭美德。56 个民族的优秀文化汇聚成巨大的思想宝库，汇聚成博大精深的文化资源，汇聚成实现中国梦的伟大力量。

4. 五千年中华优秀传统文化指引了中国梦的正确方向

在中华民族发展道路上，我们有过国家开放包容、疆域辽阔，人民自信从容，对世界文明贡献特别巨大的历史时刻；也有过闭关锁国、风雨飘摇，人民饥寒交迫、备受苦难的漫长岁月。汉朝，"明犯强汉者，虽远必诛"，中华民族不畏艰险，勇猛善战，抗击匈奴，为国家开辟了广阔的疆土；同为汉朝，张骞出使西域，跟周边国家开展广泛的贸易，走出了古代"丝绸之路"，推动了中国与他国的贸易和文化交流；唐朝，国家强盛，领土疆域辽阔，经济繁荣，是当时世界经济文化中心。可见，即使在古代，有创新进取的人民、具备长远目标和忧患意识的士大夫阶层、强大的科学技术和国防能力，以及广泛的世界文化交流和贸易往来，才有国富军强、人民幸福。反观清朝末期，闭关锁国，清政府不思进取，安于现状，没有忧患意识，对帝国主义的坚船利炮缺乏足够准备，人民缺乏斗志，最终中国沦为半殖民地半封建社会。这些教训都过于沉重，也是我们必须时时引以为戒的。中国新民主主义革命时期形成了井冈山精神、延安精神，1949 年后的社会主义建设时期又形成了大庆精神、"两弹一星"精神、三线精神等，这些中国人民在艰苦卓绝的斗争中产生的精神财富，深深滋养着我们的内心。面对当前的复杂形势，只有找到正确的道路，才能实现中华民族的伟大复兴。因此，走中国特色社会主义道路，是实现我国社会主义现代化的必由之路，是创造美好生活的必由之路，是实现中华民族伟大复兴的中国梦的必由之路。

（二）互联网时代的中华优秀传统文化传播

1. "互联网+中华优秀传统文化"助力实现中国梦

"互联网+中华优秀传统文化"有助于中国梦文化的有效传播。要充分利用互联网、大数据等新技术及新媒体等新平台，不断提高中华优秀传统文化在国内外的影响力，不断提升中华优秀传统文化的现代转化力，不断拓展中华优秀传统文化的传播力。例如，"学习强国"学习平台就实现了互联网时代中国梦的官方主流传播。中国梦也是强国梦，而强国梦离不开网络平台技术支撑和网络信息安全保障。要以中华民族优秀文化来占据网络高地，并以中国共产党应对重大时局变化的政治智慧和带领人民实现中华民族伟大复兴的历史自觉引领时代发展的方向，让互联网成为弘扬中华优秀传统文化的现代科技工具。

中华优秀传统文化的复兴是中华民族伟大复兴中国梦的内涵来源之一。中华优秀传统文化要实现质的飞跃，必须实现从传统到现代、中国到世界、理论到实践、神圣到世俗、学者与大众的跨越。新技术为中华优秀传统文化的个性化传播提供了可能。中华优秀传统文化不仅会在互联网时代形成一种历史文化传播的时尚潮流，更会传播出去，实现与世界其他文化的相互激荡。

2. 汲取中华优秀传统文化，讲好中国故事

近年来，中央电视台推出的《中国诗词大会》感染了广大电视观众，大家学习背诵汉赋、唐诗、宋词等经典蔚然成风。人们通过诗词与古人对话，共赏一轮明月，共颂大好河山，共赞波澜壮阔的历史，系统学习中华优秀传统文化。诗词文化音乐节目《经典咏流传》也响应落实党的十九大报告中"推动中华优秀传统文化创造性转化、创造性发展"的号召，诞生了许多传唱度很高的歌曲。这些节目是经典诗词时代化表达的新模式，是传统文化在互联网时代的华丽呈现，是现代人对古代文明追本溯源的载体，也是中国人在新时代树立文化自信的助力。

互联网时代，基于中华优秀传统文化讲好中国故事，让世界人民懂得中

国文化价值观，也让中国人民的伟大成就得到世界人民的理解和尊重，实现中国文化和世界文化相互包容、相互促进、共同发展，是实现中国文化自信，实现中国梦的必由之路。互联网时代改变了文化传播的规则与平台，提升了中国文化的传播空间和效率，为传播中华优秀传统文化提供了有效保障。

（三）努力实现中华优秀传统文化创造性转化、创新性发展

1. 推陈出新，促进中华优秀传统文化创造性转化

习近平总书记要求我们把弘扬优秀传统文化和发展现实文化有机统一起来。首先，要把传统文化和现实文化结合起来。现实文化不是无源之水，更不是无本之木，一定可以通过追根溯源为现实文化正本清源。其次，现实文化要在继承中发展传统文化，因为现实文化是传统文化的未来，传统文化是现实文化的过去。最后，现实文化要解决当代中国发展的问题。现实文化与传统文化面临的历史环境、社会条件等存在差异，因此必须立足于解决现实问题。例如，在培养社会主义建设者和接班人的过程中传承志士先贤的报国志向，在建设科技现代化国防现代化中传承精益求精的工匠精神，在建设良好社会风气与和善家风方面传承兄友弟恭的仁爱精神等。只有这样才能实现以文化人的新时代任务。

2. 营造良好网络生态，促进中华优秀传统文化传承

互联网是一个汇聚社会各类信息的大平台。亿万人民都在网络上获得信息、进行信息交流。互联网极大地降低了人民获取信息的成本，丰富了人民求知的途径，包括四书五经在内的许多经典在网络上都可以方便地查询，有利于中华优秀传统文化的传承。

要想通过互联网有效传承传统文化，必须营造良好的网络生态，在网络上汇聚正能量，共筑亿万网民的精神家园。这符合人民的利益，符合国家的利益。文化和旅游部提出要推动数字文化产业发展，国家投入大量的资金和技术力量将传统文化变成数字产品，借助人工智能、大数据等信息技术，将大量的传统文化资源做成线上产品，其中非常典型的是"数字敦煌"项目。这一项目利用3D扫描、数字化修复、虚拟展示等技术对敦煌莫高窟中的壁画进行数字化保护和展示，让世界各地的观众可以通过网络欣赏到敦煌莫高窟的壁画。该项目不仅能够更好地保护传统文化遗产，还可以让更多人了解、欣赏传统文化，具有较大的推广价值。

网络也成为国家政策上情下达的重要途径，甚至也成为广大人民参政议政的有效途径。2020年，"十四五"规划编制工作开展广泛的网上意见征集，广大人民踊跃参加，留言一百多万条。网络最大限度地方便党和政府了解民情民意，解决社会民生问题。因此，做强做好网上正面宣传，有利于传播社会主义核心价值观，也是国家做好正能量和主旋律宣传的重要途径。

如今到了自媒体时代，人们可以随时随地将各种信息传播到网络上去，确实给网络生态治理增加了难度。网络不是法外之地，国家出台了深化网络生态治理的相关法律法规，但还需要用优秀传统文化滋养人心，不断培育健康向上的网络文化，为广大人民营造一个风清气正的网络空间。

3. 加强中华优秀传统文化相关学科建设与研究

加强中华优秀传统文化相关学科建设与研究，是当前推动中华优秀传统文化传承和创新发展的重要举措。这项工作的核心是在高校、研究机构等各类学术机构中，加强传统文化相关学科的建设和研究，提高传统文化的研究水平和传承创新能力，以适应当今社会对传统文化传承与创新的需求，就具体举措而言，一是加强中华优秀传统文化相关学科的设置和发展，提高传统文化教育的水平；二是要积极拓宽传统文化研究领域，从哲学、历史、文学、艺术等多学科研究出发，加深对传统文化内涵的理解；三是注重跨学科的合作，如将现代数字科技与传统文化研究相结合，推动传统文化数字化保护、传播和研究，提高传统文化的现代化水平；四是将传统文化研究成果与文化创意产业相结合，推动传统文化的产业化发展，创新传统文化产业发展模式，增加传统文化的经济价值。

（四）中华优秀传统文化助力实现中国梦

1. 实现中华民族伟大复兴的中国梦，需要中华文化繁荣兴盛

实现中华民族的伟大复兴，是近代以来中国人民最伟大的梦想。中华文明之所以在世界有如今的地位，靠的不是穷兵黩武，而是中华文化的魅力。围绕中国形成的儒家文化圈，包括日本、韩国、越南、新加坡等国家。这些国家都以儒家的基本价值观念作为社会伦理基础，认同"己所不欲勿施于人"，奉行"中庸之道"，传承儒家伦理。儒家文化作为世界文化的重要组成部分，一直都影响着中国人民乃至世界人民的生活。

历史一次次证明，中华优秀传统文化有着伟大的文化创造力。每当国家面临重大历史关头，中华文化都起到承前启后、继往开来的作用。在封建社会，

从文化中能够感受到国运的跌宕起伏；如今，文化能帮助人民自强不息、勇立潮头，能代表人民发时代先声。

没有中华文化的繁荣兴盛，就没有中华民族的伟大复兴。一个民族走向复兴离不开强大的物质力量，但物质力量不是决定性因素，伟大的精神力量才是民族走向复兴的决定性因素。如果有强大的精神动力，可以创造物质财富；反之，也可能毁掉物质财富。一个民族一个国家要想屹立于世界民族之林，必须有先进文化的引领，必须不断增强民族精神力量。

2. 实现中国梦与维护文化安全

文化安全指一国文化相对处于没有危险和不受内外威胁的状态，以及保障维持安全状态的能力。坚持中国特色社会主义先进文化前进方向，坚持以人民为中心的根本宗旨，坚持建设新时期中国特色社会主义文化强国是维护国家文化安全的重要保障。

近代以来，伴随着西方文化侵略，中国文化安全受到了极大威胁。文化安全问题的出现虽然源于不同文化之间的矛盾和冲突，但是影响文化安全的因素并不局限于外部，一个国家内部也可能存在威胁和危害自身文化安全的问题。

文化安全是国家安全的基本构成要素，在整个国家安全体系中的地位十分重要，与经济安全、政治安全、社会安全、生态安全等同等重要。维护文化安全是维护国家安全不可或缺的重要方面。《中华人民共和国国家安全法》第二十三条专门对维护文化安全的任务作出了规定："国家坚持社会主义先进文化前进方向，继承和弘扬中华民族优秀传统文化，培育和践行社会主义核心价值观，防范和抵制不良文化的影响，掌握意识形态领域主导权，增强文化整体实力和竞争力。"文化强国的"强"，既体现在文化产品文化服务丰富多样、文化事业文化产业的繁荣壮大，又体现在民族共有精神家园不被破坏、广大人民群众的文化权益不受侵害。

但文化自信和文化安全面临着较为严峻的形势：首先，信息技术迅猛发展，信息传播平台层出不穷，发展健康向上的网络文化任重道远；其次，境外敌对势力利用互联网散布有害信息，传播错误思想，文化渗透日益加剧。尤其值得一提的是，境外敌对势力披着所谓的"普世价值"的外衣，向我国青少年宣扬极端个人主义、拜金主义，同时歪曲中国历史，抹黑中国文化，在青少年世界观、人生观、价值观形成的关键时期产生了极其危险的影响。在未来，价值观等"软实力"较量将会更为激烈。

3. 传承中华优秀传统文化，筑牢维护文化安全的坚实根基

传承中华优秀传统文化，筑牢维护文化安全的坚实根基，是当前推动中华优秀传统文化传承和创新发展的重要举措。这项工作的核心是加强对中华优秀传统文化的传承，保护中华文化的独特性和完整性，为文化安全筑牢坚实的基础。此间关联性产生的缘由包括：第一，传承中华优秀传统文化可以使人们更好地了解和认识中华民族的历史和文化，形成共同的文化认同和价值观念。这样，人们就更能够自觉地保护和传承中华民族的传统文化，减少文化的流失和扭曲，从而筑牢文化安全的坚实根基。第二，传承中华优秀传统文化有助于维护文化多样性和文化平等。中华民族拥有悠久的历史和独特的文化传统，这些文化传统在当今世界文化多样性的背景下显得更加重要。通过传承中华优秀传统文化，可以保护和弘扬中华民族的文化传统，避免文化的同质化和单一化，促进文化的多样性和文化平等，从而为文化安全的保障提供坚实的根基。第三，传承中华优秀传统文化有助于促进文化创新和发展。传承中华优秀传统文化并不是简单的模仿和复制，而是要通过创新和发展使传统文化融入现代社会中。通过传承中华优秀传统文化，可以发掘传统文化中的价值，运用现代科技手段进行创新和发展，还能使传统文化在现代社会中焕发新的生命力。这样，不仅可以保护中华民族的文化传统，还可以为文化创新和发展提供新的思路和方法，从而筑牢文化安全的坚实根基。

三、互联网时代中华优秀传统文化与中华民族共同体意识

在建设中国特色社会主义的历史征程中，在实现中华民族伟大复兴的中国梦实践中，每一个中国公民，无论属于哪个族群，都是中华民族共同体的一员。认同并热爱自己的祖国、认同中华民族、认同中华文化、认同中国共产党和中国特色社会主义道路是中华民族共同体意识的核心内涵。在互联网时代，信息泛滥，各种思潮此消彼长、良莠不齐，社会主义先进文化、革命文化、中华优秀传统文化与其他各类异质文化的"拉锯战"在互联网这条隐蔽战线激烈进行。因此，中国公民更应该铸牢中华民族共同体意识，在互联网世界中坚定地树起中华民族共同体这面迎风招展的大旗。

（一）中华民族共同体意识的核心内涵

中华民族共同体意识是指中华民族的成员，基于历史、文化、地理等方面的共性，形成一种强烈的共同认同和归属感，共同维护和发展中华民族的共同利益的意识和观念。其核心内涵包括以下几个方面：

历史意识：中华民族共同体意识的形成离不开对中华民族历史的认知和理解。中华民族经历了数千年的发展和演变，中华文明对世界文明的贡献也是不可忽视的。中华民族的成员应该深刻认识到这一点，珍视中华民族的历史和文化遗产，并积极传承和弘扬。

文化认同：中华民族共同体意识的核心也在于文化认同。中华文化是中华民族的根基，中华民族的成员应该对包括语言、文学、艺术、哲学、宗教等在内的文化要素具有强烈的认同感，同时，也应该尊重和包容中华民族内部的多样性和不同地域、族群之间的差异。

地缘意识：中华民族共同体意识也包含着地缘意识。中华民族的成员应该意识到中华民族处于亚洲东部的地缘位置以及对周边国家和地区的重要性，同时也应该在与国际社会的交往中保持开放、包容和合作的态度。

共同利益：中华民族共同体意识指向维护中华民族的共同利益。中华民族的成员应该牢固树立"天下大同"的思想，维护国家的统一和领土完整，促进经济的发展和社会的进步，增强中华民族的凝聚力和国际竞争力。

总之，中华民族共同体意识是中华民族成员在面对各种困难和挑战时所持有的一种团结、包容、合作、发展的共同理念和观念，也是实现中华民族伟大复兴的必要条件。

（二）弘扬中华优秀传统文化与铸牢中华民族共同体意识

中华优秀传统文化是组成中华民族共同体的各民族在长期历史过程中互相学习、借鉴、融通的结晶，是各民族优秀文化的"集大成者"，集中体现了中华民族共同体的品格，是伟大祖国欣欣向荣和中华民族伟大复兴的灵魂。中华优秀传统文化历经五千年传承不息、灿烂辉煌，不仅是全人类的共同文明财富，而且也是中华民族在五千年历史进程中屹立不倒、生生不息、国脉传承的精神纽带和力量源泉。在开创中华民族美好未来的历史进程中，中华优秀传统文化的弘扬既为"四个全面"战略布局提供强大的精神动力，也是铸牢中华民族共同体意识的重要内容。同时，弘扬中华优秀传统文化亦是加强中华民族共同体内部交流交往交融的重要路径。中华优秀传统文化是中华民族交流交往交融的思想驱动力。弘扬中华优秀传统文化，有利于全国各族人民树立文化自信、坚定文化自信，共有、共赏、共享、共传中华文化。

（三）互联网时代铸牢中华民族共同体意识面临的机遇、挑战与应对路径

以移动互联网等新一代信息技术为核心的第三次信息技术革命正在以迅雷不及掩耳之势改变着中国，让中国全面进入互联网时代。中华民族共同体意识是中华民族民族精神的核心，是维系中华民族共同体团结统一、发展壮大的精神纽带。作为全球最大的信息资源库，互联网为铸牢中华民族共同体意识带来了一系列机遇。于内容层面，互联网的普及与发展，让中华民族共同体意识丰富的内容资源有了更多元的表现形式，也为着眼于铸牢中华民族共同体意识的传播主体积累了更多的案例素材；于方式层面，互联网也为铸牢中华民族共同体意识提供了更宽阔的实践平台，并且这种技术方式增强了信息接收主体的参与主动性，突出了传播主体与接收主体之间平等的交流互动体验；于效果层面，我国现今的网络覆盖面大幅增加，且民众倾向于在以QQ、微信、抖音为代表的移动互联网平台发布相关信息，让传播内容能在短时间内更广泛地向外"延伸"。这样一来，宣传中华民族共同体意识的主体具备了内容、渠道、技术支撑。

机遇与挑战并存。与互联网便捷、高效与实效性强的优势相伴而来的是互联网的信息泛滥、杂乱无章。互联网时代给铸牢中华民族共同体意识带来机遇的同时，也带来了价值观念的多元化冲突、意识形态西化的危险和信息安全的挑战。这些都不利于铸牢中华民族共同体意识。

互联网技术的飞速发展丰富了传媒的表现形态，打破了传统媒体的垄断地位，重新塑造了媒介传播的生态格局，还对广大民众的价值理念、思维向度、生产生活方式产生了深刻影响。为了铸牢中华民族共同体意识，我们需要顺应信息技术发展潮流，在互联网领域加强党的领导，加大依法依规管理力度，突破传统的传播和教育方式，探索新的现代化信息技术平台，以更好地宣传、弘扬和铸牢中华民族共同体意识。在当今社会生活中，互联网不仅作为一项高科技成果影响着社会、国家、社区、学校、家庭和个人，还作为一种工作、学习、生活的方式渗透到了各个方面。现今的互联网不仅是人们相互沟通的桥梁，也是信息发布的平台，是企事业单位办公的工具，是政府发声的阵地。因此，营造健康有序的互联网空间是新时代全社会的使命，需要形成社会合力，政府、企业、学校、社区、家庭等社会环节都要参与到净

化互联网空间的工作中，为铸牢中华民族共同体意识打造一个风清气正的场域。

第四节　互联网时代中华优秀传统文化传承与创新中面临的机遇与挑战

文化是民族存在的象征，是民族的血脉，是人民的精神寄托和精神家园。在以数字化、网络化和多媒体化为代表的当今信息社会，网络已成为人们须臾不可离开的工具，现实社会版的网络文化成了深刻影响人们价值观的文化形态，挤占了中华优秀传统文化的存在空间，让中华传统文化的传播传承面临着严峻的形势和前所未有的挑战。我们要肩负传承与创新中华优秀传统文化的时代责任，把中华优秀传统文化的丰厚资源与数字技术、网络技术结合起来，使互联网成为传播中华优秀传统文化的重要载体，使中华优秀传统文化润泽大众，促进社会文明发展。

一、互联网的一些基本问题

（一）互联网的基本特征

1. 虚拟开放

互联网技术创造了一个广阔无国界的虚拟世界，现实生活中的声音、影像、文字等在互联网上的表现形式就是一连串的数字及符号。互联网通过对信息的数字化处理来代替传统的实物流动，具有了把传统现实搬进虚拟空间的功能。这是互联网最本质的特征之一。在这个亦真亦幻的网络世界中，一切现实场景都能被还原。基于信息技术，互联网成为世界上最开放的空间。任何一台计算机、一部智能手机或其他移动终端只要能够连接到互联网上，就成为开放网络的一个终端，成为虚拟世界的一部分。

2. 自由共享

互联网是自由的信息存储、交换平台。在互联网上，信息发布自由、流动自由、使用自由、评论自由，任何一个互联网终端都可以自由截取、转载既有信息，实现信息资源的共享。互联网信息的流动和共享是双向或者多向的，信息沟通双方或多方可以在互联网上自由进行交互。此外，在互联网内，虽然有付款服务的存在，但大多数的互联网服务都是免费的。互联网的低成本更使得网络信息存储与传播呈海量增长态势。

（二）互联网时代的特征

互联网是近几十年来极其重要的一项技术成果，对人类所产生的影响深远。它不仅在信息的传递、获取和处理上为人们带来了极其快速、便捷的方式方法，同时也在不断改变人们的思维方式、交往方式等，催生了现代人虚拟的网络生活方式。另外，互联网时代对社会经济、政治、文化等产生的影响也正在迅速显现，构建在"互联网＋"思维模式之上的新兴产业形态蓬勃兴起；网络语言、网络文学、网络影视作品、网络活动等网络文化形态层出不穷；电子商务平台改变了社会经济形态，也改变了人们的消费观念和方式。

1. 互联网时代出现了众多新业态

互联网的出现催生了众多新兴产业形态，如网络媒体、网络电商、网络教育、网络会议、网络娱乐、网络社交、互联网金融、互联网农业、远程医疗等。几乎每一个传统行业都能在互联网上找到与其相对应的行业位置。我们深刻感受到的是，相对于传统行业，这些新兴行业不仅在交易渠道上有了深刻的变化，更为重要的是在权力契约、交易方式和交易结构上发生了彻底的革新。

2. 互联网时代形成了互联网经济

在经济层面，各行业经济实体通过"互联网＋"，整体上实现了对社会经济的革新与改造，形成了全新的互联网经济。它与实体经济互相依存、互为支撑。与传统的实体经济相比，其特点表现为地域范围的无限扩大、参与人数的快速增加、服务响应的便捷及时。互联网经济的消费体验与实体经济截然不同，产品服务的响应快速，消费者选择权、评论权、参与权显著增大。这优化了消费者的消费体验，也促进商家快速改进，以适应新的消费需求。

3. 互联网时代形成了互联网思维

在思维层面，分享、协作、平等、自由等理念在互联网上盛行，并逐渐赢得了越来越多人的认同和运用。这些观念对过去传统的独占、垄断、封闭、权威、霸凌等思维造成猛烈冲击，并借由互联网媒体、社交网站、即时通信等渠道广泛传播，开始自下而上地改造整个社会的思维模式。由于所有社会成员都可以在互联网平台上自由沟通，在这种思维模式下的个体更加自信、开放、包容，更加注重自我表达，更具有权利意识，也更加关心自己的个性需求。因此，可以说互联网时代是一个人类活动高密集、高关联、高黏度的时代。在这个时代，人类在两个世界（现实世界与虚拟世界）里生存与发展，与此同时，对自然系统的作用和影响力也高速发展，解决问题的能力更强，速度更快，效率更高。

（三）中华优秀传统文化在互联网时代仍具价值引领作用

1. 互联网时代更加需要优秀文化的价值引领

互联网是基于数字信息技术发展进步而产生的。无论是农业文明、工业文明，还是数字文明，无论人类社会的科学技术处于何种水平，人们的生产、生活等都需要文明核心和指导思想。从历史发展和现实进程的角度看，在互联网盛行的时代，我们更需要中华优秀传统文化中的思想观念、人文精神、道德规范、意志品质等反映、顺应社会文明进步的精华来引领社会和人们的价值走向。

2. 中华优秀传统文化对促进数字文明时代发展具有重要意义

人类进入数字时代，更加需要建构一种普遍认同的价值观念。中华优秀传统文化中讲仁爱、重民本、守诚信、崇正义、尚和合、求大同等核心思想理念，是解决人与自然、人与社会、人与人之间关系的一个重要工具。所以说，进入数字文明时代，中华优秀传统文化仍然是所有社会成员都应该遵循的社会行为法则，更应该成为虚拟世界的行为准绳，成为高效连接的大规模社会活动的规则。有了它，数字文明时代的发展才有可能健康有序，数字文明才能"行稳致远"。当然，我们还须认识到在传承中华优秀传统文化的核心价值、思想精髓、人文精神和时代魅力的同时，还应不断推动中华优秀传统文化的内容创新和表达形式创新，使其能够跟上现代社会发展的步伐，成为引领数字文明时代的一盏明灯。

二、互联网时代中华优秀传统文化传承与创新中面临的机遇

当今世界不可阻挡的发展趋势是多极化和全球化。在全球化这柄双刃剑面前，各国各民族的文化都要承受狂风暴雨般的洗礼，在排斥与接纳、保守与融入、消解与重塑中做出抉择。中华优秀传统文化的继承与发展虽然也面临着巨大的压力和挑战，但它开放包容、兼容并蓄、自我进化的文化自信性格特征决定了它完全有能力在继承自己优秀文化基因的基础上，衍生出一种有别于当今西方国家文化体系的东方文化体系。这种文化体系的建立将给未来的人类带来

新的选择和更加和谐、舒适、平衡的感受。互联网时代给中华优秀传统文化复兴带来的不仅是挑战,更多的是机遇。

(一)强大国势为中华优秀传统文化复兴奠定了物质基础

众所周知,在中国共产党的坚强领导下,经过 70 余年的艰辛奋斗、砥砺前行,中华民族已经跨越了从站起来到富起来的历程,正向强起来的方向大步迈进,取得了令世人瞩目的成就。可以说,中国的崛起与复兴,将是 21 世纪最引人注目的世界巨变之一。国家富裕了,综合国力提升了,中国人的民族自信心增强了。但无论对个人还是对一个民族,最长远、最深刻的自信不是来自经济的强盛或军事的强大,而是文化的自信。只有自信地、永远地传承自己的优秀传统文化,中华民族才有可能以独特的面貌始终自立于世界民族之林,在互联网时代尤其如此。若中华民族的崛起与复兴仅仅停留在经济的层面上,将注定经不住历史的冲刷和时间的磨砺,因为复兴是全方位的,最终还是离不开文化的发展。然而,文化影响力的大小与国势强弱有着密切关系。纵观世界历史,不论是古代四大文明的出现,还是近现代欧美文化的流行,文化的广泛传播与备受关注,无不与所属国的强大国力有关。毫无疑问,我国日渐增强的综合国力和由此带来的世界影响力,为中华优秀传统文化的复兴奠定了物质基础。

(二)互联网时代人们对中华文化复兴的社会责任感显著增强

互联网时代,经济上的融合、生活方式上的趋同,势必会带来民族文化或文明之间的博弈、碰撞和冲突,所以互联网时代文化认同危机也十分明显。对中国来说,互联网使各种外来文化不断涌入,冲击着中国人千百年来传统的思维方式和生活方式,冲击着中国人早已习惯的待人接物的方式,更重要的是冲击着中国人的文化信仰。这种冲击虽一度使一些人在纷繁的文化万花筒中迷失方向,但最终唤醒了人们对中华优秀传统文化的深入思考和深刻解读,让人们开始在文化的交流冲突中寻求自身的文化定位,探寻本民族文化的复兴之路。[1] 基于对中华优秀传统文化与现实关系的思考,中华优秀传统文化复兴的重要问题——传统文化的传承与创新已成为当代中国人思考的核心。互联网时代对中华优秀传统文化的存续和发展所产生的种种冲击,不仅没有让我们对坚守并且传承中华优秀传统文化产生怀疑,反而成为一种基于文化识别需要和文

---

[1] 肖兰兰:《从文化自觉到文化自信》,《求实》2013 年第 4 期。

化定位需要的、努力实现中华优秀传统文化复兴的内在动力。正是在这种动力的作用下，中国人对自身传统文化的态度发生了很大的转变，不少人从忽视走向重视，从不置可否到主动学习，从泛泛而谈到深入研究，从而为中华优秀传统文化的现代化复兴打下了坚实的民众基础。近年来，中央电视台策划并播出的《中国诗词大会》《经典咏流传》等节目广受欢迎就是很好的例证。在这类优秀文化作品的传播过程中，中华优秀传统文化也充分显示了自己的再生能力，显示了自己能够与时俱进又保持独特魅力和民族性的能力，也增强了互联网时代人们对中华文化复兴的社会责任感和历史使命感。

（三）互联网为传播中华优秀传统文化构造了一个全新场域

互联网时代，借助传播技术的发展、传播工具的普及和迅速崛起的移动社交媒介，个人及群体接触、搜集、交换和传播信息的自主性、即时性、多样性得到了极大激发，为重构社会信息资源注入了新的活力和可能。中华优秀传统文化的传播顺应了时代的要求。广泛、及时地运用以互联网技术为核心的传播平台，极大地拓宽了中华优秀传统文化传播的时域空间和地域空间。如果说在互联网出现之前，由于传播空间和传播条件的限制，中华优秀传统文化的普及率还不尽如人意，甚至在某种程度上还存在"养在深闺人未识"的状态，那么在现代社会，互联网所具有的强大的传播力和影响力，则为传播中华优秀传统文化构建了一个全新场域。因此，在中华优秀传统文化的传承与创新过程中，我们应该更好地发挥各种网络技术平台和工具的作用，将互联网作为重要的传播媒介和载体，更多地创造出主流文化主导、大众喜爱、形式多样、门类齐全的文化产品，以实现中华优秀传统文化与现代技术的有效融合，为广大人民陶冶民族情操、培育家国情怀、提振文化自信提供更为丰富的支撑。

（四）互联网时代为学习借鉴世界优秀文明成果创造了更为有利的条件

我们知道，不同民族之间的相互学习和借鉴是民族文化发展的一个必要条件，因为每一个民族的文化都有自己的民族特色和独到优势。中华优秀传统文化不仅需要在自我进化中衍生新文化，同时也需要来自其他文化的润泽，以达到共同发展的目的。互联网时代人们会越来越多地面对迥异于自身文化的其他文化。在这样的文化冲击面前，一方面，人们会对自身拥有的文化有更多的反思，会重新审视传统文化的优点和缺点，抛弃其中的糟粕，将精华保留下来；另一方面，也将不可避免地学会"睁眼看世界"。互联网给我们打开了一扇

"睁眼看世界"的窗户，使我们可以快速地认识其他文化，了解其他文化，并与拥有其他文化的主体进行交流。这样，通过对自身传统文化糟粕的抛弃，对其他文化精华的吸收、借鉴，中华优秀传统文化必将进一步丰富完善，在互联网时代具有旺盛的生命力。

（五）开放的中国为中华优秀传统文化的全球传播构筑了平台

文化是鲜活、有生命的。灵动的生命只有在不断兼容并蓄、吐故纳新的过程中才会有持久的活力，文化只有传播交流才会有相当的影响力。经济发展不能闭关锁国，文化的复兴同样不能故步自封。我们不仅要把国外的先进文化带进来，还要让中华优秀传统文化走出去。如今的互联网平台为我们扩大中华优秀传统文化的影响创造了有利条件。将我们国家的优秀文化成果介绍给世界，借此扩大国家的国际影响力，进一步增强国家的国际话语权，在这一方面我们已经有了许多有益的尝试。越来越多的西方人士发现了中华优秀传统文化的优异之处，早在20世纪70年代，汤恩佳博士等人便预言21世纪是中国文化的世纪。[①] 可以预见，随着信息技术的不断发展和全球交往的日益加深，文化交流更加迅速和便捷，中华优秀传统文化将在世界范围内得到广泛传播，并得到其他国家和文化主体的更广泛认同。

三、互联网时代中华优秀传统文化传承与创新面临的挑战

伴随着全球化程度的加深、现代经济的发展和网络传播的便捷与高效，互联网时代中华优秀传统文化传承与创新主要面临着以下几个方面的挑战：一是文化糟粕对中华优秀传统文化传承与创新造成极大冲击；二是西方文化的渗透对中华优秀传统文化传承与创新带来严峻挑战；三是繁杂的互联网信息挤占中华优秀传统文化的传播空间。

（一）文化糟粕对中华优秀传统文化传承与创新造成极大冲击

随着中国特色社会主义市场经济的发展和社会的巨大变迁，人们的思想观念、对事物的看法理念发生了很大变化，一些过去弃之不用的糟粕文化及其落后观念随之有了"市场"。例如，重义轻利、淡泊明志、鞠躬尽瘁等曾经一直被作为判断是非曲直、衡量人生价值的标准被一些人丢失了，这部分人以唯利

---

① 罗雄：《中华正气歌》，万卷出版公司，2016年版，第193页。

是图、向"钱"看齐等落后腐败的观念作为个人追求和价值判断的标准。尤其在互联网时代，中华优秀传统文化本应借助网络迅捷、便利的特点得到更好的传播，但是中华优秀传统文化的精神富矿并没有因为网络的发展得到整体充分的展示，也没有很好地整合网络文化的表现形式，大量低俗乃至恶俗的文化糟粕在互联网上"死灰复燃"，一些宣扬金钱至上、享乐至上的信息大行其道，对传播中华优秀传统文化形成强力冲击。如何在信息泛滥的互联网上对中华优秀传统文化守正创新，"取其精华，去其糟粕"是互联网时代中华优秀传统文化传承与创新最重要、最根本的问题之一。

（二）西方文化的渗透对中华优秀传统文化传承与创新带来严峻挑战

随着全球化的日益加深和西方工业文明的发展，形形色色的外来异质文化对中华优秀传统文化产生的影响和冲击愈加深刻。从意识形态方面看，外来文化特别是西方文化一直对中华优秀传统文化形成围攻之势，挤压、排挤、歪曲、丑化中华优秀传统文化的言论及行为不绝于耳。对中华传统文化的嘲讽、对古圣先贤的不敬、对欲望物质的膜拜等，造成了部分人价值观的扭曲。西方一些国家凭借其背后的经济实力支撑和信息技术强势，抢占文化传播空间，强力推行西方价值观和所谓的"民主、自由"的社会制度，企图引导世界文化的主流，对中华优秀传统文化传播形成挤压、诋毁和围攻。部分西方国家以自我为中心的观念，以自身价值尺度评判他国的做法都被原封不动地搬到了互联网上，这无疑对中华优秀传统文化传承与创新带来了严峻的挑战。

（三）繁杂的互联网信息挤占中华优秀传统文化的传播空间

互联网的出现以及由此衍生并广泛使用的各种新媒体技术，让我们看到了一些普遍存在的现象。一是人们对互联网的依赖程度越来越高，每天随时进入网页、浏览新闻、使用互联网平台已成为人们的日常所需；二是新媒体技术的快速发展让世界范围内的信息传递与共享得以实现，使得广大网民选择、获取或接收海量信息内容变得更加便捷和自由。因此，互联网的普及和与之相伴生的新媒体技术的广泛应用，不仅让各种信息得到了实时传播，而且实现了人们的广泛参与，增加了人们表达意见和传递信息的渠道，给人们带来了全新的文化体验。网络信息以网络科学技术为基础，以电脑、智能手机等各种现代信息工具为载体，在网络空间形成了繁杂多样的文化活动、文化方式、文化产品和文化观念。它们是现实社会文化的展示和延伸，但也使得网民们真伪难识、善恶难辨。很显然，大量的有用无用的信息充斥于网络空间，势必会造成对中华优秀传统文化传播空间的挤占。如果不能把中华优秀传统文化的精髓注入网络信息的传递当中，不能以网络信息表达方式去传播中华优秀传统文化，不能根据互联网时代的文化表达特征将中华优秀传统文化转化为大众更容易读懂、理解、乐见、融会贯通的信息结构，繁杂的互联网信息将会大量消解人们与中华优秀传统文化接触的机会，中华优秀传统文化的主流地位将被削弱，人们对中华优秀传统文化的情感认同会日渐淡化，进而缩小中华优秀传统文化的生存空间。

第五节　互联网时代中华优秀传统文化传承与创新的途径与方法

在互联网时代，不管我们身处何方，只要有一根网线，就能与整个世界连接，在网络世界里冲浪、游历，见识不同的人、不同的生活方式、不同的景色，以及不同的文化。我们可以将文字、图画转化为数字形式储存在云端服务器，传播至网络世界的每个角落，而这一切仅需要几秒钟。互联网时代，给了我们的思想、文化瞬时"移动"的机会，使我们每个人都成了这个浩瀚无垠的网络世界里的奥德赛[①]，在追寻自我目标的过程中，同时传播着不同的思想和文化。这样的时代不仅为中华优秀传统文化的复兴提供了技术的支持，更是给中华优秀传统文化的传承与创新带来了更多的途径与方法。我们不再像祖辈那样依靠步履、蓄力、舟车等来跨越空间传播文化，不再局限于旧有的手抄本、印刷品、真人剧目等传播途径，不再仅仅依靠静态的文字和图画来讲述故事……互联网时代让我们突破了时间、空间的限制，使我们不再需要翻越万水千山就能将文化送到想送达的地方，还突破了载体形式的限制，创造出千变万化的形态，足以让文化精髓永久保存下去。在这一过程中，如何搭上互联网时代的快车，如何利用好互联网时代现有的资源和条件，是我们进行中华优秀传统文化传承和创新不得不面对的重要课题。

[①] 在《赛博空间的奥德赛：走向虚拟本体论与人类学》（广西师范大学出版社 2007 年出版）一书中，作者荷兰技术哲学家约斯·德·穆尔揭示了数码信息时代的电子传媒与赛博空间为人类历史的发展提供的新的可能性，并将人类行动者比作此空间中的奥德赛。

一、互联网时代中华优秀传统文化传承和创新的主体、路径与模式

（一）人是互联网时代中华优秀文化传承和创新的主体

在荷兰技术哲学家约斯·德·穆尔（Jos de Mul）看来，计算机网络编辑出来的世界，"其硬件和软件揭示了一种虚拟纬度，既超越又交织于我们的日常生活之中"，而这样一个空间"既不是客观的，也不是主观的，而是显现于我们'在这个世界中的存在'的行动中"。[①] 穆尔将互联网视为赛博空间，将赛博空间中活动的人看得极为重要。这一理解是我们在互联网时代理解文化传播路径与模式的前提。在互联网时代，我们很容易将文化传播视为一个全然依靠互联网这一科技进行的活动。在这样的情况下，我们常常被覆盖在它身上的科技性蒙住双眼，看不到或者忽视文化传播的主体——人，更看不到人的行动的重要性。技术永远是死物，运用技术的人才是最重要的主体，才是至关重要的行动者。没有人来应用技术，无论是何种高度发展的科技都不可能为人类社会带来进步。这句话也是在告诉我们，无论是什么样的高科技，一定要考虑到是什么样的人来应用它们。否则，这些高科技也只能成为"屠龙技"，看上去似乎很炫酷，实际上却毫无用处。在互联网时代的文化传播中，我们看到人的主体性，而对于较文化传播更深层次的文化传承与创新来说，不仅要看到人的主体性，更要充分利用人的主体性。互联网时代给我们提供了成百上千的文化传播方式和手段，人们通过手机屏幕这样一个小小的窗口，便能随时随地了解不同地域、不同民族和不同国家的文化。但是，传播不等于传承，更不等于创新。文化传承与创新的前提是作为主体、作为行动者的人要首先接受某个文化，这样他/她才可能成为文化的传承者和创新者。试想，如果一开始就一味地排斥某种文化，那么个体又当如何去传承和创新这种文化呢？焚书坑儒的秦始皇虽手握大权，却禁止传播儒家文化，而真正接受并信奉儒家文化的董仲舒虽然仅仅是汉家之臣，却为推动儒家文化的传承与创新起到了开创性的作用，并为儒家文化光耀后世、彪炳千秋奠定了坚实的基础。因此，无论在哪个时代，在何种技术条件下，人永远都是文化传承和创新的主体，是文化传承和创新的行动者，这一点不可忽视。因此，可想而知，中华优秀传统文化的传承与

[①] 夏德元：《电子媒介人的崛起——社会的媒介化及人与媒介关系的嬗变》，复旦大学出版社，2011年版，第121—122页。

创新在互联网时代首先遇到的问题并不是技术的问题,而是人的问题。这里主要有三个问题:第一个问题是如何从思想上扭转以技术为尊的看法,将人的主体作用凸显出来,简单地说,就是如何强调人在互联网时代中华优秀传统文化传承与创新中的关键作用;第二个问题是什么样的主体能够很好地担负起中华优秀传统文化传承与创新这一重大责任,也就是传承与创新中华优秀传统文化需要什么样的主体;第三个问题是如何培养这样的主体,即主要通过什么样的路径和模式来培养中华优秀传统文化传承与创新的主体。在本节中,我们论述的主要是第三个问题。

(二)互联网时代中华优秀传统文化传播的路径

"路径(path)"一词指的是到达目标的道路。培养中华优秀传统文化传承与创新主体的路径指为实现拥有这样一群主体的目标我们目前应该走的道路。在此,我们并不将这样的主体命名为"人才队伍",因为"人才队伍"并不能涵盖这群主体的所有特征。尤其重要的是,我们常常将"人才队伍"与"建设和打造"联系在一起,而"建设和打造"整体来看还是一种精心规划的、外烁而非内生的方式,可能会将作为中华优秀传统文化传承与创新的主体——网络世界强有力的行动者纳入某个既有框架,使其显得格外被动,从而丧失原有的主体性。但是,这并不是说中华优秀传统文化的传承与创新主体的培养应该放任自流,不能进行规划,而是说在这一问题上我们应该做的是"两条腿走路":一方面,通过学校教育有意识地培养中华优秀传统文化传承与创新的接班人;另一方面,通过社会教育影响社会各类群体,将其中接受中华优秀传统文化的广大群众动员起来,让他们成为互联网时代中华优秀传统文化传承和创新的主体。这两条路径缺一不可。

第一条路径是利用现有资源,于学校教育环节规划互联网时代中华优秀传统文化传承和创新主体的培养路径。在现代社会中,就人的培养来说,学校教育显然是最为重要的一个环节。利用好现有资源,培养起能够在互联网时代接受、传承和创新中华优秀传统文化的下一代,也是学校教育体系不可推卸的责任。第二条路径是社会教育。社会教育是一个很宽泛的概念,既指人民群众之间的相互教育,也指自我教育,可以说是整个社会对中华优秀传统文化的共同学习。只有走稳走顺这两条路,使更多的人从内心深处真正接受中华优秀传统文化,才可能谈得上进一步的传承和创新。从发展的角度来看,第二条路径可能比第一条路径更具有发展性,但是,第二条路径所涉及的对象、范围和方式成千上万,且不像第一条路径那样规范、自成体系,因此,在本节中我们主要阐述的是第一条路径，尝试剖析如何发挥学校教育在中华优秀传统文化的传承与创新的作用的问题。

（三）互联网时代中华优秀传统文化传承与创新的模式

就"模式"而言，《魏书·源子恭》中曾有句："故尚书令、任城王臣澄按故司空臣冲所造明堂样，并连表诏答、两京模式，奏求营起。"在《现代汉语词典》（第七版）中，"模式"一词被解释为"某种事物的标准样式或使人可以照着做的标准样式"。互联网时代中华优秀传统文化的传承与创新需要建立起的标准样式，就是我们在这里所说的"模式"。

一般来说，模式有三个特点：一是有结构化的形式，具备相对独立的、可以自洽的体系；二是易于学习和掌握，即想要学习它的人很容易就能掌握它的要点，在大脑中建立起这一模式的整体框架和结构；三是易于推广，即只要条件、时间适宜，就能在另外的地方进行复制，且有些复制后的模式甚至比原来的模式产生出的效果更好。中华优秀传统文化传承与创新的模式也具有以上三个特点。从古至今，在中华传统文化中产生了不少文化传承与创新的优秀模式，除了具备以上三个特点外，它们还具备其他两个必不可少的共同点：一是孕育这些模式的"土壤"始终是中国社会，或者更确切地说是中国文化社会；二是这些不同的模式始终与它产生的那个特定的时期有着密切的关联，总是与那些时期里科学、文化发展的状况相适宜。

互联网时代中华优秀传统文化传承与创新模式有成千上万种，而在这众多模式中，与我们所处的这个时代联系得最紧，最易学习和传播的应该是以"互联网＋中华优秀传统文化"为核心的文化传承与创新模式。这些模式围绕"文化产业化发展"这一主题，用发展产业的思路来发展优秀传统文化，不是仅仅在现有的众多文化产业发展模式基础上增加了古意盎然的中华优秀传统文化内容，而是还通过更进一步挖掘中华优秀传统文化的核心价值，利用现代社会独有的产业化形式和互联网时代特有的技术形式，使其得到更多的传播和发展，影响更多的人，被更多的人接受，继而发扬光大。这类模式在现代社会获得了诸多成功，正是因为它与时代相契合，利用了产业发展和技术发展的趋势和优势。在本节中我们对以"互联网＋中华优秀传统文化"为核心的文化传承与创新模式进行简单阐述，在本书第六章中将针对这一问题进行详细论述。

二、互联网时代学校教育对中华优秀传统文化传承与创新的作用

要推进中华优秀传统文化的传承与创新，教育乃重要途径。教育的过程是持续性全周期的，贯穿从启蒙至大学的所有阶段。同时，每一阶段的学生都有不同的认知特点与心理特征，因此各个阶段传统文化教育的功能也有所不同。需要强调的是，传统文化教育是思想政治教育的重要组成部分。2019 年 3 月，习近平总书记主持召开学校思想政治理论课教师座谈会时提出了"坚持显性教育和隐性教育相统一"的理念。只有在教育过程中将显性教育和隐性教育融合统一，共同发力，才能形成传统文化传承与创新的强大合力。因此，在讨论每一阶段的教育过程时，我们均从全局着手，分显性教育与隐性教育两部分展开。此外，进入互联网时代，发达的传输技术与海量的教学素材为中华优秀传统文化教育提供了更多的教学方式与更丰富的教学资源，因此，要深度挖掘互联网中的教学资源，充分利用信息网络技术，结合每一阶段学生的特点，有步骤有重点地推进并实现教育对于中华优秀传统文化传承与创新的功能。

（一）启蒙阶段：感知

意大利著名的幼儿教育家玛利亚·蒙台梭利主张：3 岁之后儿童开始进入有意识的吸收期，且这阶段的吸收带有一定的选择性。[①] 这一时期是儿童通过各种活动逐渐获得记忆力和理解力，发展自己的心理，并且在成人的帮助下对社会和文化学习发生兴趣、养成个性的时期。因此，在启蒙阶段，要营造传播中华优秀传统文化的良好氛围，让儿童通过实践活动去感知、去体验传统文化，进而激发他们对传统文化的兴趣。针对启蒙阶段的儿童心智尚未成熟，在学习上好奇心强、识字能力弱的特点，启蒙阶段主要基于阅读观看与生活体验两方面来开展传统文化传承与创新。

首先，"阅读观看"是一种显性教育方式，主要包括阅读讲解绘本与观看视频。以绘本为载体，教师讲授与自行阅读可以让受教育的儿童形成对传统文化基础知识与核心理念的基本感知。同时，智能手机、平板电脑等电子产品已融入成长在互联网时代的儿童的日常娱乐生活。以动画、短视频的方式去传导传统文化的基础知识与核心理念，在丰富儿童的娱乐生活的同时，还能帮助其

---

① 〔意〕玛利亚·蒙台梭利：《蒙台梭利早期教育法 教育 1+1 白金版》，朝华出版社，2010 年版，第 192 页。

初步建立起关于传统文化的基本认知体系。

其次,"生活体验"是一种隐性教育方式,主要指营造有益于传统文化的传承与创新的生活场景。基于儿童主要通过实践活动来建立认知的特点,启蒙教育采用营造生活场景的方式,让儿童在实践游戏过程中去感知传统文化。例如,在幼儿园入学之初举行从孔子时代流传至今的"开笔破蒙"仪式;设计一些以端午赛龙舟、中秋打月饼、元宵扎灯笼为主题的简单的视频小游戏……以"润物细无声"的方式激发儿童对中华优秀传统文化的兴趣,通过环境熏陶为儿童打造轻松愉快的传统文化的感知环境。

(二)小学阶段:基本认知

进入小学阶段,儿童已经具备了一定的识字能力,各方面的学习能力得到飞速提升,开始逐渐建立起对世界的基本认知。因此,在这一阶段,可通过系统的知识习得技能的传授去帮助受教育者搭建起关于中华优秀传统文化的基本认知结构。针对小学阶段的儿童逐渐明事理、机械识记能力强、想象力丰富的特点,小学阶段主要基于经典诵读与场景表演两方面来开展传统文化的传承与创新。

首先,"经典诵读"是一种基于小学生强大的机械识记能力的显性教育方式。目前,我国的小学语言课堂有大量的关于传统文化经典诗篇诵读的教学内容。小学生在反复诵读国韵的过程中,可逐渐形成文言文的基本语感,同时也可以在抑扬顿挫的平仄韵律中感受传统文学的无限魅力。

其次,"场景表演"主要是一种结合小学生想象力丰富的特点的隐性教育方式。小学校园的实践活动丰富多彩,小学阶段可以适度地以传统文化宣讲为目的开展各式的场景表演活动,如深受小学生喜爱的《西游记》场景表演。在《西游记》场景表演的过程中,小学生们能充分发挥自己的想象来设计花样百出的"神魔大战",既把握了《西游记》的基本脉络,感受了师徒四人在求取真经的路上的那份坚韧与勇敢,又结合自己的理解创造性地开发出了各式场景,提升了创新能力。同时,借助于强大的互联网传输技术与便捷的视频播放平台,小学生可在短时间内快速共享精彩表演,相互学习,共同成长。"场景表演"让小学生掌握传统文化基本知识点的同时,还能让他们有意识地去触及并理解传统文化的精神内核。

(三)中学阶段:心理认同

进入中学阶段,青少年已经具备了较强的学习能力。青春期的他们昂扬向上，求知欲旺盛，充满了强烈的自我意识，开始构建基本的世界观、人生观与价值观。因此，在这一阶段中，可通过完整的传统文化教育体系去帮助受教育者构筑对中华优秀传统文化的心理认同，进而产生对中国特色社会主义文化的自信。针对中学阶段的青少年成人感渐强、意义识记能力提升、团队协作力强的特点，中学阶段主要基于经典习作与团队实践两方面来开展传统文化的传承与创新。

首先，"经典习作"主要是一种基于中学生强大的意义识记能力的显性教育方式。当前的中学教育安排了大量的关于传统文化经典习作的教学内容。与小学阶段的机械识记传统经典作品不同的是，中学阶段的识记是在理解原文的基础上的意义识记，教学的重点是让学生去揣摩体会古文的写作方法和技巧，去理解经典作品中蕴含的精神内核。

其次，"团队实践"主要是一种结合中学生成人感渐强的特点的隐性教育方式。青春期的少年们代入成人感的重要方式就是引起并获得他人的关注。在互联网时代，他们热衷于通过QQ、微信、微博等个人社交媒体搭建个人社交网络，融入团队，建立起归属感。针对于此，以各种团体（包括以运动、兴趣爱好、偶像等为核心的各类团体）为单位，开展关于传统文化的实践活动，如参观博物馆、进行传统手工劳作、参与传统仪式、开展志愿服务，让中学生以他们喜爱且习惯的方式体会团队协作的凝聚力，在关于传统文化的校园实践活动中铸成传统文化自豪感，建立起对中华优秀传统文化的心理认同。

（四）大学阶段：价值自觉

进入大学阶段，青年们已基本构建起完整的世界观、人生观与价值观。正值青春年华的他们精力旺盛，有较强的自我意识，想法独特，且批判性较强。他们即将进入社会，成为国家和民族的栋梁。这一阶段的学生，与前几个阶段相比，在学习上最突出的特点在于开始从纯粹输入逐渐进入输入与输出并行的状态。亦即是说，从启蒙阶段到中学阶段的关于传统文化的教育，其重点基本是教育者对被教育者的"单向输出"，尽管不同阶段的输出内容、输出形式存在变化，但始终不变的是文化的流向。进入大学阶段则有所不同，接受高等教育的大学生是未来的知识精英，是传统文化的重要传承者与创新者。前几个阶段的教育已经帮助大学生构架起了关于传统文化的基础性知识体系，在大学阶段，一方面要继续输出，完善大学生的传统知识体系，另一方面要开始引导大学生进行"反向输出"，让学生结合新时代的特点创造性地开展对传统经典的解读、对传承形式的更新、对创新内容的挖掘。高校学生不仅是传统文化的接受者，也将在中华优秀传统文化的传承与创新过程中成长为积极的建设者、参与者、引领者。因此，关于中华优秀传统文化的大学教育要注重"分层"。一方面，开展关于优秀传统文化的基础性通识教育，让大学生建构起关于优秀传统文化的价值自觉。同时，通识教育还不应仅局限于方寸讲堂，可以借助互联网这一全球性的传播与交流平台实现优质的课程资源在世界范围内的共享，以拓展和提升优秀传统文化的传承范围与创新高度，真正实现对优秀传统文化的弘扬。另一方面，对人文类专业人才进行关于传统文化的专业培养，让他们具备深入阐释并创造性转化传统文化知识性内容的能力。传统文化本身属于跨专业的复合型知识系统，涉及面广，如文学、传播学、历史学、文化学等人文学科皆与传统文化有关。就读于相关专业的学生已具备了较强的文化素质与良好的思考能力，可主动结合互联网时代带来的新变化，推动传统文化的传承与创新达到新的深度与高度。

综上所述，在中华优秀传统文化传承与创新的过程中，教育是重要途径。关于传统文化的教育是全周期、渐进式的过程，针对每一阶段的学生的不同特点，功能各有侧重：启蒙阶段基于个人体验让儿童逐渐感知传统文化的魅力；小学阶段基于个人习得帮助学生建立起对传统文化的基本认知；中学阶段基于团队实践让学生形成对传统文化的心理认同；大学阶段基于个人思考让学生构筑关于传统文化的价值自觉。从基础知识性内容的感知到基本认知，从核心文化理念的心理认同到价值自觉，每一个阶段不可或缺、环环相扣，前一阶段为下一阶段奠定基础。

三、"互联网＋中华优秀传统文化"产业之思考

（一）"互联网＋中华优秀传统文化"产业新业态融合创新

网络时代，互联网成为文化产业的基础设施和实现工具。借助互联网，新兴产业成为新的经济增长点。《2021年中国游戏产业报告》显示，2021年，中国游戏市场实际销售收入2965.13亿元，较2020年增收178.26亿元，同比增长6.4％。其中，移动游戏仍为中国游戏市场的绝对主流，实际销售收入占比达76.06％，总计2255.38亿元，较2020年增加了158.62亿元，同比增长7.57％。值得注意的是，受客户端产品表现、全平台发行模式、用户使用习惯回归等的影响，2021年中国客户端游戏市场实际销售收入588亿元，较2020年增收28.8亿元，为三年来首度出现正增长。据统计，2021年，中国游戏用户规模为6.66亿，同比增长0.22％。移动游戏用户规模达6.56亿人，同比

增长0.23%。[①] 而随着移动互联网技术的进一步发展,未来手机端将取代PC端成为文化产业必须倚靠的基本途径。

目前,中华优秀传统文化并非互联网承载的文化产业内容的主流。我们认为主要存在以下几个原因:

第一,浸润于传统文化中的审美意识普遍缺失。目前,我国普通民众接受的中华优秀传统文化审美教育尚不充分,大部分人可能仅仅满足于对中华优秀传统文化的一知半解或所知有限,甚至少数人还会以功利性和娱乐性为审美标准。这有意无意地造成了与中华优秀传统文化疏离的局面。

第二,能够继承并发扬中华优秀传统文化的专业人才不够。目前,高校的艺术文化类专业教育多引入西方理念及西方文化,加之中华优秀传统文化的传承多采用较为传统的方式,造成部分传统文化分支由于后继无人几近失传。

第三,中华优秀传统文化的表现形式较为传统,欠缺迎合时代发展的创新。在高速发展的现代社会,若不借助更丰富、更现代化、更易被受众接受的表现形式,"养在深闺人未识",任何优秀内容都很难得到广泛传播并被大众所接受。

(二)"互联网+中华优秀传统文化"产业新业态融合创新策略

文化产业有两个特点,一是内容为王,二是创新优先。文化产业的这两个特点以及互联网时代对于文化产业发展的新要求,让"互联网+中华优秀传统文化"产业新业态融合创新需从主体、制度、内容、环境和模式五个方面寻求突破。

1. 培育两类主体

一类是"互联网+中华优秀传统文化"产业的传播者,另一类是中华优秀传统文化的广大受众。前者的培育主要通过专门的专业设置和教育培养方案来进行;后者的培育则需要通过从学前教育阶段到义务教育阶段全面渗透或扩展中华优秀传统文化教育的内容,系统开设中华优秀传统文化课程来打下良好的基础。青少年是网络的主要使用者,对他们进行中华优秀传统文化的审美教育,不仅可以帮助他们提升文化自觉和文化自信,还可以为国家培养更多"互联网+中华优秀传统文化"产业运行群体打下基础。

[①] 腾讯新闻:《2021年中国游戏产业报告(全文)》,https://new.qq.com/rain/a/20211217A01GWJ00。

2. 建立扶持"互联网＋中华优秀传统文化"产业的整套政策，完善相应制度

文化产业是满足人们精神需求的重要产业，是传播价值的创意产业。中国人承继中华优秀传统文化，传递千百年的生活智慧、文化理想，以及对生活的价值体悟有可能逐步治愈目前现代社会发展的痼疾，提升幸福感。但是，和其他产业相比较而言，文化产业对政策扶持的需求更高，不仅针对资金、人力，还针对扶持周期、场地支持等。因此，推动"互联网＋中华优秀传统文化"产业创新融合，必须充分考虑文化产业的特殊性，在充分调查研究的基础上，有针对性地建立扶持政策，完善相应制度，采取科学有效的举措。

3. 建立以中华优秀传统文化资源库为主的内容数据库体系，为产业发展提供内容支持

目前，我国"80后"至"00后"的这几代人对优秀传统文化了解不多。因此，需要花大力气建立以中华优秀传统文化资源库为主的内容数据库体系，即建立数字化中华文明知识库体系。这一体系中具体包括：运用多媒体储存技术建立起的，包括相关平台、超级数据库，以及知识规制、万众创新的知识库在内的内容建构体系；以信息搜索、数据挖掘和人工智能为关键技术的中华优秀传统文化和人类文明知识的自组织系统。建立中华文明的虚拟世界，开发结合数字技术与现实世界的文化产品，让中华优秀传统文化深入人们生活的各个方面。数字化中华文明知识库体系的建立，在保存优秀传统文化的同时，也为"互联网＋中华优秀传统文化"产业的融合发展提供了内容支持。

4. 建立产业区、示范区等，为"互联网＋中华优秀传统文化"产业融合创新营造良好的外部环境

"互联网＋中华优秀传统文化"产业具有高知识性、高增值性、低能耗、低污染等特点，符合社会发展愿望和环境保护要求。发展"互联网＋中华优秀传统文化"产业不仅能够提高其所在地区的就业率，还能丰富当地人民的文化生活。因此，对于需要打造宜居环境的城市来说，建设"互联网＋中华优秀传统文化"产业区、示范区等，有百利而无一害。

5. 建立多个"互联网＋中华优秀传统文化"产业融合创新模式

"互联网＋文化"产业具有大平台、大融合、大市值、大研发及大创新五大趋势，多个商业模式创新发展的势头已日渐鲜明，盈利模式已较为清晰。"互联网＋中华优秀传统文化"产业需要在借鉴现有商业模式的基础上，不断探索发展新的商业模式，使以中华优秀传统文化为核心的产业可以充分借力互

联网，成为当今文化产业的主流力量，打造出独具特色的中华文化产品；同时，利用好国内国际两个文化市场，加强中外人文交流，推动中华文化扩大影响，在居住于世界各地的几千万华人的桥梁作用下，赢得中国应该拥有的国际文化市场份额；在以我为主、兼收并蓄，借鉴吸收人类创造的一切有益文化成果的同时，提升中华优秀传统文化的国际传播能力，着力讲好中国故事，展示中国力量，展现立体、真实和全面发展的中国，全面提高国家文化软实力，进一步增强文化自信，助力国家发展。

第二章　互联网时代中国梦视野下的中华优秀传统文化传承与创新研究

导读：西方文化的精神指向理性地支配世界，而中国文化的精髓趋向于理性地适应世界。中国梦是一种后发的、复兴的、彰显包容精神与社会主义理念的新文明模式，具有一种世界主义情怀。中国致力于建设一个共同繁荣的和谐世界，致力于民族复兴、国家富强、人民幸福。习近平总书记在庆祝中国共产党成立100周年大会上的讲话是百年大党奋进新征程的政治宣言。他在这次讲话中指出，要"全面贯彻新时代中国特色社会主义思想，坚持把马克思主义基本原理同中国具体实际相结合、同中华优秀传统文化相结合"，并代表中国共产党庄严宣誓"中华民族伟大复兴的中国梦一定能够实现"。因此，我们必须探索中华优秀传统文化与实现中国梦的深度关联。

第一节　中国梦与中华优秀传统文化

一、中国梦传承了中华优秀传统文化的璀璨精华和精神内核

（一）中国梦的内涵

2012年11月29日，习近平总书记在参观《复兴之路》展览时，首次明确提出中国梦；2013年3月17日，习近平总书记在第十二届全国人民代表大会第一次会议上的讲话中，第一次集中阐释了中国梦的深刻内涵。中国梦的提出，是秉承新时代中国共产党人执政理念和社会发展理念的顶层设计，是将马克思主义基本理论与新时代中国社会发展要求相结合的产物，为当下和未来中国经济社会发展指明了方向。

第二章　互联网时代中国梦视野下的中华优秀传统文化传承与创新研究

习近平总书记在第十二届全国人民代表大会第一次会议上的讲话中指出："实现全面建成小康社会、建成富强民主文明和谐的社会主义现代化国家的奋斗目标，实现中华民族伟大复兴的中国梦，就是要实现国家富强、民族振兴、人民幸福。"[①] 党中央将实现中国梦具体化为实现国家富强、民族振兴、人民幸福，为检验中国特色社会主义的政府管理和社会治理水平提出了具体标准，也将中国梦与经济发展、民族文化振兴、人民生活幸福紧密结合，统一为一个有机体。

许多学者也对中国梦进行了深入解读。邓楠认为中国梦包含以下几层含义："强盛"中国梦，以经济建设为中心，提高市场化水平；"法治"中国梦，以民主法治为保障，加快法制化进程；"文明"中国梦，以文化强国为引领，增强国家软实力；"和谐"中国梦，以交往理性为基础，提升民生和谐度；"美丽"中国梦，以生态文明为支撑，优化生态和环境。[②] 作为新时代的理论创新，中国梦纵向跨越过去、现在与未来的时间轴，横向涵盖经济、政治、文化、社会、生态与人的全面发展相适应的丰富内容。总之，中国梦的第一要义是实现"国家富强"，中国梦的重要目标是"民族振兴"，中国梦的价值原则是"人民幸福"；中国梦是国家、民族、人民共有、共建、共享的同一个梦。

党的二十大对新时代党和国家事业发展作出科学完整的战略部署，提出实现中华民族伟大复兴的中国梦，以中国式现代化推进中华民族伟大复兴，统揽伟大斗争、伟大工程、伟大事业、伟大梦想，明确"五位一体"总体布局和"四个全面"战略布局。[③]

（二）中国梦的哲学基础

只有在中国共产党的领导下，才能解决中国遇到的各种问题，最终实现中华民族伟大复兴的中国梦。因此，学者于萍、吴永华认为：中国梦的构建，以马克思主义哲学的需要观为基础；中国梦的发展，以马克思主义哲学的历史观为基础；中国梦的实现，以马克思主义哲学的实践观为基础。[④]

[①] 习近平：《习近平谈治国理政》，外文出版社，2014年版，第39页。
[②] 邓楠：《中国梦的科学内涵、价值维度与实现路径》，《探求》2021年第5期。
[③] 习近平：《高举中国特色社会主义伟大旗帜　为全面建设社会主义现代化国家而团结奋斗——在中国共产党第二十次全国代表大会上的报告》，人民出版社，2022年版，第7页。
[④] 于萍、吴永华：《马克思主义哲学视阈下中国梦的哲学基础分析》，《广西社会科学》2015年第10期。

1. 中国梦的构建

从需要观出发，中国梦不仅描绘了未来中国特色社会主义发展的伟大蓝图，而且反映了广大人民群众的共同愿望，体现了中国人民的现实需求。中国梦的构建是以人民的现实需要为评价标准的，正如习近平总书记在2013年3月17日第十二届全国人民代表大会第一次会议上的讲话中所指出的："中国梦归根到底是人民的梦，必须紧紧依靠人民来实现，必须不断为人民造福。"[①]

2. 中国梦的发展

从历史观出发，"中国梦"这个词虽然是在当下这个时代被提出的，但是在中华儿女的心中，一直有一个朴素而伟大的中国梦，只是在不同的历史时期，随着社会发展而变化。这一阶段，实现中国梦，建立在坚持中国特色社会主义道路的基础上，落脚于实现国富民强、国泰民安，百姓安居乐业、幸福生活。而社会主义社会的最终目标是实现人的全面自由发展，这也决定了中国梦的实现要以人的全面自由发展为终极目标。

3. 中国梦的实现

从实践观出发，正如习近平总书记所讲"生活在我们伟大祖国和伟大时代的中国人民，共同享有人生出彩的机会，共同享有梦想成真的机会，共同享有同祖国和时代一起成长与进步的机会"[②]，只有这样，人民群众才会愿意为这个伟大梦想而奋斗，只有人民同心同德，才能汇聚成气势磅礴的中国力量。实践的自觉能动性表明中国梦的实现是一个能动创造的过程，在这个过程中，需要发挥人们实践的能动性，去改造现实，去创造世界。中国梦的提出来源于实践，中国梦的实现同样必须依赖实践，中国梦的实现不可能一蹴而就，需要在实践中不断发展、完善、创造，才能最终实现。[③]

（三）中国梦汲取了中华优秀传统文化的思想内核和理论精髓

首先，中国梦的价值内核是社会主义核心价值观，这一价值观与中华优秀传统文化的思想内核相同，均推崇"修身、齐家、治国、平天下"，强调从个

[①] 习近平：《在第十二届全国人民代表大会第一次会议上的讲话》，人民出版社，2013年版，第5页。

[②] 习近平：《在第十二届全国人民代表大会第一次会议上的讲话》，人民出版社，2013年版，第5页。

[③] 于萍，吴永华：《马克思主义哲学视阈下中国梦的哲学基础分析》，《广西社会科学》2015年第10期。

体做起，达至天下大同。其次，倡导和谐是中华优秀传统文化的理论精髓，"以和为贵""君子和而不同"等思想观念对祖国统一、民族团结做出了不可磨灭的贡献。中国梦延续这样的思想观念，并成为人类命运共同体意识的思想基础，为促进不同国家和民族之间的交流与互鉴提供细腻的价值遵循。最后，中华优秀传统文化倡导以"仁"为核心、以"德"为基础、以"礼"为规范的社会道德体系，中国梦将这一社会道德体系具体化为国家富强、民族振兴、人民幸福的社会理想，是对中华优秀传统文化的创新性传承，是推动国家"善治"的重要抓手。

（四）中国梦表达了中华优秀传统文化的美好愿望和丰富意蕴

孔子在《礼记·礼运》中详细描绘了儒家对于构建大同社会的理想，即"大道之行也，天下为公。选贤与能，讲信修睦，故人不独亲其亲，不独子其子，使老有所终，壮有所用，幼有所长，鳏寡孤独废疾者皆有所养，男有分，女有归。货恶其弃于地也，不必藏于己；力恶其不出于身也，不必为己。是故谋闭而不兴，盗窃乱贼而不作，故外户而不闭，是谓大同"。大同社会集中体现了儒家对美好社会的构想，立基于个体的道德修为，指向社会的和谐善治，是一代又一代中国知识分子孜孜以求的理想社会。中国梦作为中国人民努力追求的奋斗目标，不仅彰显了中华优秀传统文化中关于大同社会的美好愿景，也是对中国发展战略的生动概括。

1. 仁爱为本的治世思想

"仁者爱人"是儒家仁爱为本的治世思想的集中体现，从孔子到孟子、荀子，"仁爱"一直是儒家深为重视的治世思想，也是儒家大同社会理想的人文关怀所在。当统治者将儒家思想作为治世的依据时，"仁爱"也就自然成为他们对自身施政的要求。其中最为典型的是唐太宗告诫臣下："君，舟也；人，水也。水能载舟，亦能覆舟。"随着中国特色社会主义进入新时代，以习近平同志为核心的党中央始终坚持并倡导切实增强人民群众的获得感、幸福感、安全感，在国家治理中始终以民为本、以人为本，把人民群众放在第一位。这正是儒家仁爱思想的深刻体现。

2. 世界大同的美好追求

儒家思想不断完善，所要达到的最高目标就是大同社会。大同社会强调的就是让每个人从内心深处自发地将民族、社会和国家的利益放在首位，"穷则独善其身，达则兼济天下"。儒家构建大同社会的思想也是中华民族共同体和人类命运共同体等思想的来源，反映了中华民族对理想社会的向往，以及对最高价值目标的追求。中国梦是中国人民的梦，号召人民为国家富强、民族振兴以及自身的幸福而不懈奋斗。这与儒家思想中"己欲立而立人，己欲达则达人"是一脉相承的，是中国梦对儒家大同思想的创新性发展。

总之，实现中华民族伟大复兴的中国梦是中华优秀传统文化与时代主题相结合的伟大结晶，赋予了中华优秀传统文化新的时代内涵。中华优秀传统文化的弘扬需要与社会发展相适应，与时代发展趋势相符合，与世界发展相交融。中华优秀传统文化既要保持鲜明的民族特色，又要富有浓郁的时代精神，更要具有良好的国际形象。中国的，也是世界的。实现中国梦是让世界变得更加美丽、各国人民生活得更加美好的必由之路。

二、中国梦对古代大同理想的传承

"大同"是中国古代对理想社会的一种称谓，代表着人类对未来社会的美好憧憬。而实现中国梦需要坚持中国特色社会主义道路，弘扬中华优秀传统文化，凝聚全国人民的力量。

（一）中国梦源自古代的大同理想

"'中国梦'最根本的文化思想根基是儒家大同思想，二者在政治诉求、精神追求、文化思想方面一脉相承、联系紧密"[①]。大同社会是中国古代儒家所追求的理想社会形态，其内涵包括天下为公、选贤与能、讲信修睦、人得其所、人人为公、各尽其力。

纵观历史发展，大同理想是广大仁人志士的共同追求。梁启超从追求"天下大同"到"民族国家"，孙中山倡导"三民主义"坚持"天下为公"，新时代中国人民追求中华民族伟大复兴的中国梦，无一不体现着数千年来儒家所描述的大同思想。

（二）中国梦与大同理想的不同之处

中国梦虽源自儒家思想中的大同理想，但经过时代变迁和社会发展，其内涵亦有新的变化和拓展。

1. 中国梦与大同理想的提出背景不同

传统文化中的大同理想是在纷乱的战争年代被提出来的。那时，人们饱经

[①] 王玉清：《浅析中国梦的传统文化意蕴》，《文教资料》2018年第18期。

战乱之苦、灾难之痛，基本温饱都难以保障，"大同"只是人们对未来美好社会的憧憬和想象。中国梦是在中华人民共和国成立后、生产力和科学技术日益发达的和平年代提出的，有着现实依据，并且在不久的将来一定能够实现。

（1）大同理想产生的背景

大同理想主要源自早期的诗歌与先秦诸子百家的思想，它们为大同社会的整体预设提供了思想根基。[①] 中国人民对于大同社会的追求可以追溯到早期的诗歌，主要体现在人们对"乐土"的向往，如《诗经》中"逝将去女，适彼乐土。乐土乐土，爰得我所"。

大同理想的具体思想源头，则主要在先秦诸子百家的思想中。春秋末年，社会"礼崩乐坏"，诸侯争霸，人民生活在水深火热之中。这在诸子百家看来不符合天道。他们开始构想理想社会的形态，并体现在自己的学说中。最有代表性的是《礼记·礼运》中的"大道之行也，天下为公。选贤与能，讲信修睦。故人不独亲其亲，不独子其子，使老有所终，壮有所用，幼有所长……故外户而不闭，是谓大同"。这最能体现孔子"博施济众""老安少怀"的大同理想。《墨子·兼爱》中的"强不执弱，众不劫寡，富不侮贫，贵不敖贱，诈不欺愚"，反映了墨子不愿让人民陷入"交恶"和"亏人自利"的纷乱之中，期望建立公平合理的社会，达到天下太平的愿望。《道德经》中也有对理想社会的设计，"甘其食，美其服，安其居，乐其俗"反映了老子期望人民能够丰衣足食、安居乐业。总之，大同理想吸收了先秦诸子百家向往的理想社会的元素，为后世许多的思想家所继承。

（2）中国梦提出的背景

习近平总书记提出的中国梦，不仅是党和国家面向未来的政治宣言和政治动员，而且已经成为中国共产党带领全国人民实现民族复兴伟业的总目标、总方向和总要求。

建立富强文明的国家、实现民族的伟大复兴，一直是中国人的渴望。孙全胜认为："人们对理想社会的渴望奠定了'中国梦'的心理基础。新中国和社会主义制度的建立，为'中国梦'的实现奠定了基础；以儒家为代表的优秀传统文化孕育了'中国梦'的深厚文化背景。"[②] 韩庆祥认为：从历史时间来阐释中国梦的时代背景，我们不仅离实现中华民族伟大复兴中国梦的目标日趋接近，而且也具备了实现中国梦的物质基础；从现实空间来阐释中国梦的基本内

---

① 刘开法：《中国"大同"社会理想的历史嬗变》，《经济研究导刊》2012年第10期。
② 孙全胜：《中国梦的实现路径探析》，《内蒙古大学学报》（哲学社会科学版）2018年第5期。

涵及精神实质，要把中国梦置于国家发展与个人发展两个基本方面，对世界而言，中国梦就是和平合作之梦、共生共赢之梦；从本质特征来阐释中国梦所蕴含的思维方式，中国梦的本质特征就是目标凝聚、共生共进、外圆内方和人民主体，其蕴含的思维方式是战略思维、和合思维、功能思维和人本思维。[①]

总之，不断开拓的中国特色社会主义道路，是习近平总书记提出中国梦的道路背景；不断创新的中国特色社会主义理论，是习近平总书记提出中国梦的理论背景；不断完善的中国特色社会主义制度，是习近平总书记提出中国梦的制度背景；实现中华民族伟大复兴的中国梦，是在道路自信、理论自信及制度自信的背景下习近平总书记应时、应势提出的。

2. 中国梦与大同理想的实现路径不同

大同理想只描绘了对未来社会的美好憧憬，并没有提出具体的现实路径，这样一条道路在当时根本行不通。中国梦的实现建立在坚持走中国特色社会主义道路的基础上，即将马克思主义基本原理与中国社会的具体实际相结合，走出一条通向国家富强、民族复兴的道路。

（1）大同理想的实现路径

对大同理想的实现路径，诸子百家的认知各有侧重。

儒家对于大同理想的实现路径有系统设计。第一，礼治仁政。从《礼记·礼运》的"夫礼，先王以承天之道，以治人之情，故失之者死，得之者生"，可见礼的重要性；孔子"克己复礼"的思想，就是通过人们的道德修养自觉遵守礼的规定；《孟子》中的"仁者爱人，有礼者敬人。爱人者，人恒爱之；敬人者，人恒敬之"，充分反映了儒家以礼来规定仁，认为依礼而行就是仁的根本要求。第二，忠恕之道。儒家认为大同社会的治理遵循着忠恕之道，忠恕之道包括忠和恕两层意思：尽己为忠，《论语·雍也》中"己欲立而立人，己欲达而达人"表达了忠的含义；如心为恕，《论语·卫灵公》中"己所不欲，勿施于人"，表达了恕的含义。建立在忠恕之道中"推己及人"思维模式的基础上，治理天下达到大同社会的方法就是"王道之治"，根据的是人人对安定美好生活向往的同理心[②]。第三，天下为公。天下为公是大同社会的显性标准，也是大同社会的价值目标。《吕氏春秋·孟春纪·贵公》把公作为天下平的前提，"昔先圣王之治天下也必先公，公则天下平矣，平得于公"，即圣王治理天下必须先做到"公"，这符合于大道。第四，崇尚教化。这里的"教"是"教

[①] 韩庆祥：《中国梦：时代背景、基本内涵和本质特征》，《光明日报》2013年7月8日。
[②] 郭清香：《大同社会理想与人类命运共同体构建》，《道德与文明》2019年第6期。

化"的意思。孔子开创了中国历史上私人讲学之风，有弟子三千，贤者七十二，被称为教化万民的"圣人"。"儒家的教育思想中也注入了大同理念，如'有教无类'，打破少数人对知识的占有和垄断，不分民族、地域、国家的限制，提倡不分贵贱的教育平等观与'天下一家'的思想是一致的"[1]。

墨家对于大同理想的实现路径也有独特的设计。第一，要尚贤，治理国家要选贤任能。《墨子·尚贤》有云："且以尚贤为政之本者，亦岂独子墨子之言哉！此圣王之道，先王之书，距年之言也。"墨家认为尚贤为政，天下皆得其利。第二，要节用，全体社会成员按分工尽其所能。《墨子·节用》提出："凡天下群百工，轮车鞼鲍，陶冶梓匠，使各从事其所能。"这是古代圣贤治理天下的方法，人民各司其职、各安其分。第三，要兼爱互利。《墨子·节用》提出："古者明王圣人，所以王天下，正诸侯者，彼其爱民谨忠，利民谨厚，忠信相连，又示之以利，是以终身不餍，殁世而不卷。"

（2）中国梦的实现路径

许多学者研究了中国梦的实现路径，观点总结如下：

第一，必须坚持走中国道路[2]。要实现中国梦，必须掌握好方向，不断解决在发展中遇到的各种问题，稳扎稳打，最终走出一条符合中国国情、富民强国的正确道路，即中国特色社会主义道路。

第二，必须坚持中国共产党的领导[3]。人民幸福是实现中国梦的目标和归宿，中国梦的提出也是中国共产党立党宗旨和执政理念的体现。党和人民风雨同舟、生死与共，始终保持血肉联系。坚持中国共产党的领导，是动员全国各族人民凝聚力量，朝着实现中华民族伟大复兴中国梦的目标奋进的根本保证。

第三，必须坚持弘扬中国精神[4]。中国精神的主要内容包括以爱国主义为核心的民族精神和以改革创新为核心的时代精神。爱国主义是中华民族伟大复兴的奋斗旗帜，是共建美好幸福家园的精神力量。改革创新体现一种坚忍不拔、自强不息的精神状态。在实现中国梦的历史进程中，要弘扬中国精神，弘扬中华优秀传统文化和社会主义先进文化，始终坚持用远大理想和坚定信念不断激励人民自觉投身于中国特色社会主义伟大事业中，不断增强国家的硬实力和软实力。

---

[1] 张进：《儒家大同社会理想的宗教意蕴与现代价值》，《人文天下》2016年第8期。
[2] 朱小亮：《中国梦的提出背景、基本内涵与实现路径》，《改革与开放》2019年第10期。
[3] 李新艳，陈蓉：《中国梦的价值内涵与实现路径探析》，《法制与社会》2017年第17期。
[4] 韩中敏：《中国梦的相关理论及实现路径探究》，《社会纵横》2016年第8期。

第四，必须凝聚中国力量①。历史的发展进程表明，全国各族人民的大团结，关系到国家的稳定与发展，关系到国家的和平与繁荣，在社会发展和国家建设中发挥着重要的作用。凝聚中国力量要发挥好中国共产党的领导核心作用，相信人民群众，依靠人民群众，发挥出广大人民的力量，带领广大人民撸起袖子加油干，不断拼搏，勇于进取，迎难而上，不断开创更加美好、幸福的生活。

（三）大同理想对实现中国梦的有益启示

虽然大同理想并没有实现，但一直激励着一代又一代中国人为实现这样的理想而奋斗。正因为此，有学者指出，大同理想是中国梦的文化根基，而中国梦是大同理想的传承、发展与创新。②在马克思主义及其最新发展成果的科学指引下，中华民族伟大复兴的中国梦必将在人们的接续奋斗中成为现实，这也是对我国自古以来的大同社会构想的有力回应。而大同理想丰富的内涵和人文特征也为中国梦的实现提供了不少有益启示。

1. 努力树立"天下为公"的公共意识

人们对"天下为公"有不同的解读，目前较为一致的认识是"天下公有"，即天下是大家共有的。根据孔子的"人不独亲其亲"，用当下学术界的术语来解释，"天下为公"其实就是倡导人们应该树立一种公共意识，即意识到社会是大家共同所有，个体在公共空间的一言一行本着"为公"之心，必然会在行为层面顾及他人，实现社会文明。现代社会与传统农业社会在生产方式上的不同，使人们的活动范围不再囿于村庄，还延伸至了大城市，人与人的关系也由此发生改变，人们在公共空间中的活动成倍增加，更加需要树立良好的公共意识。而"天下为公"站在打破人"独亲其亲"的私域意识的角度，是对"各人自扫门前雪"的反对，可以指导我们在现代社会生活中本着"为公"之心，共建文明、和谐的社会。

2. 始终坚持"以人为本"的人文关怀

在大同理想中，孔子勾勒了一幅人人各安其分、社会和谐美好的图景，体现出浓厚的"以人为本"的人文关怀，是中国一代又一代知识分子心目中的理

---

① 巩效忠，梁子璇，王喜满：《论新时代中国梦的挑战、机遇和实现路径》，《天津市社会主义学院学报》2020年第2期。
② 肖群忠，杨建强：《论中国梦的"大同"文化根基》，《新疆师范大学学报》（哲学社会科学版）2014年第6期。

想社会目标。作为个体而言,要讲信修睦、以人为本、推己及人,才能实现"老有所终,壮有所用,幼有所长,鳏寡孤独废疾者皆有所养,男有分,女有归"的理想社会目标。

众所周知,我国自进入现代社会以来,在获得长足发展的同时也产生了一些社会矛盾,不利于和谐社会的建设。中国梦是和谐社会之梦,而要实现这一目标,我们每一位公民要始终坚持"以人为本"的人文关怀,事事出于"公心",推己及人,做到"老吾老以及人之老,幼吾幼以及人之幼"。只有人人都有这样的人文关怀,才能感他人所感,急他人所急,从内心深处认同"讲信修睦",才能从根源上消灭各种社会矛盾,真正建成和谐社会。

(四)中华优秀传统文化中为实现大同理想的治国理政方略

为实现大同理想,中华优秀传统文化中有不少关于治国理政的策略,对历代治国理政产生了重要影响。例如,《史记》和《资治通鉴》中关于历代帝王将相治国理政的经典故事,到现在都对人们有着重要的启示。《史记·廉颇蔺相如列传》启示人们海纳百川、有容乃大,如果将相和,就能平天下。《史记·范雎蔡泽列传》中,范雎向秦昭王献计,七雄争霸,远交近攻,最终实现了统一中国的愿望。远交近攻、纵横捭阖这些策略在多个角色博弈中确实值得借鉴。《资治通鉴·三顾茅庐》讲述了刘备的求贤若渴、礼贤下士……这些都对历代治国理政产生了深远影响。

1. "修齐治平"是治国理政的伦理哲学起点

"修齐治平"的思想,出自《礼记·大学》,"古之欲明明德于天下者,先治其国;欲治其国者,先齐其家;欲齐其家者,先修其身;欲修其身者,先正其心;欲正其心者,先诚其意;欲诚其意者,先致其知;致知在格物"。这是儒家的伦理哲学和政治理论,提高自身修为、管理好家庭、治理好国家、安抚天下百姓,从天子到平民,无一例外都要以正心修身作为人生的出发点。中国人自古就有家国情怀,"家是最小国,国是千万家"。治国理政是士大夫的毕生追求,士大夫的成长离不开一个家庭的和睦富足、尊老爱幼、道德传承、勤俭节约、勤劳勇敢,因此修身齐家是起点。治国要讲求忠诚,"苟利国家生死以,岂因祸福避趋之"等是人们对国家忠诚的最好诠释。平天下,要有安抚天下百姓的抱负。"天下兴亡,匹夫有责"告诉我们,每一个人都要清清白白,为国家为人民尽责尽力做出贡献。

2. "尊时守位"是治国理政时审时度势的能力要求

"尊时"就是待时而动;"守位"即安守职分。尊时守位应当是树立正确的人生观、价值观和审美观,"在其位要谋其政",自觉地把握时代的主流,坚持正确的方向,着力回应社会发展,关切人民群众的需要,完成历史赋予自己的责任和使命。《梁书·韦粲传》中就有"下官才非御侮,直欲以身殉国"的训诫。忠于职守,必要时甚至以身殉国,这种精神一直受到推崇。北宋名相韩琦就曾言"在其位谋其政,任其职尽其责",深刻揭示了"尊时守位"的重要意义;诸葛亮的"鞠躬尽瘁,死而后已"则是从精神层面升华了尽心尽责为国为民的伟大精神。以献身人民的事业为己任,热爱本职,忠于职守是中国共产党对党员的一贯要求。当代中国共产党人更是要把这种"尊时守位"的精神追求内化于心、外化于行。

3. "知常达变"是治国理政时应具备的唯物辩证思维

"知常达变"就是既要掌握事物的基本规律,又要懂得灵活应对具体情况或问题。"常"和"变"是中国古代哲学的一对范畴,事物的本质规定性、基本规律性和一般原则等具有相对的稳定性,故被称为"常",具体事物及具体应对方法又有多样性,且随时随地会有变化,故被称为"变"。从唯物辩证法的角度看,"常"指辩证的常规性思维方式,即常规常法,属逻辑思维的范畴;"变"指辩证的变动性思维方式,其实质是思路、方法、内容诸方面的动态变化,属辩证思维的范畴。总的来说,"知常达变"的意思是在认识事物时通过对一般规律的掌握,理解事物的特殊性,从而达到全面认识事物的目的。遵循天时规律保持地位和职位,圣人举一隅之常,世人当能反三隅之变。知常达变也是一般中医辩证思维的基本特征。《道德经》指出"人法地,地法天,天法道,道法自然",这一句话道尽了世间万物的发展变化规律。人类根据大地的规律而劳作,天地万物根据天时变化而生生不息,天象根据道德规律而发展变化,而道是事物发展过程中自然形成的。《韩非子·解老》中认为"万物必有盛衰,万事必有弛张",凡事都有自身背后的客观规律,只有遵循这些规律,才能顺其自然,实现目标。

4. "开物成务"是治国理政时应遵循的科学方法论

"开物成务"出自《易·系辞上》"开物成务,冒天下之道,如斯而已者也"。"开"即开通,"务"即事务,"开物成务"指通晓万物的道理并按照道理行事而得到成功。"开物成务"是一种"解构—再造"的方法论,"开物"等于解构,"成务"等于再造。中国工匠业自古以来便很发达,但工匠文化、工匠精神等的传承有限。中国的匠人具有精湛技艺、扎实基本功,对待手艺有包容的看法,技高者,则拜谒为师,不如自己的,亦胞与为怀。历史上杰出的工匠技艺精湛、知识渊博、人格完备,值得后代敬仰。《论语》有云:"工欲善其事,必先利其器;器欲尽其能,必先得其法。"古人在认识自然和改造自然的进程中不断进步。要做好工作,必须有好的工具,而要成就大的工程,不仅要让工具发挥好的作用,更要懂得发挥工具效能的具体方法,而治国理政同样如此。

5."建功立业"是治国理政时仁人志士为国为民的人生价值追求

中国历代仁人志士在不同的领域和行业都有建功立业的人生价值追求。苏轼在《应制举上两制书》中说:"古之圣贤,建功立业,兴利捍患。"古代圣人都有建功立业的思想,做有利于国家的事情,对抗忧患。誓在战场上建功立业的有"黄沙百战穿金甲,不破楼兰终不还"(王昌龄《从军行》);誓对政治理想不懈追求,体现坚韧精神品质的有"路漫漫其修远兮,吾将上下而求索"(屈原《离骚》);抒发远大理想的有"燕雀安知鸿鹄之志"(司马迁《史记·陈涉世家》)……这些都反映了中国历代先贤远大的志向。陆游尽管垂垂老矣,但仍然牵挂着家国安危,在《示儿》中写道:"王师北定中原日,家祭无忘告乃翁。"文天祥《过零丁洋》中写道:"人生自古谁无死,留取丹心照汗青。"这些都体现了仁人志士为国为民的人生追求。

三、中华优秀传统文化塑造了中国梦主体的人格特质

中国人民是中国梦的主体,是中国梦的创造者、实现者和受益者。中国梦是全体国民之梦,是民族伟大复兴之梦。它具有坚持马克思主义指导地位的先进性,以人民为中心的人民性,反映时代精神和引领时代潮流的时代性,以及代表中华民族根与魂的民族性。中华优秀传统文化是中国特色社会主义植根的文化沃土,是中国特色社会主义的精神命脉、文化根脉、精神基因。

欲实现中华民族伟大复兴的中国梦,必须要从弘扬中华优秀传统文化开始。中国是四大文明古国,是唯一血脉不断、历史不断、文化不断的国家。中国经过几千年的沉淀,形成了"内圣外王"的精神力量,构成中国人的人格特质。中国哲学认为,一个人不仅在理论上而且在行动上完成统一,就是圣人。"内圣"是就其修养成就而言,"外王"是就其在社会上功用而言,要达到"内圣外王"需要"以儒济世,以道修身,以释静心"。

以儒济世。儒家在处理人与人的关系时,强调"仁者爱人""己所不欲,勿施于人";在鼓励人们入世报国时提出"修身、齐家、治国、平天下",修身齐家是基本功,治国平天下是报国为民的目标志向。儒家对士大夫寄予厚望,

认为他们的最高追求当为"为天地立心，为生民立命，为往圣继绝学，为万世开太平"。儒家有"太上有立德，其次有立功，其次有立言"的佳训。孔子孟子可以算是立德之伟人，孔子是万世师表，是"圣人"，孟子是"亚圣"，名垂千古。"立功"即建功立业，岳飞收拾旧山河就是为国为民建功立业，戚继光收复失地也是民族英雄。"立言"更是中华优秀传统文化传承的直接载体。一本《论语》对中国影响深远，所谓"半部《论语》治天下"就是对立言的生动诠释；《孙子兵法》十三篇给中国乃至世界留下了璀璨的军事思想；《史记》被誉为"史家之绝唱，无韵之离骚"；岳飞的《满江红》激荡着多少英雄的报国豪情；贾谊的《过秦论》深刻分析了秦国统一中国后，不施仁政，很快就灭亡的教训。儒家思想不仅对中国传统社会治理有着深远的影响，对朝鲜、韩国、日本、越南、泰国、新加坡等国家的发展同样意义非凡。

以道修身。道家主张道法自然，认为世界万物本源是道，道的根本特征是自然无为。自然是天地的运行状态，指毫无勉强、不为外力及人为干涉的状态；无为是行为主体的状态，指不强做妄为、不贪求私欲、顺其自然的状态。道家主张无为而治，认为既然天道自然，人道就要无为，治国就要"无为而治"。庄子认为"无为为之之谓天""无为言之之谓德""无为而万物化"。道家进一步认为无为才能无不为，行无为之道，万物就会自然生长、自由发展，人也会实现自己的一切愿望。

以释静心。《六祖坛经》有云："烦恼即菩提。"烦恼就是智慧的因，大智慧是和烦恼困惑斗争的结果。佛家讲究的"觉悟"，就是看见自己的"心"。佛家说的这个"心"，不在身内，不在身外，不在任何一处，却又处处都在；是究竟的、彻底的，是本体的心，是不生不灭、不垢不净、不增不减的。理解了佛法说的"心"，也就理解了王阳明心学之"心"，即良知本体，是觉悟，是本体心。佛家立足生命之本，以求觉悟、解脱、开智慧。佛家一直劝人静心，认为应心平气和地工作生活，凡事不能强求，一切顺其自然，得失如云烟、心宽平淡。

士大夫阶层如何安身立命呢？答曰："儒道兼综，显隐皆可。"天下有道则显，处逆境则隐。因此，儒释道融于一体，是中国人的人格特质。

第二节　中国梦视野下中华优秀传统文化传承与创新的目标——文化软实力的建设

任何一个国家在提升本国政治、经济、军事等的硬实力的同时，提升本国文化软实力是非常特殊和重要的。

一、中国梦视野下文化软实力的内涵

党的十八大报告中提出："全面建成小康社会，实现中华民族伟大复兴，必须推动社会主义文化大发展大繁荣，兴起社会主义文化建设新高潮，提高国家文化软实力。"[①] 所以，深刻领会文化软实力的发展与中国梦融合的必然性，是扎实推进实现中华民族伟大复兴中国梦与文化大发展大繁荣的重大前提。

文化软实力是一个国家通过整合、传播自身具有的具象以及抽象的文化内容等手段去获取他人的理解与认同的实力。"文化软实力是一个国家综合实力的重要组成部分，在实现伟大复兴中国梦的征程中，文化软实力具有重要价值"[②]。实现中华民族伟大复兴的中国梦与提升文化软实力相辅相成。实现中国梦是提升文化软实力的重要遵循和价值取向，为文化软实力注入了新的内容且增进了时代气息；而文化软实力建设能够凝聚中华民族的力量，团结各族人民同胞，进而为实现中国梦提供有力的保障。中国梦是文化软实力的魂魄，而文化软实力是实现中国梦的抓手，中国梦与文化软实力互相配合，为中国特色社会主义的伟大实践提供强劲的精神动力。实现中国梦是提升文化软实力的核心目标，而提升文化软实力是中国梦实现的重要途径。

对中国梦的内涵进行深入挖掘，充分展示了文化软实力所特有的社会内在驱动力。将中国梦与提升文化软实力有机结合起来，有助于早日实现中国梦。

二、中国梦与文化软实力的关系

实现中华民族伟大复兴的中国梦，离不开中华文化的繁荣兴盛；中华文化

[①] 中共中央文献研究室：《十八大以来重要文献选编》（上），中央文献出版社，2014年版，第24页。
[②] 王玉鹏，孟保芹：《全面提升文化软实力是实现中国梦的必由之路》，《文化软实力》2018年第1期。

的繁荣兴盛,需要中华文化的当代创造。

(一) 文化软实力助力中国梦实现

中华文化博大精深、源远流长,是中华民族五千年来智慧的结晶,反映的是我们国家和民族的精神之魂。先进的文化是一个国家在经济、政治、军事、外交等方面取得领先地位的重要因素。所以,提升中国文化软实力对于实现中国梦具有非常重要的意义。

党的十八届三中全会提出了"建设社会主义文化强国,增强文化软实力"这一宏伟目标,为加强文化建设、实现中国梦指明了前进的方向。习近平总书记在主持中共中央政治局第十二次集体学习时就提升文化软实力的重要意义作出重要指示。他曾指出,国家文化软实力的提高,关系到"两个一百年"奋斗目标以及中华民族伟大复兴能否实现,因此要着力增强文化综合实力和竞争力,朝着建设中国特色社会主义文化大发展大繁荣的目标迈进。

首先,文化软实力的提升是国家富强的重要目标,国家繁荣富强不仅是经济腾飞,更是文化繁荣;"当今世界,文化越来越成为综合国力竞争的重要因素。谁占据了文化发展的制高点,谁就能在激烈的国际竞争中掌握主动权"[1]。其次,文化软实力的提升是民族振兴的本质要求。中国是四大文明古国之一,拥有辉煌的历史和灿烂的文化。通过加强我国文化软实力,彰显中华文化的恢宏气势,是当前乃至今后几代中国人奋进的目标。最后,文化软实力的提升是人民幸福的基本需求,"一个国家大力发展民族文化,人民才会有强大的精神信仰,社会才会和谐安定地发展"[2]。

(二) 实现中国梦有利于提升文化软实力

中国梦和文化软实力天然具有互为充实的关系。国家、民族、人民三位一体,个体、社会、世界天下一家,中国梦发生自中华文化"天下国家"的深厚传统,也必将绽放在人类命运共同体日趋形成的当代。首先,中国梦为文化软实力的提高提供精神动力。中国梦与文化软实力最大的交汇点,是中国特色社会主义价值观念,最集中的表现即中国社会主义核心价值观。党的十八大提出"富强、民主、文明、和谐,自由、平等、公正、法制,爱国、敬业、诚信、

---

[1] 本书编写组:《〈中共中央关于深化文化体制改革推动社会主义文化大发展大繁荣若干重大问题的决定〉辅导读本》,人民出版社,2011年版,第62页。
[2] 钟婧:《文化软实力助力中国梦实现途径探究》,《黑河学刊》2016年第6期。

友善"24字核心价值观,这是中国梦与文化软实力的共同内涵与目标。其次,中国梦具有团结中华儿女的凝聚力。中国梦是各民族自己的梦,有利于巩固民族团结;中国梦蕴含着以人为本的价值理念,有利于进一步激发人民拥护中国共产党的向心力。① 最后,中国梦具有激发人民不断奋斗的精神动力。人无精神则不立,国无精神则不强,实现中国梦必然弘扬中国人锐意进取、担当实干、化解危机的精神动力。历史告诉我们,中国人民从站起来、富起来到强起来,都离不开伟大精神动力的指引,这种伟大精神动力是中国梦极为宝贵的精神支柱和动力源泉,也将转化为推进中华民族伟大复兴的文化软实力。

三、文化软实力提升的途径

当前,中国人民正站在"两个一百年"奋斗目标的历史交汇点上,开启了建设新时代中国特色社会主义文化的新征程。中国文化软实力凝结了深厚的中华优秀传统文化、革命和建设历程中形成的宝贵精神财富、改革开放以来形成的新思想新观念新风尚,在核心价值观念、道德伦理思想、精神文化内涵等方面,为中国梦源源不断地提供理论支撑和思想动力。文化软实力不仅是中国梦内在的重要内容,也是实现中国梦的重要途径。

(一)弘扬社会主义核心价值体系

"社会主义核心价值体系是兴国之魂,决定着中国特色社会主义发展方向。"② 可以说,社会主义核心价值体系对于影响中国先进文化的发展方向,加强民族向心力和凝聚力,提升民族生命力和创造力具有重要作用。而弘扬社会主义核心价值体系也是提升中国文化软实力的首要途径。

弘扬社会主义核心价值体系是将其贯穿到精神文明建设以及国民教育的各个环节中去,使不同层次的人群都能形成思想共识,为社会主义事业的推进提供坚实的理论基础和明确的发展方向。只有不断培育并弘扬社会主义核心价值体系,才可以输出强大的精神动力和坚定的思想来支撑我们实现中国梦。③ 要确保社会主义核心价值体系发挥引领作用,必须做到:

---

① 陈宇翔,余文华:《中国梦与当代中国重要的文化软实力》,《高校马克思主义理论研究》2016年第1期。
② 中共中央文献研究室:《十八大以来重要文献选编》(上),中央文献出版社,2014年版,第24页。
③ 王玉鹏,孟保芹:《全面提升文化软实力是实现中国梦的必由之路》,《文化软实力》2018年第1期。

第一，以马克思主义思想为基础，让社会主义核心价值体系引领我国发展。在社会主义经济、政治、文化、社会、生态文明建设中，各环节相互协调又相互渗透，因此要把社会主义意识形态的凝聚力与构建社会主义核心价值体系有机地结合在一起，才能发挥出最大的效率。

第二，要大力培育和弘扬社会主义核心价值观，加快构建充分反映中国特色、民族特性、时代特征的价值体系[①]，并将其融入国民教育的每个环节。社会主义核心价值体系的建设，必须通过宣传、教育使广大人民群众认同、接受并转化为一种自觉的意识。

第三，只有树立起社会主义核心价值观，才能整合各种社会思潮，才能增进人们的价值共识。目前，用社会主义核心价值观来指导我国面临的经济体制改革、社会结构变动，以及利益格局调整显得尤为重要。只有积极弘扬社会主义核心价值观，才能增强社会成员的凝聚力，才能增强国家文化软实力。

第四，要在汲取我国几千年优秀传统文化的思想精华以及道德精髓的基础上，努力实现中华文化的创新性发展和创造性转化。[②] 通过扎实开展对中华优秀传统文化的学理研究，促进中华优秀传统文化为新时代中国社会发展服务，探索中华优秀传统文化介入新时代社会生活的可行路径。海纳百川，加强与世界文明的交流互鉴，树立文化自信，使中华优秀传统文化在新时代焕发光彩。

（二）提高文化产业发展水平

随着人们生活水平的提高，衣、食、住、行的基本需要得到满足以后，人们开始日益重视精神层面的需要。这时，文化产业的发展能够为人们带来精神层面的满足。不仅如此，文化产业的发展也能提高国家文化软实力，在一定程度上还能影响各国综合国力竞争。

习近平总书记在中国共产党第十九次全国代表大会上的讲话指出："健全现代文化产业体系和市场体系，创新生产经营机制，完善文化经济政策，培育新型文化业态。"[③] 我国发展文化产业，应该注意以下几点：

第一，树立精品意识，实施精品战略，通过文化产业改革创新，推出更多文化精品。这些文化精品不仅要具有强烈的时代特色，讴歌时代主旋律，而且要拥有很强的生命力，具有显著的社会效益，深受广大群众欢迎。

---

① 房广顺：《国际关系视角下的文化多样性问题》，《当代世界与社会主义》2007年第1期。
② 胡振民：《加大对外文化交流　推动中华文化走向世界》，《求是》2010年第18期。
③ 习近平：《决胜全面建成小康社会　夺取新时代中国特色社会主义伟大胜利——在中国共产党第十九次全国代表大会上的报告》，人民出版社，2017年版，第44页。

第二，借鉴发达国家文化产业发展的成功案例和经验，加强文化产品输出意识，培育一批具有国际竞争力的外向型文化企业。

第三，加大文化产品的输出力度，让我国高质量的文化产品走出国门，扩大我国文化产品在世界文化市场上的影响力，以占有更多的国际市场份额，提升文化服务对文化贸易的贡献。

第四，依托数字技术更好地赋能中华优秀传统文化资源，形成新型文化业态。通过短视频、直播、电子竞技、网络文学、网络音乐等形式，发挥新基建对文化产业发展的基础性推动作用，推进中华优秀传统文化产业数字化转型及数字文化产业创新发展。

（三）加强文化产业人才队伍建设

人才是强国之本，一个国家有什么样的未来取决于拥有什么样的人才资源。同样，文化产业人才对于发展文化产业、提升国家文化软实力尤其关键。文化产业的竞争就是文化产业人才的竞争。

第一，要不断拓展文化产业人才的内涵。随着互联网的普及，文化产业人才不仅包括传统的文化人才，更有新型的文化人才，涉及创意、策划、科技、传媒、金融、营销、法律等领域，涵盖经纪代理、推介咨询等业务。

第二，促进文化产业人才培养机制创新。应根据我国文化产业的特点和规律培养具有专业知识的文化人才。以市场需求为人才培养的导向，充分尊重市场在资源配置中的作用。学校和培训机构要积极地调研，通过了解市场实际需求培养人才，同时合理设置专业以及教育方案，预防出现滥设专业、人才过剩等现象出现。

第三，完善文化产业人才激励机制。加大相关政策的支持力度，建立与人才绩效挂钩、向优秀人才倾斜的收入分配制度，设立激励薪酬、重大成果专利、股权分红、期权激励等激励制度，激发文化产业人才创新的积极性和主动性。

第四，创新文化产业人才的引进机制。培养高端文化人才是一个周期长、投入大的过程，这直接导致很多文化事业单位和文化企业承担不起或不愿过多承担培养高端人才的成本。因此，应该先以优惠条件和较高薪资待遇引进高端文化人才。历来都是谁先掌握人才资源，谁就赢得了发展的主动权，所以我们必须创新人才的引进机制，为人才创造更好的发展制度环境。

第五，加快文化产业人才优势集聚。制定文化产业人才认定条件和认定标准，瞄准国内外文化创意、影视制作、出版发行、数字动漫、文化旅游等领域的高标准企业,汇集"高、精、尖、缺"文化产业领军人才、高端企业经营管理人才和高科技创新人才,建成大批"专、新、特、尖"文化企业,做大做强文化产业,提升文化产业国际竞争力。

(四) 重视中华优秀传统文化的创造性转化和创新性发展

注重中华优秀传统文化的创造性转化和创新性发展,是习近平总书记对传承与创新中华优秀传统文化提出的重要思想理念。[①] 文化创新需要关注文化对创新的作用以及怎样营造有利于创新的文化氛围两个方面。我们强调的文化创新是指与创新有关的态度、价值观等人文内涵。文化受政治、经济等多重因素的影响,需要通过一定的外在条件的改变来凝结,需要通过创新来实现传承与发展的目标。而增强文化创新就在于保持文化的先进性。文化的先进性与文化的创新是相互作用的,保持文化先进性,就会有文化创新的动力,而文化只有在自身的不断创新中才能长久保持先进性。中国文化传承的实质就是在中外文化的相互交融与激荡中保持先进性和创新性的过程。所以说要重视文化创新,要积极探索和创造社会主义市场经济条件下的文化体制创新模式。

同时,因在文化市场的管理、监督和执法等方面还存在诸多弊端,还要加快文化管理体制的创新,深化文化管理体制改革,树立"用文化凝心聚力,靠创新富脑修身"的理念,加快政府在政策调整、市场管理、服务大众等多方面的职能转换,推动政企、政事分开,完善文化管理体制,深化文化事业单位在多方面的创新改革,实施抓制度促规范、抓民主促公正的管理方式,真正地激发出体制的活力。

(五) 讲好文化中国的当代故事

中华优秀传统文化在历史上曾经发挥了规范社会行为、引领社会风气的巨大作用。当代中国的经济基础、社会结构、发展目标、国际环境都发生了天翻地覆的变化,寻找到以中华优秀传统文化滋养当代人民的合理方式变得非常关键。在讲好文化中国的当代故事方面,可以关注"家风传承",还可以关怀"身心安顿"。习近平总书记指出:"家庭是社会的基本细胞,是人生的第一所学校。"中央电视台推出了许多家风家教主题的公益广告,如《人生留白　风景更美》《人生如棋局　不只有输赢》《古琴+国画》等,都非常有教育意义。现代社会竞争激烈,加剧了当代人个体精神世界的迷茫、焦虑,而中华优秀传

[①] 王有花:《中国梦视阈下的当代中国先进文化建设》,延安大学硕士论文,2016年。

统文化对安顿当代人的身心大有裨益。儒家对修身齐家的理性认知，道家逍遥放达的精神追求和辩证思维方式，都能给当代人以启迪。例如，中央电视台推出的《典籍里的中国》实现了许多历史人物和现代观众的跨时空对话，深深感动了观众。

把中华优秀传统文化的精神标识出来，把中华优秀传统文化中具有当代价值、世界意义的文化精髓提炼、展示出来，有一个很好的方法就是讲好中国故事。这有利于中华优秀传统文化走出国门，走向世界。例如，2020年4月，英国广播公司推出的纪录片——《杜甫：中国最伟大的诗人》，生动讲述了具有现实主义情怀的"诗圣"故事，并将他与但丁、莎士比亚比肩。[①] 这些代表着中华优秀传统文化的诗词歌赋穿越1000多年，仍然展现出非凡的生命力，是我们向全世界讲好中国故事的不竭源泉。互联网为我们传播中华优秀传统文化，讲好中国故事，让全世界人民更深刻地理解中国文化，引起其他多元文化与中华文化的共鸣提供了便捷的载体。利用好互联网，选择适宜的从细微之处向世界诠释中国智慧的方式，对于实现中华民族伟大复兴的中国梦能起到助推作用。

第三节　"五位一体"总体布局与中华优秀传统文化的传承发展

"五位一体"总体布局是党的十八大提出的，指经济建设、政治建设、文化建设、社会建设和生态文明建设五位一体，全面推进。"五位一体"总体布局也涉及了传承和发展中华优秀传统文化的内容。

一、经济建设对中华优秀传统文化的传承与发展

贾谊《论积贮疏》有云"民不足而可治者，自古及今，未之尝闻"，可见经济建设对社会发展的重要性。

（一）对民富国强的传承

孔子在《论语》中提出"因民之所利而利之"的思想，即实行宽厚富民的

[①] 中共中央宣传部：《习近平新时代中国特色社会主义思想学习问答》，学习出版社、人民出版社，2021年版，第315页。

政策，有利于社会稳定发展。贾谊《论积贮疏》有云："苟粟多而财有余，何为而不成？以攻则取，以守则固，以战则胜。"贾谊在 2000 多年前就认识到如果粮食多财力充裕，干什么事情都会做成，进攻就能攻取，防守就能巩固，作战就能战胜。《管子》有言："凡治国之道，必先富民""仓廪实而知礼节，衣食足则知荣辱"。从这些思想中不难看出，强国必须先富民。这些理念得以传承，也让"人民幸福"成为中国梦的核心要素。

（二）对以农为本的传承

古代中国是农耕文明社会。先秦时期就流传《吕氏春秋·上农》四篇，到了汉代则出现了《氾胜之书》和《四民月令》这样两部著名的农书。北魏时期出现的中国历史上最伟大的农学著作《齐民要术》，是我国现存最早最完整的农书，主要描述北方农业技术。明朝徐光启的《农政全书》建立了我国古代比较完整的农学体系，宋应星的《天工开物》总结了明代农业、手工业生产技术。中国历朝历代都非常重视农业生产，农学典籍也非常丰富，璀璨的农学知识一直造福于民。

（三）对先义后利的传承

中国人在义利之争中，坚持"先义后利"的思想。孔子曾说"富与贵，人之所欲也"，同时也说过"不义而富且贵，于我如浮云"，意思是富与贵都是人们追求的，但如果通过不义的方式取得富与贵，那么富与贵就不如浮云，不义之财不可得。荀子也主张"先义而后利者荣，先利而后义者辱"。这些都表明中国人"先义后利"的思想。在建设中国特色社会主义经济方面，习近平总书记强调大力弘扬企业家精神，就深刻阐释了正确义利观。中国经济发展需要个人利益、集体利益、国家利益相协调，才能有效促进社会主义市场经济健康有序发展。

二、政治建设对中华优秀传统文化的传承与发展

（一）修齐治平的责任意识

修身、齐家、治国、平天下是我国古代士大夫阶层的最高精神追求，也就是典型的所谓"家国情怀"和"家国天下"，在我国历史上，表现为整体的家国意识。《大学》已经对修齐治平等精神追求做了深入的逻辑解析。霍去病的"匈奴未灭，何以家为"的家国意识，对后来各个朝代人们保家卫国思想的影

响深远；范仲淹的"先天下之忧而忧，后天下之乐而乐"也表明了士大夫阶层对国家和人民大众的价值承诺；清代禁烟英雄林则徐的"苟利国家生死以，岂因祸福避趋之"表达了他毅然决然为国为民的坚定信念。这些责任意识已经深深根植于中国人民的精神血脉之中。

（二）执政为民的政治思想

中国古代的"民本"思想，是统治者宣称的合法性测度准则。《尚书》有曰："民惟邦本，本固邦宁。"这句话充分说明了人民是国家的基础，只有基础坚实，国家才能安宁。荀子对于"以民为本"的思想做了阐释，"水则载舟，水则覆舟"，认为老百姓就像水一样，可以承载船只远行，也可以令船只翻覆。作为一代帝王，唐太宗反复强调"国以民为本，人以食为命"，深刻领会到人民是国家的根本、国家的基础。新时代中国特色社会主义思想继承了这种民本思想，将人民幸福作为中国梦的一个重要因素，纳入行动纲领。

（三）清正廉洁的官德追求

管仲曾经说过："礼义廉耻，国之四维。"这句话把廉洁视为治国之本，充分强调了廉洁的重要性。我国古代有很多廉洁奉公的典范，如戏曲中包公的执法如山、海瑞的廉洁公正等。顾炎武在《日知录·廉耻》中讲到"廉耻，立人之大节"，可见对于古代士大夫来说清正廉洁是追求高尚人格的基石。

三、文化建设对中华优秀传统文化的传承与发展

（一）刚健有为的文化传统

从中华优秀传统文化中挖掘中华民族自强不息的奋斗精神，是我们传承和发展中华优秀传统文化的重要价值体现。"天行健，君子以自强不息"这句话足见自强不息是历代士大夫阶层的精神动力。至今，这都激励着中国人民奋发向上，不畏艰险，不断攀登一个又一个高峰。中国共产党带领中国人民建立新中国，克服了一个又一个艰难险阻，创造出一个又一个新的历史功勋。在实现中华民族伟大复兴的征途中，仍然有许多艰险，需要我们坚守自强不息这一民族的精神动力。

（二）批判性承扬的传统文化

毛泽东同志在延安文艺座谈会上讲，继承传统文化应当坚持"取其精华、

去其糟粕"的原则。中国传统文化中也有许多腐朽落后的思想，如男尊女卑、重农抑商等，这些思想已经不适于新时代中国的发展。针对男尊女卑的思想，我们不仅要提倡尊重女性，更要认识到只有女性受到良好的教育，得到社会尊重、良好发展，才能真正促进民族的发展、国家的兴旺；针对重农抑商的思想，我们需要认识到，在发展经济的过程中重视农业固然重要，但商业发展也是国家竞争力提升的核心内容。

（三）穿越时空的文化融合性

毛泽东同志指出，继承中华优秀传统文化要秉持"古为今用，推陈出新"的原则。费孝通在阐释中国人的文化自觉时也认为应该"各美其美，美人之美"。中国人强调"和合"，君子"和而不同"，君子之交要以和为贵，不应强求一致。"和合"不是简单的等同，而是把经过实践检验、时间沉淀后的宝贵精神财富加以平衡，促成和谐和合作的状态。

四、社会建设对中华优秀传统文化的传承与发展

（一）孝悌友爱的伦理道德

三纲五常、尊师重道等传统思想，是中国几千年来用来维系社会情感的纽带。儒家、道家都非常认可这些思想，儒家认为"弟子入则孝，出则悌"，道家也认为"忠孝友悌，正己化人"。中国人孝顺长辈、兄友弟恭的仁爱思想，对于当今社会仍然有积极的社会价值。在中国进入老龄化社会后，进一步强调孝道文化，对于中华民族优秀传统文化的传承将起到重要作用。

（二）尚礼和合的和谐理念

追求和谐是中华优秀传统文化的重要体现。倡导建设和谐中国、和谐社会、和谐世界，一直是中国追求和平发展的精神起点。中国人很早就提出了"礼之用，和为贵"的思想。《易传》中指出："保合太和，乃利贞。"这里的"太和"就是中国人对和谐至高无上的精神追求。《孙子兵法》中认为"不战而屈人之兵"才是最高妙的战略，通过强大的力量威慑敌人是取胜的关键。中国人民在处理国际矛盾与冲突时热爱和平，在处理人与人之间的关系时强调以和为贵，这些对 21 世纪发展和处理国际关系尤为重要。

（三）对诚实守信的传承

"诚信"是社会主义核心价值观之一。"以真诚之心，行信义之事"就是诚信的现代含义，"诚"是内在本质，"信"是外在表象。《中庸》中的"诚者，天之道也"，《论语》中的"人而无信，不知其可也"，都体现了自古以来中国人对诚信的看重。诚信已经成为中国人的行事之基、立身之本。诚实守信是社会主义市场经济活动的基础，企业文化、市场竞争、人才培养、产品创新等内容都无法离开诚信。诚信从古到今一直根植于中华民族的血脉中。

（四）宽恕礼让的道德精神

中国是礼仪之邦，中国人认为"宽恕"是应当终身恪守的做人准则，最高的自律是"严以律己、宽以待人"。孔子要求弟子"己所不欲，勿施于人"。这些思想要求我们能以宽阔的胸怀温柔待人，对待同事、家人不要求全责备，要懂得推己及人、换位思考，能设身处地为别人着想。

五、生态文明建设对中华优秀传统文化的传承与发展

（一）道法自然的生态观念

从中华优秀传统文化与现代生态文明建设相结合的视角来看，"道法自然"是最核心的体现。"道"产生万物是一个自然的准则，人类应当遵循这个自然法则，不要违背客观规律，这样生命才能生生不息。"道法自然"的生态观对于减少甚至杜绝如今的资源过度开发、过度工业化对生态环境造成的破坏等有着积极的意义。

（二）尊重生命的博爱情怀

中国人自古就有善待众生、悲天悯人的思想。佛教思想强调"不杀生"的生命实践，主张素食，珍惜生命，尊重生命，这对现代环境伦理的发展和促进人类社会和谐发展有着重要意义。

（三）人与自然的和谐共生

在中华优秀传统文化中，强调众生平等。这是指宇宙间包括人、动物、植物在内的一切生命是平等的。这一思想有利于指导如今人与自然和谐相处，促进可持续发展。

第四节　中国梦视野下的中华优秀传统文化传承与创新的方法论

人民创造了文化形态，并通过继承、批判、创新相统一的方式推进文化的发展，使之实现螺旋式上升。按照"古为今用、洋为中用"的思想，使用唯物辩证法与阴阳平衡法的思想方法，树立"美美与共、天下大同"的正确、科学的和谐发展的世界文化观。

一、深刻把握传承中华优秀传统文化的指导原则

习近平总书记强调在传承中华优秀传统文化的过程中要创造性转化、创新性发展。我们认为需遵循以下三点原则：

（一）首要任务是继承传统文化中的精华

对于优秀的传统文化，我们要继承，而对于传统文化中的不良要素，则要进行改造。对文化的延续不仅仅是挖掘优秀文化资源，对具有源源不断的生命力的传统文化要及时筛选、标记，凝练精华，以适宜的传播渠道进行充分展示。

（二）为适应时代要求必须对传统文化加以创新

这里的文化创新是指立足于新时代中新的实践要求，结合人民群众在精神文化生活上的现实所需，以超越传统文化为基本要求，推陈出新，铸造出一种新型的文化形态，也就是创造出中国特色社会主义的新型文化。

这种新型的文化创新有三条重要的原则：一是要把马克思列宁主义、毛泽东思想、邓小平理论、"三个代表"重要思想、科学发展观、习近平新时代中国特色社会主义思想作为文化创新的指引方向；二是明晰现代化和世界性的文化未来发展方向；三是发扬解放思想、实事求是、与时俱进的先进文化创新精神。

（三）弘扬传统文化与开拓创新精神相辅相成

传承与创新是统一的整体，是不可分割的。传承是创新的重要基础，创新是传承的必然性发展。所有先进的文化都是与传统文化一脉相承的。要弘扬优

秀的传统文化，就要牢牢把握中国先进文化的前进方向，在继承的基础上积极地进行创新，驾驭好传统文化精华，努力创造出具有中国特色的、能够代表中国文化发展方向的社会主义先进文化。

总之，我们要留存中华传统文化中合理的部分，同时也要吸收人类社会现代文明成果。在人与自然的问题上，要积极吸收传统文化中天人合一的思想，提倡人与自然的和谐相处，同时也要吸收西方文化中对自然规律的有效探索，对自然界进行合理的利用，积极发扬为人类造福的科学精神，提倡可持续发展。在人与社会关系方面，要保留传统文化中的一些精华成分，如团结、有责任感、尊老爱幼、重视家庭，营造好人民群众个体的发展空间，为个体的发展创造有利的条件，促进个体发挥好主观能动性，构建出合理、健康、和谐的社会关系。在价值取向方面，积极吸收传统文化中的道德激励机制，重视依法治国、遵纪守法，构建一个良好的社会秩序。

要实现中华优秀传统文化的创新，必须坚持文化自觉，弘扬中国特色社会主义先进文化；必须坚定文化自信，创新中华民族的优秀文化；必须坚持文化自强，建设起中国特色文化强国。只有这样，我们的中国梦才能加速实现。

二、传承中华优秀传统文化的科学方法论

（一）新时代中华优秀传统文化与马克思主义的唯物辩证法

中华传统文化历史悠久、博大精深，蕴含着丰富的知识与强大的生命力，是中华民族几千年繁衍过程中积淀下来的价值观念、道德品质和精神标志。中华优秀传统文化则是中华传统文化中的精华部分，是需要我们大力弘扬与倡导的。中华优秀传统文化中不仅有着爱国、自强不息、尊师重道、仁爱宽容、无私奉献、与人为善、厚德载物等传统美德，还有着能够推动社会进步与发展的积极现实意义，具有历史继承性和稳定性的辩证思维，使其能够在时代的更迭中始终具有顽强生命力，以不断自我更新和完善。

正如唯物辩证法是马克思主义理论中用以认识世界与改造世界的根本方法一样，中华优秀传统文化中蕴含着的唯物辩证思维是我们传承中华优秀传统文化必须掌握的科学方法论。此外，中华优秀传统文化中蕴含着的辩证思维需要我们在马克思主义唯物辩证法的指导下，去粗取精，去芜存菁，才能在新的时代焕发出新的生命活力，成为符合马克思主义的、真正能为我们认识与改造世界提供科学指导的思维方法。

1. 中华优秀传统文化的对立统一规律

事物的发展变化是事物内部矛盾的双方既对立又统一的结果。对立统一规律要求我们在分析事情和思考问题时坚持矛盾分析法,在对立中把握统一,在统一中把握对立,坚持两点论和重点论相结合,既唯物又辩证地分析和解决问题。中华优秀传统文化中处处体现对立统一规律,如"穷则独善其身,达则兼济天下"。

2. 中华优秀传统文化的量变和质变规律

讨论马克思主义同中华优秀传统文化的关系是将两种不同文化对比与融合的过程,也即中华民族的文化对其他民族的先进思想和文化要素的又一次吸收和选择。中华传统文化的运动变化过程中有以下几个重要的时间节点:第一个,两汉之际印度佛教的文化输入;第二个,明清之际"西学"的传入;第三个,鸦片战争以后西方文化的大量输入;第四个,马克思主义的输入。选择马克思主义作为中国现代文化的指导思想,在今天看来是一种历史和现实的必然选择。这就是从量变到质变的过程体现。

3. 中华优秀传统文化的否定之否定规律

老子在《道德经》四十章中说:"反者,道之动。弱者,道之用。天下万物生于有,有生于无。"与"反者,道之动"的命题类似的还有《易经》所说的"否极泰来"。它们都指出事物的发展并不是一直向前的,而是会向相反方向转化,反映出"否定"是事物发展过程中不可回避的规律。而一切事物发展到最后的结局则是"夫物芸芸,各复归其根",即回到根本。"反者,道之动"的命题体现出"否定"对于事物发展有着不可忽视的价值,它与唯物辩证法的"否定之否定"规律一样,都强调事物有向相反方向转化的趋势,会经历不断否定的过程。两者也同样指出,虽然有"否定",但天下的所有事物始终会向前发展,在曲折中前进。

(二)中华优秀传统文化与中国"阴阳平衡"

中国梦文化形态需要有更系统的哲学思维新方法。西方人认识事物的方法遵循黑格尔的辩证法,马克思在此基础上建立唯物辩证法;而中国文化许多方面遵循"阴阳平衡"。辩证思维与阴阳平衡思维是有差异的:辩证思维假定矛盾双方可以并且应该在更高层次上通过扬弃而达到矛盾的根本解决,黑格尔的辩证法与亚里士多德的"非此即彼"的形式逻辑取得一致,否定矛盾存在的必要性和永久性;而阴阳平衡思维则认为,矛盾双方可以并且应该永远共存,矛盾不需要在更高的层次上通过扬弃的方式加以解决，没有矛盾就没有"道"，世界万物在阴阳平衡时达到真善美，而在阴阳失调时表现出假恶丑。阴阳平衡思维最早来自《庄子》的"夫道……在太极之先而不为高，在六极之下而不为深，先天地生而不为久，长于上古而不为老"，之后见于《周易》的"易有太极，是生两仪。两仪生四象，四象生八卦"。矛盾和阴阳有区别，阴阳是"相生相克"的，是"你中有我，我中有你"的。因此，理解中华优秀传统文化必须将"唯物辩证法"与"阴阳平衡法"有机结合，才能系统分析中华优秀传统文化传承与创新过程中的各种问题。

中国古代哲学思想认为阴和阳有着对立统一的关系，两者相互影响，不可分割。古人认为阴和阳的对立统一贯穿了事物的发展变化全过程，万事万物正是有了阴阳的相互作用才进一步被推动着变化和发展。我国传统文化思想中很多包含和体现了阴阳对立统一的思想。比如，程颢和程颐提出"万物莫不有对，一阴一阳，一善一恶"的矛盾观点，阐释矛盾是普遍存在的，万事万物是对立统一的。此外，《易经》的理论核心"一阴一阳谓之道"也证明了万事万物对立统一的规律。

阴阳平衡思维在中华传统文化中发挥着重要的作用，是中国人象征性思维的具体表现，奠定了我国太极、中医等思想的理论基础，显示了中国古代辩证思想的特色，展现了中国古代朴素辩证法与马克思主义唯物辩证法的相通性。通过阴阳相互转化、相辅相生与辩证法中对立统一、质量互变、否定之否定规律的对比，以"福兮祸所伏，祸兮福所倚"和矛盾的对立统一性可以知道：植根于中华传统文化中的哲学思想与现代唯物主义并不是相互孤立、彼此对立的。

阴阳平衡思维对现代社会问题也能进行有效解释，如管理悖论。在管理中悖论普遍存在，它贯穿在战略、组织和人力资源管理的各个环节。在企业战略发展方面，如何处理好短期效益和长期发展的关系？在组织管理方面，集权和分权、有序和无序、组织内部分工与协调之间怎么平衡？在人力资源管理方面，悖论的内容更加广泛。例如，竞争和合作，很多员工之间既存在竞争，也必须合作，组织内部一点竞争都没有，肯定缺乏活力，但若形成恶性竞争，破坏了员工之间的合作，很难提高效率；激励员工，到底是团队激励好，还是个体激励好？团队激励有利于团队合作，但是可能打击优秀个体的积极性，如果过分强调个体激励，又可能削弱团队合作。领导过程中也存在大量的悖论。领导到底是以任务为中心好，还是以人员为中心好？是以自我为中心好，还是以他人为中心好？领导跟下属之间是保持一定距离好，还是和群众打成一片好？

是加强管控好，还是无为而治好？……如果用阴阳平衡思维来解决，那就不存在这些管理悖论了，凡事"过犹不及""阴中有阳，阳中有阴"，阴阳谓之道，阴阳不可分，阴阳不断运动，循环往复周而复始。《道德经》里讲"反者道之动，弱者道之用"也就是这个意思。阴阳平衡思维出现在《易经》《道德经》《黄帝内经》《吕氏春秋》等一系列著作中，主要强调以下问题：

1. 阴阳的普遍性

阴阳学说起源于我国宋代，发展于元代，鼎盛于明代。它与我们的生活息息相关，跟政治、经济、文化和民族心理联系紧密，在明代被纳入政府管理体系当中，为地方和百姓提供社会服务和日常生产生活指导。在古代，阴阳学说不仅是政府的统治工具，改变教育结构，提供社会服务，在工程建设、婚丧嫁娶、出行生产等方面做出了巨大贡献，稳定了社会秩序，还在一定意义上继承和保存了中国古代的计时报时、天文观测等技术。而如今，我们可以通过研究阴阳学说去了解古代地方官学的状貌和阴阳术数，借此消除当今社会的封建迷信。阴阳学说的传承与发展是历来政府管理因势利导的硕果，在管理中的卓越成就也启发当代社会对于事物的发展应顺势而为，不能一味禁止，并且要提高社会服务的能力。

2. 阴阳的对立统一性

任何自然现象、社会现象都是阴阳互相作用的结果。阴阳是同一范畴的现象，阴阳双方既存在对立性，又此消彼长，阴盛阳衰，阳盛阴衰。一方面，阴阳之间存在着对立性，又存在着统一性，也就是说，两个相互对立的属性之间，如没有统一性，就不存在"阴阳"关系，阴阳的双方只能存在于一个相互独立的整体之间；另一方面，只有当两个事物或现象之间发生了具体的联系，构成了一个相对独立的整体性，才能构成"阴阳"关系。阴阳具有相对性，"阴阳"本身就是一种相对的概念，相互以对方的存在而存在。阴阳属性具有可分性，即阴阳之中还可以分"阴阳"，并且可以一直分下去，其中仍包含"阴阳"双方。

3. 阴阳的平衡性

老子也强调"以柔克刚""上善若水"。阴阳平衡是事物长期发展的根本规律，万事万物总是在"平衡—打破平衡—重新平衡"的动态变化和发展过程中。阴阳平衡是阴阳双方的消长转化保持协调，既不过分也不偏衰，呈现着一种协调的状态。阴阳平衡是生命活力的根本，阴阳平衡不是静止的、绝对的，而是相对的、动态的。

4. 阴阳的相互转化性

阴阳的相互转化，是指阴阳对立的双方，在一定的条件下，可以各自向其相反的方向转化，即阴可以转化为阳，阳可以转化为阴。阴阳的相互转化，一般都表现在事物变化的"物极"阶段，即"物极必反"。事物内部阴阳双方的相互依存和相互消长是阴阳转化的内在根据，但阴阳转化需要一定的条件，没有一定的条件，便不能转化。祸福相依的思想体现了阴阳的相互转化性，祸兮福所倚，福兮祸所伏；不争，最后可以转化为"无人能与之争"；"无为"最后能转化为"无所不为"的境界。事物的发展呈现阳极则阴，阴极则阳，过刚则折，过犹不及等规律。

第五节　互联网时代中国梦视野下中华优秀传统文化传承与创新的路径

中华优秀传统文化的传承与创新是每一位中华儿女的责任，国民性反映出人们对于中华优秀传统文化传承与创新的认知和态度，而网络平台则是互联网时代影响人们至深的主要外在环境。此二者一内一外，共同服务于中华优秀传统文化的传承与创新，是我们不可忽视的重要路径。前者需要一个国家的所有成员共同努力，浇筑出普遍共有的对待中华优秀传统文化的正确心态，后者则需要结合技术发展的趋势，从国家经济、政治的综合考量出发。两者各尽其责，互相配合。

一、涵养国民性

（一）国民性的内涵及历史延展

国民性的定义与中华民族精神、人文精神等词有相似之处。张鹏君对"国民性"的定义是一个民族国家（或一个地域）大多数成员在一定时期内普遍具有的观念意识、社会心理行为方面固有的特征，强调群体或民族的趋众特征、综合特征。"国民性"一词是近代西方列强入侵时由梁启超等人提出的。当时他们提出"国民性"的目的是唤醒国民爱国之心，对封建礼教及国民劣根性进行批判，进而引发制度革新及救亡图存革命。后来，中国近代文人大家鲁迅对国民性中的劣根性进行了全方位的讽刺和批判，新文化运动更是把改造国民性思潮发展到了顶峰。

在军阀割据、中国面临内忧外患的历史背景下，当时国民性中的夜郎自大、胆小软弱、封建虚伪等劣根性受到了仁人志士的强烈抨击。尽管如此，新文化运动后的爱国运动者还是没有全盘否定中国传统文化。梁启超等人掀起了"新民运动"，"新民"就取自儒家经典的《大学》；鲁迅虽然痛斥国民的"麻木不仁""奴性"，但仍然宣扬人们具有的传统文化中的乐于吃苦、砥砺奋进等精神（鲁迅在《中国人失掉自信力了吗》中写道："我们自古以来，就有埋头苦干的人，有拼命硬干的人……这就是中国的脊梁。"）；孙中山立足于当时的背景与时代需求，在题为《三民主义》的著名演说中指出："真正的三民主义，就是孔子所希望之大同世界。"马克思主义的传承者毛泽东同志也论述过中华民族刻苦耐劳、酷爱自由和富于革命斗争精神的优良传统。

国民性的弱点随着社会进步而得以克服，其优点也将随社会进步而得以发扬。

（二）中华传统文化与国民性

"国民性"一词虽然是近代提出的，但在数千年中国历史的长河中，国家的发展影响着国民性的形成与演变，中华传统文化与国民性也是相辅相成、互相影响的。传统文化与国民性相生相息，传统文化影响着国民性的形成，国民性是传统文化积淀的现实表达（见表2-1）。[1] 国民性是一个国家或民族历史文化的综合体现，是多数国民习以为常而又共同具有的有别于其他国家或民族的习性。有什么样的文化传统，就会表现出什么样的国民性。[2] 其中，民族精神是民族文化传统的基本精神，国民性中积极合理的内容是构成民族精神的重要因素。当然，二者不是简单的等同关系或包含与被包含关系，而是相互交融、具有重叠性的关系。[3]

---

[1] 那威：《传统文化指向下近代国民性反思》，《知与行》2016年第9期。
[2] 张璟：《孔子·文化·国民性》，《中国文化研究》2009年第4期。
[3] 张鹏君，李太平：《国民性培养的教育学思考》《高等教育研究》2014年第5期。

表 2-1　中华优秀传统文化与国民性的关系

概念	中华优秀传统文化与国民性
总关系	相辅相成、互相影响
分关系	传统文化影响着国民性的形成
	国民性是传统文化积淀的现实表达

（三）中华传统文化在历史上对国民性形成的影响

传统文化是在长期历史发展中形成并保留在现实生活中的、具有相对稳定性的文化。殷周时期，天命神权思想、敬德保民思想对早期中华文化产生了深刻的影响；春秋战国时期，诸子蜂起、百家争鸣，逐渐形成了古代中华文化思想的雏形；秦的统一，促进了统一的民族文化发展，在中华文化史上具有划时代的意义；汉代，董仲舒的"罢黜百家，独尊儒术"，确立了儒家思想在中国千年历史上的至尊地位；宋元明延续了隋唐时期的文化辉煌，在文化、艺术和科技等方面拥有巨大成就，同时也产生了影响后期封建社会发展的宋明理学；明清时期，随着西方近代思想文化的渗入，中华传统文化也开始面临西方工业文明的冲击。

对中华传统文化影响最深远、意义最重大的应该是儒道两家文化。儒家文化作为主流文化内涵丰富复杂，在广泛汲取古代典籍精华的基础上逐步发展出基础理论和思想，包括仁、义、礼、智、信、恕、忠、孝，注重"入世""大同""格物而自知"，有着"修身齐家治国平天下"的抱负，虽然到宋明时期开始演变成为禁锢人性的"理学"，但在促进国家发展，积极进取、崇尚和谐的国民性格的形成上有着深远的影响。道家文化强调"出世""无为而治"，也具有非常重要的影响作用。

中华民族能够屹立于世界民族之林，得益于本民族几千年来优秀传统文化的熏陶。自近代西方列强入侵以来，民族精神引得无数仁人志士抛头颅、洒热血。在众多的民族之中，中华民族的气节和性格的独特是许多民族不能企及的。中华优秀传统文化对国民性的形成有着深远又积极的影响。

综合文献研究，笔者认为中华优秀传统文化（思想）在数千年历史上对国民性形成的主要影响如下（见表2-2）：

表 2-2　中华优秀传统文化（思想）在历史上对国民性形成的影响

中华优秀传统文化（思想）	国民性的形成
天下兴亡，匹夫有责	爱国精神
有朋自远方来，不亦乐乎	和谐理想
学而不厌，诲人不倦	勤奋好学
发愤忘食，乐以忘忧	吃苦耐劳
舍生取义	道德风尚

1. "天下兴亡，匹夫有责"的爱国精神

古有屈原投江殉国，写下了《离骚》这首千古传颂的佳作；明末清初有郑成功收复台湾，为维护祖国领土完整做出了重大贡献；近代有林则徐虎门销烟，展现了中华民族不畏强权、高风亮节的民族气概；自西方列强入侵以来，各地民众的爱国运动更是数不胜数，有名无名的民族英雄不胜枚举。顾炎武的"天下兴亡，匹夫有责"这句话，凝聚着中华民族的爱国主义传统，指引着无数仁人志士为国鞠躬尽瘁、死而后已。

2. "有朋自远方来，不亦乐乎"的和谐理想

中华民族历来就是向往和谐的民族。中国从汉朝的丝绸之路开始便与中东和欧洲一带的国家进行友好的商贸来往，到郑和下西洋去往印度等地主动实施对外开放政策，再到中华人民共和国成立以来与各个国家友好建交、开展经济政治合作，都体现了中国人民对于和谐世界、大同理想孜孜不倦的追求。

3. "学而不厌，诲人不倦"的好学态度

刻苦学习是中华传统美德，包括儒学大家孔子在内的历史名人都是非常乐于学习和请教的智慧之人。儒家经典著作《论语》中就有很多关于鼓励勤学的名言警句，如"敏而好学，不耻下问""知之者不如好之者，好之者不如乐之者"等，后来又有凿壁偷光、悬梁刺股、囊萤映雪等著名的读书故事。在儒家思想的熏陶下，中国历代政府也是非常鼓励人民读书的，汉代即开启了影响深远、绵延千年之久的科举制度，使得中国民众中始终保留着好学上进、敬师敬学的优良风尚。

4. "发愤忘食，乐以忘忧"的吃苦精神

纵观中国历史，在新中国成立以前，中华民族饱尝改朝换代、自然灾害、战乱之苦，加上人口众多、资源分配不均，中国人民自然而然就形成了吃苦耐

劳的传统。"日出而作，日落而息""男耕女织""愚公移山"等俗语及典故都生动形象地展现了中国人民勤于耕作、自强不息的奋斗精神。时至今日，在经受西方列强入侵所带来的百年战乱之后，中国的发展速度让世界瞩目。中华民族能够屹立于世界民族之林，中国人民能够向百年复兴中国梦更进一步，是与发愤忘食、乐以忘忧的精神分不开的。

5. "舍生取义"的道德追求

中华民族"舍生取义"之气节流芳百世。古代有宁愿站着壮烈死去也不愿落入敌军之手的项羽，不为五斗米折腰的陶渊明，写下"留取丹心照汗青"的忠臣文天祥。近代以来也有众多忠心报国、高风亮节的爱国英雄。江姐死守重要情报，对党对国誓死忠诚，其爱国事迹传颂千古；钱学森放弃美国的优厚待遇，归国潜心研究，最终研制出"两弹一星"，对国防事业做出巨大贡献。如今，还有严守边关的将士、为国家发展做出重大贡献的科学家们……他们明明可以在家人身边享受轻松的生活，然而却为了国家发展坚守在自己的工作岗位上，舍小家为大家，着实让人敬佩。

（四）中国梦视野下的优秀国民性

1. 中华民族精神

中华优秀传统文化铸就的优秀国民性，集中表现为中华民族精神。民族精神是一个民族在长期生活和社会实践的基础上形成的优秀传统文化的结晶，贯穿民族发展的全过程，对一个民族的生存和延续具有巨大的作用。中华民族精神深深扎根于绵延数千年的优秀传统文化之中，始终是维系中华民族各族人民共同生活的精神纽带，支撑着中华民族生存发展，推动中华民族走向繁荣富强。井冈山精神、长征精神、延安精神、大庆精神、"两弹一星"精神、抗震救灾精神、三线精神……随着中华民族的发展进程，中华民族精神的谱系不断丰富与完善。

2. 改革创新的时代精神

中国共产党引领中华民族摆脱了百年屈辱，使中国人民从此站了起来，这与中国共产党和各族人民始终秉持改革创新的时代精神是分不开的。在新文化运动后，仁人志士们选择了马克思主义，并在改革和实践中与中国的具体实际相结合，形成了中国特色社会主义。中国以前所未有的速度，从第二次世界大战后的百废待兴发展到今天的世界第二大经济体。中华民族一系列举世瞩目的成就都与锐意进取、改革创新的时代精神分不开。如今，在世界各国经济萎靡、部分地区战乱不断的时局下,中国却继承古代中国丝绸之路的智慧,实践着习近平总书记提出的"一带一路"伟大倡议,为世界各国提供改革"良方",让世界对中国刮目相看。这就是当今的中国精神,在继承的基础上改革发展、凝神聚气,走出自主创新之路。

(五)培育良好的国民性对实现中国梦的重要意义

1. 培育良好的国民性对民族的长远发展具有重大意义

梁启超曾言:"凡一国之能立于世界,必有其国民独具之特质。"这足以显示,培养良好的国民性对于立国及民族长远发展的重大历史作用。

1840年西方列强用坚船利炮打开中国大门以后,中华民族遭受了长达百年的浩劫,许多中华优秀传统文化的成果也被外来入侵者销毁、洗劫,国民内心空虚、麻木。"改造国民性"成为当时的一个重要议题,各路仁人志士开展了许多唤醒国民的爱国运动。新文化运动后,中国人民的思想获得了解放,爱国之心被激发出来,为全民的救亡图存奠定了精神根基。

自从党的十八大以来,习近平总书记时常强调文化的作用,倡导我国人民树立文化自信,强调继承和发扬中华优秀传统文化,弘扬以爱国主义为核心的民族精神和以改革创新为核心的时代精神,培养"四有"公民。可见,在改革开放、和平发展成为主旋律的今天,培育良好的国民性对于中国梦的实现,即中华民族伟大复兴具有重要而深远的意义。

2. 培育良好的国民性对个体的持续发展具有重要影响

国家正是由一个个小家构成,小家又是由一个个国民构成。马克思主义所追求的共产社会,正是人人自由而平等的理想社会。如果在中国人人都能够得到自由而平等的发展,那么整个国家就会充满生机,中华民族伟大复兴中国梦的实现就不会远了。

通过发扬国民性中优秀的、积极的部分,去除历史上遗留的消极、落后的部分,能够濡化国民积极的心理和行为,引导人们的价值追求往好的方向发展,从而为和谐社会所需的核心价值观的形成奠定坚实基础。

3. 培育良好的国民性有助于抵御文化霸权,保护中华优秀传统文化

1840年中国被西方列强打开国门之后,中华传统文化遭遇了空前的浩劫。新中国成立以后,一些西方敌对势力对我国进行和平演变的图谋不熄,肆意进行文化渗透,对中国之崛起无不尽讽刺诋毁之能。中西方文化的碰撞滋长了一些人崇洋媚外的不良之风,但更多的人能够辩证地看待中西方文化,吸取西方

文化的精髓，同时对我国优秀传统文化倍加珍惜，民族文化自信十足。这样的国民性，才是我们实现中国梦所需要的国民性。

因此，国民性培养对于保护本国优秀传统文化安全，抵御外来文化霸权具有十分重要的意义。

4. 培育良好的国民性能够推动中华优秀传统文化走向世界

当今，要促进世界的发展，全球化是必然的。顺应全球化趋势，提出"一带一路"倡议，不仅要保护中华优秀传统文化不被侵蚀，还要助推良好国民性的培育，促进中华优秀传统文化走向世界。文化自信就是良好国民性的重要体现之一。无论走到哪里，以自己是中国人为骄傲，以自己懂得中华优秀传统文化为骄傲，以自己流淌着中国人的血液为骄傲，以热爱祖国热爱人民热爱社会主义为骄傲，以为国家为社会为人民服务为骄傲，以践行社会主义核心价值观为骄傲。这都有利于形成以爱国主义为核心的民族精神，有利于抵御西方文化霸权，捍卫中华优秀传统文化；有利于弘扬以改革创新为核心的时代精神，锐意进取，创新文化发展，以世界各族人民能够接受的方式推动我国优秀传统文化走向世界。

二、互联网时代实现中国梦的中华优秀传统文化网络传播平台的建设

互联网时代是一个崭新的技术时代。这个时代必将对我国的社会进程产生重要影响，对中国梦的实现和中华优秀传统文化的传承与创新产生重大影响。党和国家高度重视互联网时代的中华优秀传统文化的传播以及文化传播的网络平台的建设。针对中华优秀传统文化网络传播平台的建设，笔者认为有以下几个途径：第一，净化门户网站；第二，搭建网络学习平台；第三，加强高校教育；第四，丰富网络强国与中国梦的表达方式；第五，加强网络内容建设。

（一）互联网时代将对中国社会进程产生重要影响

1. 互联网对人类社会产生的影响

随着万维网的发明，信息交流和资源共享的技术门槛大大降低了。进入21世纪后，移动互联网及宽带无线通信技术的发展，让互联网渗透到了各个领域，成为全球人类共享资源的储存库。如果说20世纪最重要的基础设施是电力和铁路系统，那么21世纪最重要的基础设施则是互联网、大数据系统。

从技术层面看，互联网是一个相互关联的全球计算机网络系统，使用标准

的 Internet 协议套件（TCP/IP 协议），搭建出了全球信息服务的平台。从社会层面看，互联网依托虚拟的互联平台，打破了时间和空间对人类活动的限制，突破了国界、种族等有形无形的"疆界"，实现了点对点的连接，改变了人类的生产方式、生活方式和思维方式。互联网作为重要的社会媒介，承担着越来越多引导社会舆论的职责，可以使各种不同的信息迅速和广泛地传播，从而带来不同的社会后果。

当代互联网呈现出从一种技术手段转变为一种宣传工具的发展趋势，且不再只是塑造信息环境的工具，其自身承载着政治与意识形态的属性，超越了"媒介"的影响范围，体现出某些政治功能，从而具有强大的社会解构力、引导力和再造力。互联网具有自由平等、多元化和个人主义的政治属性，与此对应的意识形态是自由平等、多元化和个人主义的意识形态。在互联网时代，信息网络已成为影响综合国力的关键因素之一，甚至成为与土地、资本同样重要的资源，对国家经济发展、社会稳定和意识形态安全产生关键性作用。

2. 互联网时代必将承载中国梦行稳致远

互联网具有汇聚、传播、辐射人类古今中外各种文化精髓并促进思想交流、文化融合的巨大潜力。谁控制了互联网就控制了信息流，控制了信息流就如同以前控制了疆域和海洋，会占据时代竞争的战略优势及合作主导权。

2012年11月29日习近平总书记首次提出"中国梦"，这一年互联网使用已经非常普遍。正因为互联网如此重要，自2020年3月1日起，《网络信息内容生态治理规定》施行，党的十九届四中全会更是将网络安全治理体系建设提到空前的高度。加强网络生态治理，是建立健全网络综合治理体系，培育积极健康、向上向善的网络文化的需求，也是维护广大网民切身利益的需要。

中国梦是人民幸福的梦想，是民族复兴的梦想，必须统筹好安全和发展的关系。从互联网着眼，首先必须让互联网促进国家经济发展。我国大力投入5G建设，并在5G领域处于世界领先地位，2019年是5G商用元年，我国各地也出台了相关规划。这将大力加快经济发展速度，开启我国工业4.0之路，也必将为互联网进一步促进我国经济发展奠定重要基础。其次，必须有效管控互联网，确保网络环境安全稳定。网络上难免有不健康、违法的内容传播，因此，必须完善相关法律法规，有效惩治各种网络违法犯罪行为。最后，必须防范互联网发展对意识形态安全的影响。

未来，安全的互联网环境仍将继续护航中国梦行稳致远。严格管理互联网，不仅关系到我国人民的幸福生活，更加关系到中国共产党的执政地位，以及国家的长治久安。

3. 互联网时代必将助推中华优秀传统文化深入当代人心

中华优秀传统文化必须被当代人理解，才能达到化成天下、教化人心的目的。互联网技术促进了网络文化产业的发展，结合大数据、人工智能、虚拟现实等技术，使更多的人可以方便地了解、学习中华优秀传统文化，如在线游览故宫博物院、敦煌莫高窟。更多的网络学习平台——如中共中央宣传部主管的"学习强国"——也被不断推出，强化了党和国家政策的传播，促进人民学习经典、了解时事。通过互联网使中华优秀传统文化深入当代人心，极大地促进了互联网时代中华优秀传统文化的传播。

（二）净化门户网站

中国早期四大门户网站——搜狐、网易、新浪、腾讯，后续视频播放网站——爱奇艺、优酷、腾讯视频、哔哩哔哩（简称"B站"）等，都为推动互联网时代文化传播起到了重要作用。

近些年来，我国积极开展文明网站创建工作，在清朗网络空间的基础上，加大力度宣传中华优秀传统文化。例如，新浪网的文化专区介绍故宫博物院举办苏轼主题书画特展、三星堆遗址发掘再次震惊考古界、青铜乐器的弦外之音、博物馆好展览的十个标准之类的内容，对传承中华优秀传统文化当然能起到积极的作用。网易网开设有中国大学视频公开课、精品课程、公开课策划等板块，为广大网民提供了大量的文化学习资源，如在文学栏目中就有中国古典诗歌意象、《史记》人物形象等内容，都非常有利于传承中华优秀传统文化。腾讯网也有专门的文化栏目，如《"民办教师"孔子，如何逆袭成为"万世师表"》介绍了孔子的教育理念，对学生要因材施教、学习要举一反三，好的学生要"志于道、据于德、依于仁、游于艺"等。

从这些门户网站对文化的宣传和表达可以看出，门户网站对弘扬中华优秀传统文化有着重要作用。

（三）搭建网络学习平台

我国尤为重视搭建网络学习平台，尤其是在国内外有较强影响力的综合性网络学习平台，来加强优质内容传播、优化网上舆论引导、形成特色鲜明的网络文化，助力建设社会主义文化强国，增强国家文化软实力，实现中华民族伟大复兴的中国梦。

近年来，由各级政府牵头搭建的网络学习平台如雨后春笋一般。其中，由中宣部主办的"学习强国"为我国主流网络学习平台，其中设有弘扬中华优秀传统文化的专栏，如文化专栏——文化新闻、文化广场、中华诗词、中华医药、中国建筑、中华武术、中国灯谜、中国美术、中国成语、中国楹联，用典专栏——引经据典、学习书单、学习岁月、讲故事、学习词典。目前开通的网络学习平台还包括 PC 端——中华优秀传统文化学习资源平台、孔子学院等，手机客户端——学习公社、学习中国、党建微课等。

这些平台对宣传社会主义核心价值观，加强中国共产党员的自我修养，弘扬中华优秀传统文化，宣扬向上向善文化具有重要的作用。

（四）加强高校教育

教育部自 2018 年起支持 106 所高校陆续建立起中华优秀传统文化传承基地，来推动文化传承。[①] 比如，首批入选的就有北京大学（昆曲）、中央音乐学院（中华民族音乐）、重庆大学（川剧）、西南大学（荣昌夏布织造技艺）、四川大学（巴蜀文化）、电子科技大学（川剧）、内江师范学院（峨眉武术）等 55 所高校。

从传承基地的传承项目信息可以看出，中华优秀传统文化积淀深厚，表现形式包罗万象。各高校以课程设置、社团组织、科学研究等方式加强相关传承项目的文化教育。以四川的几个传承基地为例：四川大学（巴蜀文化传承基地），出版了《巴蜀全书》，参与编撰了《巴蜀文化通史》等，定期开展"书香川大""秋日灯会""诗词竞猜"等传统文化活动，坚持以美育人、以美化人，充分发挥中华优秀传统文化的育人功能；电子科技大学（川剧传承基地），秉持"让科学插上艺术的翅膀"的理念，构建了川剧文化素质课程体系，探索"双遗"传承新模式，在学生中营造川剧文化学习氛围，创新川剧文化展示方式；内江师范学院（峨眉武术传承基地），经常开展易筋经、五禽戏、六字诀、八段锦等项目的比赛，开展"一校一品"体育特色建设，为弘扬传统文化起到积极的作用。

（五）丰富网络强国与中国梦的表达方式

2018 年 4 月 20 日，习近平总书记在全国网络安全和信息化工作会议上的讲话中提及，要站在实现"两个一百年"奋斗目标和中华民族伟大复兴中国梦

---

① 教育部网站：《教育部支持 106 所高校建设中华优秀传统文化传承基地》，http://www.moe.gov.cn/jyb_xwfb/s5147/202201/t20220120_595359.html。

的高度加快推进网络强国建设。① 为了达到这一目标，可以"互联网+"丰富网络强国与中国梦的表达方式，搭建一些将中华优秀传统文化与网络强国、实现中国梦有效融合的传播及学习平台。

"互联网+"是互联网思维的实践成果，代表着一种先进的生产力，为社会经济实体注入新的生命力，为改革、创新和发展提供广阔的网络平台。实现中华民族伟大复兴是中华民族近代以来最伟大的梦想，把中华优秀传统文化和实现中国梦相融合，通过网站、微博、微信、电子阅报栏、手机报、网络电视等各类新媒体进行融合传播，以流程优化、平台再造、资源整合，实现信息内容、技术应用、平台终端、管理手段共融互通，打造一批具有强大影响力、竞争力的新型主流媒体，助力表达方式丰富度的提升。

近年来，众多优秀的网络融合传播平台不断出现，创作出了优秀的文化产品，充分发挥了网络优势，铸造起了互联网时代中国梦理论宣传教育和学习的宣传阵地。

（六）加强网络内容建设

习近平总书记曾提出推进网络强国建设，要以技术要强、内容要强、基础要强、人才要强、国际话语权要强为基本要求。② 这足以显示出，互联网时代的网络内容建设非常关键，而网络内容建设需要网络文化产业的推动与发展。互联网时代带来了中国知网、万方、超星、维普等学术网站、图书网站的繁荣，为人们获取知识提供了便捷途径。同时，网络内容传播平台也是一种无中介无障碍的新对话界面，尊重平等的文化形态，鼓励个体的参与精神及平等交流，为人们提供了表达思想的新途径，甚至还能更好地实现民意汇聚功能，产生"意见领袖"。

"今日头条"就是网络内容建设的优秀个案。"今日头条"具有非常好的发展定位，利用数据挖掘技术，细分用户群体，分析用户行为，为用户建立独特的数据库，形成个人阅读的 DNA 库，同时最大限度运用优秀的算法，为每个用户推荐他感兴趣的资讯，有效地缓解了用户信息资源筛选的压力，满足了用户对内容的差异化需求，帮助用户以最少的时间成本阅读自己感兴趣的内容。

互联网是实现中国梦、传承优秀传统文化的重要途径和工具之一。我们必

---

①中共中央党史和文献研究院：《习近平关于网络强国论述摘编》，中央文献出版社，2021年版，第43—44页。

②中共中央党史和文献研究院：《习近平关于网络强国论述摘编》，中央文献出版社，2021年版，第44页。

须牢牢掌握互联网这个阵地，吸收古人的智慧，弘扬社会主义核心价值观，实现当代人与古人的对话，传承传统文化中向上向善的内容，实现当代人"为往圣继绝学"的美好愿望以及"达则兼济天下"的宏伟理想。

三、用好互联网，助力实现中国梦

习近平总书记多次强调："过不了互联网这一关，就过不了长期执政这一关。"[①] 互联网引领了社会生产新变革，创造了人类生活新空间，拓展了国家治理新领域，同时也给我国经济、政治、文化生活带来了更多新挑战。

（一）用习近平新时代中国特色社会主义思想引领互联网这一意识形态交锋的前沿阵地

谁掌握了互联网，谁就把握住了时代的主动权。我们必须通过互联网，为人民树立正确的历史观、民族观、国家观、文化观，加强人民道德品质修养，启迪人民智慧，引领时代风尚，引导人民自觉讲品位、讲格调、讲责任，自觉遵守国家的法律法规。

与此同时，历史和现实反复证明，搞乱一个社会，颠覆一个政权，往往先从意识形态领域打开缺口。部分西方国家一直妄图通过互联网进行反华渗透，不断炮制"中国威胁论"，不断制造各种麻烦。西方反华势力资助和授意一些反对派和激进分子掀起的香港"修例风波"，对香港的繁荣稳定局面造成极大破坏。针对中美贸易摩擦不断、新冠肺炎疫情暴发等情况，西方不断恶意抹黑中国，利用互联网混淆是非、颠倒黑白、扰乱人心。这些都表明，互联网是一个没有硝烟的战场，我们必须顶得住、打得赢，才能确保国家长治久安。

互联网是把双刃剑，用好了造福国家和人民，用不好就可能带来难以预见的危害。因此，对于互联网，激发正能量是总要求，管得住是硬道理，用得好是真本事。我们可以通过互联网向全世界讲清楚中国共产党为什么"能"、马克思主义为什么"行"、中国特色社会主义为什么"好"，用习近平新时代中国特色社会主义思想引领人民打赢意识形态领域的保卫战，守好互联网这一意识形态交锋的前沿阵地。

[①]中共中央党史和文献研究院：《习近平关于网络强国论述摘编》，中央文献出版社，2021年版，第58—59页。

（二）把互联网建成弘扬主流价值观的坚强阵地

《中共中央关于坚持和完善中国特色社会主义制度、推进国家治理体系和治理能力现代化若干重大问题的决定》中有明确说明要构建网上网下一体、内宣外宣联动的主流舆论格局，坚持党管媒体原则，坚持团结稳定、正面宣传为主，唱响主旋律、弘扬正能量。我们要通过主流媒体及时向社会传达党和政府的声音，大力宣传贯彻国家重要发展战略，引领人民做出正确的价值判断，激发人民的爱国热情，凝聚中国力量。例如，"学习强国"平台及时推出"学习贯彻习近平总书记'七一'重要讲话精神系列专题宣讲"，推出"党史学习教育"，号召全体党员学党史、悟思想、办实事、开新局；在"学习理论"专栏中推出政论文章《论伟大建党精神的历史文化渊源》，指出中国共产党作为中华优秀传统文化的忠实继承者和弘扬者，继承了中华文明中"天下为公"的理想，中国共产党能够创造辉煌成就的根本就在于中国共产党把马克思主义基本原理同中华优秀传统文化相结合，在继承和弘扬中华美德的基础上形成和赓续了伟大的建党精神。

由此可见，互联网在弘扬主流价值观、传播中华优秀传统文化、宣传共产党的伟大思想方面可以发挥重要的作用。我们要把互联网建成为一个宣传习近平新时代中国特色社会主义思想、引领舆论导向、弘扬主流价值观、团结亿万网民、激发网络正能量、传播中华优秀传统文化的坚强阵地。

互联网极大地增强了人们认识世界、改造世界的能力，为中华民族带来了千载难逢的机遇。我们要营造"自由、平等、创新、和谐、共享"的网络环境，推动网络强国建设，为确保国家长治久安、实现中华民族伟大复兴的中国梦奠定坚实的基础，提供强大的支撑。

第三章　互联网时代传承弘扬中华优秀传统文化与铸牢中华民族共同体意识研究

导读：在建设中国特色社会主义的历史征程中，在实现中华民族伟大复兴中国梦的实践中，每一位中国公民，无论属于哪个民族，都是中华民族共同体的一员。认同伟大祖国、中华民族、中华文化、中国共产党和中国特色社会主义是中华民族共同体意识的核心内涵，是引导各族人民树立正确国家观、价值观、人生观的前提基础。中华民族共同体意识对于弘扬与振奋中华民族精神，团结凝聚全国各族人民为实现中国梦而奋斗，具有十分重要的现实意义、历史意义和政治意义。互联网时代信息泛滥，各种思潮此消彼长、良莠不齐。互联网时代中，由中华优秀传统文化、革命文化、社会主义先进文化组成的中国特色社会主义文化与西方腐朽文化、封建糟粕文化等的拉锯战在互联网这条隐蔽战线正激烈进行着，更应该铸牢中华民族共同体意识。在铸牢中华民族共同体意识的过程中，不能任凭西方所谓的多样化的思想观念、价值取向任意发展，必须"全面贯彻党的民族理论和民族政策，坚持共同团结奋斗、共同繁荣发展，促进各民族像石榴籽一样紧紧拥抱在一起，推动中华民族走向包容性更强、凝聚力更大的命运共同体"[①]。皮之不存毛将焉附，没有了祖国的人就像浮萍，无所依托；没有了优秀文化传承的人将会失去最重要的精神内核和价值轴心。

第一节　中华民族共同体意识的核心内涵

2014年，中央民族工作会议暨国务院第六次全国民族团结进步表彰大会将中华民族多元一体格局确定为我国的基本国情。习近平总书记又在2019年的全国民族团结进步表彰大会中说道："中国特色社会主义进入新时代，中华

[①] 习近平：《习近平谈治国理政》（第三卷），外文出版社，2020年版，第299页。

民族迎来了历史上最好的发展时期……各族人民亲如一家，是中华民族伟大复兴必定要实现的根本保证。实现中华民族伟大复兴的中国梦，就要以铸牢中华民族共同体意识为主线，把民族团结进步事业作为基础性事业抓紧抓好。"[①]这凸显了新时代民族工作指导思想上的深刻性和政策上的鲜明性，也为做好新时代中国特色社会主义民主工作提供了纲领性的指导意见。

党的十九大报告明确强调要铸牢中华民族共同体意识，把加强各民族交往交流交融作为关键路径，让各民族手足相亲、互帮互助，实现"中华民族一家亲、同心共筑中国梦"的共同目标。2017年10月，党的十九大表决通过关于《中国共产党章程（修正案）》的决议，将"铸牢中华民族共同体意识"和"实现中华民族伟大复兴的中国梦"写入《中国共产党章程》。2018年3月11日召开的十三届全国人民代表大会第一次会议通过了《中华人民共和国宪法修正案》，在序言中增加了"中华民族伟大复兴"的内容。"中华民族"这一事实上存续了几千年的概念首次被写进宪法。中华民族的伟大复兴与中华民族共同体意识的建构和铸牢密切相关。在建设中国特色社会主义的伟大征程中，我们必须牢固树立中国特色社会主义道路自信、理论自信、制度自信和文化自信。而中华民族共同体意识在这"四个自信"中可以起到基石作用。

我国一直以来就是一个统一的多民族国家。各族儿女齐心协力共同开拓了祖国广袤的疆域，共同铸造了中华民族悠久灿烂的文明历史，共同缔造了新中国，共同维护祖国大统一。每个辉煌的科学技术成就、发明创造、历史性工程的成功，都离不开各民族儿女的聪明才智和贡献付出。例如，造福四川的都江堰是当时生活在周边的汉族人民和羌族人民在李冰父子的领导下共同完成的无坝引水工程；元代编修《大元一统志》是回族、蒙古族、汉族等民族学者的智慧结晶；郑和下西洋开创了人类早期探索海洋的先河，是回族和汉族儿女合力完成的航海壮举。中华民族各族儿女携手创造、共同拥有灿烂文化成果，共同见证中华历史和文化的发展。各民族在交往交流交融中，还将进一步增进"五个认同"，即对伟大祖国的认同、对中华民族的认同、对中华文化的认同、对中国共产党的认同、对中国特色社会主义的认同。

一、对伟大祖国的认同

伟大祖国有万里沃土养育中华儿女，有千万江河滋润神州，是中华民族繁衍生息的家园，是中华民族的依托与归属，是中华民族共同体意识的发源地和

[①] 习近平：《习近平谈治国理政》（第三卷），外文出版社，2020年版，第299页。

根系所在。

(一) 对伟大祖国的认同的含义

祖国是一个文化、地理、法理的概念，指一个人出生、生长、生活的国家。我们伟大祖国的厚重历史，肇始于中华民族先民们的交往学习、相互帮助。传说中的炎黄蚩尤相互融合，春秋战国时期、魏晋南北朝时的民族大迁移……这让中华民族在跌宕起伏的历史长河中逐渐形成，就如费孝通先生所说："中国的许多民族都有悠久的历史，从古代时起，他们的祖先就在我国这块广大的土地上劳动、生息，繁殖子子孙孙……尽管四五千年中在中国历史上出现的各民族有兴亡、有消长，有些民族消失了，被同化于其他民族中，有些民族融合了，又不断有些新的民族形成、壮大了，但各民族所凝聚成的这一个整体——中华民族，却延绵持续，保持了我国文明的连续性和推陈出新的创造性。"① 明朝杰出的彝族女政治家奢香夫人，在维护地方民族团结和国家统一方面取得了丰功伟绩。清朝时，远在西伯利亚受尽沙俄压榨的土尔扈特部，为回归中华民族大家庭，与沙俄血战到底，不惜伤亡惨重也要跋山涉水返回中国。土尔扈特部的英勇回归是我国这一统一的多民族国家的又一光辉篇章。

因此，中华民族的每一个成员对伟大祖国的认同应该包含对祖国的历史、文化、自然、地理的热爱之情，维护祖国领土主权的责任感，投身于建设祖国政治、经济、文化等领域的各项事业中的热情，对骨肉同胞的深厚感情。

在中华民族共同体意识的构建中，对伟大祖国的认同不能仅仅停留在语言上，口号或空谈都是不行的，必须内化于心、外化于行。内化于心，就是把祖国时刻摆在心中最重要的位置，坚决维护国家主权、安全、发展利益；外化于行，就是在实践中坚决反对破坏祖国统一和民族团结的各类行为，敢于发声和同破坏势力作斗争。

(二) 对伟大祖国的认同的本质是爱国主义

对伟大祖国的认同的本质就是爱国主义。爱国主义是中华民族共同体意识深层次的根源和强有力的纽带。爱国主义这一优秀品格早已深深植根于每一位中华儿女的血脉中，为中华文明历经五千年而不衰、虽饱尝磨难但始终不断奠定了精神基础。无论在什么样的历史环境中，中华民族的每一个成员都秉承爱国传统，义不容辞保家卫国，表现出对国家和人民深厚的情怀和强烈的责任担

---

① 费孝通：《费孝通民族研究文集》，民族出版社，1988年版，第190—191页。

当。陆游说："位卑未敢忘忧国。"吉鸿昌说："归来报命日，恢复我神州。"周恩来说："大江歌罢掉头东，邃密群科济世穷。面壁十年图破壁，难酬蹈海亦英雄。"陈毅说："祖国如有难，汝应作前锋。"可见，爱国主义一直是中国历代先贤和先进分子为国家殚精竭虑、凝聚各族人民共同御敌与强国的鲜艳旗帜。

走进新时代，爱国主义彰显出鲜明的中华民族共同体意识的时代特征。习近平总书记指出："我国爱国主义始终围绕着实现民族富强、人民幸福而发展，最终汇流于中国特色社会主义。祖国的命运和党的命运、社会主义的命运是密不可分的。只有坚持爱国和爱党、爱社会主义相统一，爱国主义才是鲜活的、真实的，这是当代中国爱国主义精神最重要的体现。"[1] 因此，必须团结和依靠全国各族人民，铸牢中华民族共同体意识，大力弘扬爱国主义精神，树立高度的中华民族自尊心和自信心。

二、对中华民族的认同

中华民族各族儿女在漫长的历史进程中，上下同心，终凝聚而成中华民族，共同铸造成就了伟大祖国的深厚基础。借助历史经验，各族儿女从内心深处深刻认识了家与国的关系，深刻理解国家、民族与族群是一荣俱荣、一损俱损的关系。习近平总书记深刻指出："铸牢中华民族共同体意识，就是要引导各族人民牢固树立休戚与共、荣辱与共、生死与共、命运与共的共同体理念。"[2] 只有整个中华民族繁荣昌盛、国家长治久安，各个民族的政治利益和经济权益才能得到真正保障。

（一）中华民族的概念分析

中华民族这个整体一直是客观存在着的实体，存在于中国的每一个历史进程之中，存在于中国的每一个辉煌时期与危亡时刻。中华民族是一个代代相传，各民族共同发展，携手缔造、共同维系人类文明史上唯一未曾中断的中华文明的伟大民族。

"中华民族"的学理探究，可以追溯至近代梁启超。近代中国遭受列强入侵，寻求民族独立成为近代中国的主要任务。梁启超于1899年《东籍月旦》

---

[1] 中共中央文献研究室：《习近平关于社会主义文化建设论述摘编》，中央文献出版社，2017年版，第129页。

[2] 习近平：《习近平谈治国理政》（第四卷），外文出版社，2022年版，第245页。

中首次使用了"民族"一词，在1901年发表的《国家思想变迁异同论》又率先引入"民族主义"并对此加以阐释。民族主义给了致力于民族解放的有识之士以价值情感，特别是为中国救亡图存明晰了民族解放和国家发展的核心诉求。有识之士还以此为基础建构出了全新的中华民族的概念，区别于以往的华夷之分，呼吁在全体国人中培养中华民族的认同感和归属感。"中华民族从此开始从'自在'走向'自为'，从部分自觉逐渐发展为全体自觉。"[①]

1997年，费孝通在研究了近代中国社会中的各民族历史发展后，提出了"中华民族多元一体"格局论断，对包括中华民族内在的种属概念和逻辑结构进行了阐述。他指出："中华民族是包括中国境内56个民族的民族实体，并不是把56个民族加在一起的总称，因为这些加在一起的56个民族已结合成相互依存的、统一而不能分割的整体，在这个民族实体里所有归属的成分都已具有高一层次的民族认同意识，即共休戚、共存亡、共荣辱、共命运的感情和道义。这个论点我引申为民族认同意识的多层次论。"[②]

中华民族共同体意识表现在心理情感方面，就是要正确认识中华民族与56个民族之间的关系。在当下中华民族的话语体系中，中华民族共同体意识是建立在整个中华民族层面上的意识，中华民族是超越汉族、藏族、蒙古族、满族、回族、苗族、彝族等传统民族概念的，是这些民族的属概念。申言之，中华民族与构成中华民族的56个民族之间是属种关系，中华民族是属概念，是上位概念，56个民族是中华民族的种概念，是下位概念。

（二）对中华民族的认同的重要意义

"中华民族共同体"概念的提出有助于强化由各个民族群体构成的中华民族这一实体，使其内涵核心得以明晰、外延边界得以确立，纠正了把中华民族虚化或虚拟化的倾向。而增强对中华民族的认同的重要意义还包括以下两点。

一是有助于厘清中华大地上现有56个民族的"民族"与中华民族的"民族"并不是一个逻辑层次。我国的56个民族是在长期的历史发展中凝聚成的共同体，都是中华民族不可缺失的一部分。在"多元一体"的中华民族中，"一体包含多元，多元组成一体，一体离不开多元，多元也离不开一体，一体

---

①张淑娟：《建构与解构：中华民族共同体意识培育中的民族主义因素》，《广西民族研究》2018年第6期。

②费孝通：《简述我的民族研究经历和思考》，《北京大学学报》（哲学社会科学版）1997年第2期。

是主线和方向，多元是要素和动力"①。由于地理、历史、文化、政治等诸多因素，我国不同的民族对于"中华民族"的认同程度存在着差异。中华民族共同体概念的提出、中华民族共同体意识的培育，有助于引导对中华民族认同度相对较低的民族群体进一步明晰中华民族这一民族概念，而不是仅仅局限于自己族群内的狭隘民族观点。

二是有助于明确中华民族的每一位成员所享受的权利和应该承担的义务。中华民族的成员，即中华人民共和国的公民，享有宪法赋予的一切权利，受到法律的保护。同时，无论哪一个民族群体的成员，在享受法律权利和国家经济发展带来的红利时，也必须承担起维护国家统一、领土完整和中华民族共同体的义务。"民族区域自治不是某个民族独享的自治，民族自治地方更不是某个民族独有的地方。"② 我们的民族区域自治以领土完整、国家统一为前提和基础。

构成中华民族共同体的每个族群都有各自的民俗，也使其成为中华民族大家庭中的一个个独立存在，但交流及交融早已存在。正常的族群发展轨迹应该是，在交往交流交融中各个族群相互的不理解由多变少，各个族群相互认可、相互吸收，形成一个包含了多元文化的民族大家庭。习近平总书记曾说："只有顺应时代变化，按照增进共同性的方向改进民族工作，做到共同性和差异性的辩证统一、民族因素和区域因素的有机结合，才能把新时代党的民族工作做好做细做扎实。"③

对于多民族的中国来说，各个民族群体对中华民族的认同和对中华民族共同体的维系，是国家统一和稳定的基础。因此，我们必须建立和维系高度的中华民族认同。

三、对中华文化的认同

中华文化源远流长，每一位中华儿女都是在中华文化的滋养下成长，又为中华文化的发展贡献着自己的力量。深厚伟大的中华文化是中华大地上所有族群优秀文化的综合呈现。

---

①中共中央文献研究室：《习近平关于社会主义政治建设论述摘编》，中央文献出版社，2017年版，第150页。

②习近平：《习近平谈治国理政》（第二卷），外文出版社，2017年版，第300页。

③习近平：《习近平谈治国理政》（第四卷），外文出版社，2022年版，第245-246页。

（一）对中华文化的认同首先是对中华优秀传统文化的认同

文化是民族赖以维系的精神纽带。中华优秀传统文化在铸牢中华民族共同体意识中会起到价值传承、凝魂聚力的作用。中华优秀传统文化理所当然包含了各民族的优秀传统文化。

一直以来，中华民族都以开放的姿态学习其他民族和地区的优秀传统文化，并且在这一过程中积极主动地把本民族文化与其他民族和地区的优秀文化相结合，最终凝聚形成了中华优秀传统文化。佛教早在汉代便传入中国，随后中国的本土宗教道教对其进行了吸收借鉴。随着中国文化的发展，中华文化界对佛教进行了回应——鹅湖之会、创立禅宗、阳明之学等，每一次的思想交锋都是中华文化海纳百川、兼容并蓄的优秀品格的展示。正是这样一种开放包容的姿态，使得多元的优秀传统文化都能在中华文化中拥有一席之地。中华优秀传统文化以其和合共生、天下大同的思想智慧，引导着中华民族共同体用协商的方式处理和解决内部问题，促进各地区特别是少数民族地区的协调发展与均衡发展，处理好"多元"与"一体"的关系，消除一切制约中华民族凝聚力的因素。

（二）对中华文化的认同有助于坚定中国特色社会主义文化自信

自信是一种精神状态，可以让人从内心深处产生一种为信仰之事物而努力奋斗的思想支柱。文化自信可以使共同体内的多元族群产生向心力。中国特色社会主义文化自信是实现中华民族历史性伟大飞跃的心理基础。培育人民对中华民族共同体的凝聚力，应增强每一位中国公民对中华文化的了解、认同。这种认同，是超越单个族群文化的，是建立在中华民族56个民族文化基础之上的认同。

中华优秀传统文化有极为丰富的内涵，有保家卫国的民族大义，有治国理政的政治抱负，亦有修身齐家的个体价值。社会主义核心价值观的文化根基就是源于中华优秀传统文化，是对中华优秀传统文化中关于国家、社会、个体三个层级的价值追求的显性表述，是新时代下中华民族生生不息的文化归属与动力。因此，对中华文化的认同有助于为国民认同中国特色社会主义文化奠定基础，为国民增强中华民族共同体意识积蓄坚实的文化力量，提升国民对中华文化的自豪感与归属感，也有助于中华民族坚定地弘扬和践行社会主义核心价值观，进而坚定中国特色社会主义文化自信。

四、对中国共产党的认同

1949年10月1日,毛泽东同志站在天安门城楼上向全世界庄严宣告中华人民共和国成立了,中国人民从此站起来了。在中国共产党的领导下,中国人民团结奋斗、励精图治,创造了无以计数的辉煌成就。新中国成立之初,中国人民志愿军赴朝作战,把以世界头号强国美国为首的联合国军打到了三八线以南,打出了国威、军威,使中华人民共和国的国际威望和威信空前提高。改革开放后,中国经济社会发展取得了令世人瞩目的成就,综合国力显著增强。走进新时代,在以习近平同志为核心的党中央的坚强领导下,中华民族正以坚实而自信的步伐走在伟大复兴道路上,走在共和国强起来的道路上。这历史巨变的背后最根本的是坚持中国共产党的领导。近代的中国历史证明无论过去有多少困难和险阻,前路有多少难题和挑战,丝毫不能动摇中华民族对中国共产党的认同、热爱和拥护,也不能动摇每一个中华儿女对中国共产党坚如磐石的认可和忠诚。

(一) 中国共产党的领导是历史和人民的选择

中国共产党的执政地位得到了全国各族人民的一致认同,有着广泛的群众基础、历史基础和现实基础。回顾中国近代历史,中国大地被外敌入侵、硝烟四起,中华儿女受尽帝国主义的欺凌。无数仁人志士为救亡图存进行了各种不屈不挠的英勇斗争和艰辛探索,但都没有使中国走向民族独立、国家富强的道路。直到1921年中国共产党成立,在中国共产党的领导下中国革命的道路焕然一新。1949年中华人民共和国成立,是中华民族实现民族独立的标志性时刻,是中国历史上最伟大的事件。中国共产党之所以能够发展壮大并带领人民群众取得革命成功,主要在于中国共产党顺应了历史的发展潮流,代表了全国各族人民的根本利益,其行动主张符合中华民族的利益诉求。中国共产党的领导是基于历史的认同,是符合历史事实的理性判断和符合中华民族利益的价值判断。中华民族共同体意识中包含对中国共产党的认同是中华儿女发自内心的真实情感。

(二) 对中国共产党的认同根本在于坚持中国共产党的领导

中国共产党的领导是中国特色社会主义最本质的特征,坚持中国共产党的领导是对中国共产党的认同的根本。

中国共产党是"在中国人民反抗封建统治和外来侵略的激烈斗争中,在马克思列宁主义同中国工人运动的结合过程中"[1]应运而生的，从成立之日起就把实现共产主义作为最高理想和最终目标。其阶级基础是工人阶级，根本宗旨是全心全意为人民服务。它始终同人民群众保持密切联系，除了最广大人民群众的利益就没有自己的特殊利益。

"我们党团结带领人民找到了一条以农村包围城市、武装夺取政权的正确革命道路，进行了二十八年浴血奋战，完成了新民主主义革命，一九四九年建立了中华人民共和国，实现了中国从几千年封建专制政治向人民民主的伟大飞跃。"[2] 在党的领导下，我们又"完成社会主义革命，确立社会主义基本制度，推进社会主义建设，完成了中华民族有史以来最为广泛而深刻的社会变革，为当代中国一切发展进步奠定了根本政治前提和制度基础"[3]。"我们党团结带领人民进行改革开放新的伟大革命，破除阻碍国家和民族发展的一切思想和体制障碍，开辟了中国特色社会主义道路，使中国大踏步赶上时代。"[4] 如今，中国共产党立志于中华民族的伟大复兴，为把我国建设成为富强、民主、文明、和谐、美丽的社会主义现代化强国而不懈奋斗。

时代是出卷人，中国共产党是答卷人，广大人民群众是阅卷人。全国各族人民正是在目睹、亲身经历中国共产党坚强领导下取得的辉煌成就的过程中，加强了对中国共产党领导的认同感。走进新时代，全国各族人民更加团结一致，满怀信心和憧憬，坚定地团结在以习近平同志为核心的党中央周围，为实现中华民族伟大复兴的中国梦而不懈奋斗。

五、对中国特色社会主义的认同

我们还沿着中国特色社会主义道路砥砺奋进，我们已经在走并取得了伟大成果的道路。这条道路我们必须一直坚持走下去，因为它是符合中国国情的社会主义发展路径，是符合中国最广大人民根本利益的发展道路，是符合科学社会主义发展规律的道路。

（一）中国特色社会主义的内涵

我们正沿着中国特色社会主义道路砥砺奋进，在坚持科学社会主义的基本

---

[1] 习近平：《习近平谈治国理政》（第三卷），外文出版社，2020年版，第10页。
[2] 习近平：《习近平谈治国理政》（第三卷），外文出版社，2020年版，第11页。
[3] 习近平：《习近平谈治国理政》（第三卷），外文出版社，2020年版，第11页。
[4] 习近平：《习近平谈治国理政》（第三卷），外文出版社，2020年版，第12页。

原则下，结合中华民族共同体的特色，构筑建设现代化经济、发展社会主义民主政治、推动社会主义文化繁荣兴盛、坚持在发展中保障和改善民生与建设美丽中国的"五位一体"总体布局，坚定"四个自信"，谋划"四个全面"战略布局。道路问题事关前进方向、发展前途，是第一位的问题。中国特色社会主义道路，是中国共产党运用马克思主义基本原理，与伟大祖国、中华民族的具体实际情况相结合的符合我国国情的独特创造。"邓小平同志开创了中国特色社会主义，第一次比较系统地初步回答了在中国这样经济文化比较落后的国家如何建设社会主义、如何巩固和发展社会主义的一系列基本问题，用新的思想观点，继承和发展了马克思主义，开拓了马克思主义新境界，把对社会主义的认识提高到新的科学水平。"[①] 习近平总书记指出："中国特色社会主义道路，是实现我国社会主义现代化的必由之路，是创造人民美好生活的必由之路。中国特色社会主义道路，既坚持以经济建设为中心，又全面推进经济建设、政治建设、文化建设、社会建设、生态文明建设以及其他各方面建设；既坚持四项基本原则，又坚持改革开放；既不断解放和发展社会生产力，又逐步实现全体人民共同富裕、促进人的全面发展。"[②]

（二）中国特色社会主义是历史和人民的正确选择

党的十八大报告明确指出："道路关乎党的命脉，关乎国家前途、民族命运、人民幸福。"2013年1月5日，习近平总书记在新进中央委员会的委员、候补委员学习贯彻党的十八大精神研讨班开班式上的讲话中进一步强调："道路问题是关系党的事业兴衰成败第一位的问题，道路就是党的生命。"[③] 中国共产党带领全体中国人民在改革开放的伟大实践中，坚持马克思主义基本原理，结合中国社会的实际情况，走出了中国特色社会主义道路。这是一条适合中国国情、体现人民意愿要求的正确道路，是历史和人民的正确选择。正如习近平总书记所讲的："中国特色社会主义，是科学社会主义理论逻辑和中国社会发展历史逻辑的辩证统一，是根植于中国大地、反映中国人民意愿、适应中国和时代发展进步要求的科学社会主义，是全面建成小康社会、加快推进社会主义现代化、实现中华民族伟大复兴的必由之路。"[④]

我们必须坚定中国特色社会主义道路自信，因为这是进行社会主义现代化

[①] 习近平：《习近平谈治国理政》，外文出版社，2014年版，第22页。
[②] 习近平：《习近平谈治国理政》，外文出版社，2014年版，第9页。
[③] 习近平：《习近平谈治国理政》，外文出版社，2014年版，第21页。
[④] 习近平：《习近平谈治国理政》，外文出版社，2014年版，第21页。

建设实践的先导。要坚定对中国特色社会主义道路的自信，就需要科学认识中国特色社会主义道路的逻辑进程，充分认识到中国特色社会主义道路的形成具有历史必然性，即中国特色社会主义道路是历史和人民的选择。中国的历史进程反复证明了在中国靠走资本主义发展之路来振兴民族经济是行不通的，正如习近平主席在欧洲访问时指出的那样："君主立宪制、复辟帝制、议会制、多党制、总统制都想过了、试过了，结果都行不通。"[①] 此外，苏联模式也不能完全适应中国社会。所以，我们必须把马克思主义基本原理同中国的具体国情结合在一起，摸索出一条适合中国建设发展的社会主义道路，正如邓小平同志在中国共产党第十二次全国代表大会上的开幕词中提出的"把马克思主义的普遍真理同我国的具体实际结合起来，走自己的道路，建设有中国特色的社会主义，这就是我们总结长期历史经验得出的基本结论"[②] 以及习近平总书记在十八届中共中央政治局第一次集体学习时的讲话中提及的"党和国家的长期实践充分证明，只有社会主义才能救中国，只有中国特色社会主义才能发展中国"[③]。事实证明，是中国特色社会主义道路使中国得到了极大发展，让社会经济、综合国力、人民生活水平等各方面都呈现出巨大改变，使我们比历史上任何一个时期都更接近中华民族伟大复兴的目标。所以，我们更加有理由坚定中国特色社会主义道路自信。

第二节　弘扬中华优秀传统文化，铸牢中华民族共同体意识

中华优秀传统文化集中体现了中华民族共同体的品格，是伟大祖国欣欣向荣和中华民族伟大复兴的灵魂。中华优秀传统文化历经五千年传承不息、灿烂辉煌，不仅是全人类的共同文明财富，而且也是中华民族屹立不倒、生生不息的精神纽带和力量源泉。在开创中华民族美好未来的历史进程中，中华优秀传统文化既为"五位一体"总体布局提供强大的精神动力，也是铸牢中华民族共同体意识的重要内容。

[①] 习近平：《出席第三届核安全峰会并访问欧洲四国和联合国教科文组织总部、欧盟总部时的演讲》，人民出版社，2014年版，第43页。
[②] 邓小平：《邓小平文选》（第三卷），人民出版社，1993年版，第3页。
[③] 习近平：《习近平谈治国理政》，外文出版社，2014年版，第7页。

第三章　互联网时代传承弘扬中华优秀传统文化与铸牢中华民族共同体意识研究

一、弘扬中华优秀传统文化，有利于推动文化交往交流交融

大力弘扬中华优秀传统文化有利于各民族之间的交往交流交融，有利于推动文化的交往交流交融，促进不同文明之间的相互借鉴和学习，从而振奋中华民族共同体精神，让中华儿女树立文化自信，共赏、共享、共传中国特色社会主义文化。

（一）中华优秀传统文化是在交往交流交融中被创造的

悠久灿烂的中华优秀传统文化是中华民族大家庭的成员在交往交流交融中共同创造的，是互相学习、借鉴、融通的结晶，是各民族优秀文化的集大成者。我们"要正确把握中华文化和各民族文化的关系，各民族优秀传统文化都是中华文化的组成部分，中华文化是主干，各民族文化是枝叶，根深干壮才能枝繁叶茂"。[1] "在精神文化层面，积极入世而又温厚包容的儒家文化，是中华优秀传统文化的主脉。但与此同时，少数民族雄健昂扬的精神姿态和灵活多样的制度创新能力，也为中国的历史发展作出了重要贡献。"[2] 历史上各少数民族学习中原王朝制度、习汉字、译汉书，是文化交往交流交融的生动体现，如赵武灵王的"胡服骑射"，如今广为流传的琵琶、古筝、月琴等传统乐器，均是各民族文化在交往交流交融中相互学习借鉴的见证。

（二）中华优秀传统文化是中华民族共同体内部交往交流交融的驱动力

弘扬中华优秀传统文化是加强中华民族共同体内部交流交往交融的重要路径。中华优秀传统文化是中华民族交流交往交融的思想驱动力。一个多民族国家内部如果没有文化的交流交融，各民族就没有共同的文化记忆和认同，就会彼此隔离、误解不断。非常庆幸的是，中华优秀传统文化的发展史中没有出现这样的情况。在中华大地上，不论哪一个民族群体，只要接受认同"中华民族"，就迈出了与其他民族群体沟通互鉴、融入中华文化的第一步。中华优秀传统文化也正是以它包容开放的胸怀不断吸纳接受中华民族大家庭中的各成员族群的优秀文化，才最终形成了各民族紧密相依的大格局。

---

[1] 习近平：《习近平谈治国理政》（第四卷），外文出版社，2022年版，第246页。
[2] 蒙曼：《江流九派尽朝宗》，《中国民族报》2022年4月18日。

弘扬中华优秀传统文化，就是从中华民族的文化认同、价值共识入手，不断促进中华民族共同体以中华优秀传统文化为载体，进行经济、社会、民俗等多方面的互通有无、取长补短。弘扬中华优秀传统文化就是要正确认识中华优秀传统文化的多元一体格局，从而增强中华民族共同体内部交往交流交融的驱动力。从中华优秀传统文化构成来看，中华优秀传统文化明显特征是"多元一体"。简单地说，"多元"体现出各民族群体的优秀传统文化组成了中华优秀传统文化，中华优秀传统文化内涵丰富、博大精深；"一体"反映了中华文化具有鲜明的共性，呈现出你中有我、我中有你、不可分割的文化形态。只有不断夯实中华优秀传统文化这一文化基石，不断促进中华民族共同体内部的交往交流交融，才能使中华儿女紧密团结在中华民族这一大家庭中。

二、弘扬中华优秀传统文化，有利于坚定文化自信

中华优秀传统文化是我们文化自信的基石，能够凝心聚魂。弘扬中华优秀传统文化，需要我们全面深化认知，不断挖掘其价值内涵，从中汲取前进动力，坚定文化自信。

（一）中华优秀传统文化底蕴深厚

古代中国社会包含了农耕文明、草原文明的生产力基础，中华优秀传统文化是以反映农耕文明和草原文明为主的文化。敬畏自然、崇礼亲仁、勤劳勇敢、热烈奔放、果敢刚健等是中华优秀传统文化的底色。中华优秀传统文化还包含了海洋文明的海纳百川、拼搏奋斗。这些都共同熔铸了博大精深、有容乃大的中华优秀传统文化。《诗经·国风·秦风》中的"蒹葭苍苍，白露为霜"，《楚辞·九章·涉江》中的"与天地兮同寿，与日月兮同光"，《乐府诗集·敕勒歌》中的"天苍苍，野茫茫，风吹草低见牛羊"，宋词《如梦令·昨夜雨疏风骤》中的"知否？知否？应是绿肥红瘦"，元曲《牡丹亭》中的"良辰美景奈何天，赏心乐事谁家院"，明清小说《三国演义》中的"一壶浊酒喜相逢，古今多少事，都付笑谈中"等经典名句无不映射出璀璨的中华文化结晶。当今世界最长的说唱史诗《格萨尔王传》，最早产生于中国卫拉特蒙古部、17世纪成为说唱叙事史诗的《江格尔》，可用二十多种曲调演唱的《玛纳斯》，还有《梅葛》《祖源》《创世纪》《蝴蝶歌》《康定情歌》等文化遗产都体现出中华优秀传统文化的深厚底蕴。

中华优秀传统文化十分重视个体、个体与个体之间、个体与群体之间、群体与群体之间、群体与社会之间、群体与自然之间的规范与秩序构建。从"天

第三章　互联网时代传承弘扬中华优秀传统文化与铸牢中华民族共同体意识研究

行有常，不为尧存，不为桀亡。应之以治则吉，应之以乱则凶"到"知行合一"等都是中华优秀传统文化在塑造个人品格、群体意识、社会秩序等方面的高度概括。在信息技术迅猛发展的当下，这仍不失其重要的指导价值，也是中华优秀传统文化历久弥新、永不褪色的内涵基调。

弘扬中华优秀传统文化，"要坚持古为今用、以古鉴今，坚持有鉴别的对待、有扬弃的继承，而不能搞厚古薄今、以古非今，努力实现传统文化的创造性转化、创新性发展，使之与现实文化相融相通，共同服务以文化人的时代任务"。[①] 2019年暑期档上映的《哪吒之魔童降世》，就是从中华优秀传统文化中积极寻找灵感和素材，在神话与民间传说中发掘出能够做到创造性转化和创新性发展的闪光点和叙事主线。国产动画电影《大闹天宫》《九色鹿》《阿凡提的故事》《宝莲灯》《大圣归来》《白蛇：缘起》等，都是中华优秀传统文化向现实的回归，创作者们把中华优秀传统文化的要素融入文化产品中，运用现代的叙述手段和方式展现出了中华优秀传统文化的精髓。这样的文化产品在向中华优秀传统文化致敬，反映出中华民族共同体的时代精神与社会价值诉求，是提升中华优秀传统文化的号召力、影响力、感染力的有效途径。

（二）中华优秀传统文化是文化自信的坚实后盾

"文化自信，是更基础、更广泛、更深厚的自信，是更基本、更深沉、更持久的力量。坚定文化自信，是事关国运兴衰、事关文化安全、事关民族精神独立性的大问题。"[②] 中华优秀传统文化是我们文化自信的坚实后盾。中华优秀传统文化作为中华民族的突出优势和深厚软实力，积淀着中华民族深沉的精神追求，历久而弥新，在当今风云变幻的国际形势下显得尤为珍贵。中华优秀传统文化中的大同社会的理念、人与自然和谐相处的倡导、施行仁政的政治主张、修身齐家治国平天下的个人目标、以和为贵的处事风尚等都是我们文化建设中取之不尽用之不竭的活水源泉，是我们文化自信的重要依托。

中华优秀传统文化具备了包容、内敛、自修、开放、发展的特征，涉及宇宙运转、社会管理、世界大同、人文相处等诸多当今人类社会普遍存在的难题和挑战。面对纷繁复杂的国内外局势，毫无疑问，中华优秀传统文化为我们处理问题、解决纠纷提供了智慧启迪，是我们文化自信的坚实后盾。五千年悠久灿烂的中华文明是我们文化自信最厚重的底色，坚定文化自信，要认真汲取中

[①] 习近平：《习近平谈治国理政》（第二卷），外文出版社，2017年版，第313页。
[②] 习近平：《习近平谈治国理政》（第二卷），外文出版社，2017年版，第349页。

华优秀传统文化的思想精华，深入挖掘其时代价值，挺起中华民族共同体的"精神脊梁"。

三、弘扬中华优秀传统文化与铸牢中华民族共同体意识的关系

弘扬中华优秀传统文化，从中汲取中华民族大家庭共同奋斗、共谋发展的精神动力，从中感悟、领会、践行中华优秀传统文化的共有、共赏、共享、共传，从而铸牢中华民族共同体意识。

（一）中华优秀传统文化是中华民族共同体的智慧结晶

不能片面地把汉文化等同于中华文化，更不能狭隘地把本民族文化独立于中华文化。中华优秀传统文化是所有中华儿女的智慧结晶，包容了中华各族群的优秀文化，中华民族内部共同拥有、共同欣赏、共同传承中华优秀传统文化。例如，中华优秀传统文化中的"天人合一"思想就是中华民族共同体意识的构成之一。无论是在"家""族"层面，还是"国"的层面，中华民族对于尊重自然、顺应自然、保护自然都形成了共同认识和一致的行为准则。从"毋坏屋，毋填井，毋伐树木，毋动六畜"到"弃灰于道者被刑"都体现了中华优秀传统文化对保护自然环境和生态平衡的重视；从农耕文明的轮耕休种、草原文明的"年月的名称不同，牲畜的草场不同"到海洋文明的"鱼苗放大海"等都折射出中华民族的可持续性的生产方式。这种共有、共赏、共享、共传的中华文化使得中华民族历经千年而不散、久经考验而不断。

（二）中华优秀传统文化的共有、共赏、共享、共传，有利于铸牢中华民族共同体意识

"多元一体"的中华民族的优秀传统文化是由丰富多样的各族群文化与中华民族共同体的核心价值观构成的统一整体。承载了中华优秀传统文化的有形文化遗产按照是否可移动的标准，分为以下两类：超过76万处的不可移动文物，如故宫、悬空寺、福建土楼等古建筑，龙门石窟、云冈石窟等古石窟，良渚古城遗址、楼兰遗址等古遗址，西藏琼结县藏王陵、酒泉丁家闸魏晋墓等古墓；超过1亿件套的可移动文物，包括钱币、古籍、文书、陶器、瓷器等。[①]

[①] 中国人大网：《国务院关于文物工作和文物保护法实施情况的报告》，www. npc. gov. cn/npc/c30834/202108/33b43dc7a2ef4b2bb4e7753170c7d0cf. shtml。

这些是中华民族大家庭成员相互学习、相互借鉴、共同拥有、共同传承的成果。中华优秀传统文化除了共有、共赏、共享、共传有形文化遗产方面外,还拥有文学、音乐、舞蹈、戏剧、美术、医药等非物质文化遗产。火把节起源于彝族,后在白族、纳西族、拉祜族等群众中广为传播;泼水节也称"宋干节""浴佛节",是泰语民族最盛大的传统节日,也是中国第一批国家级非物质文化遗产。中华医药文化更是四方荟萃,苗药、藏药、维吾尔传统医药等早已融入其中,成为中华民族共同拥有、共同受益的宝藏。

一些饱含民族特色、反映民族精神和家国情怀的国家节日不仅保留了传统内涵,还被赋予了新的时代使命与特点,如清明节、中秋节。清明是我国最为古老的农事节气之一,同时也是取代寒食习俗的重要民俗节日,体现了中国传统社会中节气与节日相融合的内涵,展现了中国古人高超的自然时间观念与人文时间观念的融合。"清明真正体现中国天人合一的观念。清明节俗丰富,但归纳起来是两大节令礼俗传统:一是礼敬祖先慎终追远;二是亲近自然珍惜生命。这两大传统节俗主题在中国传承千年,至今不辍。"[①] 进入新时代,人们在清明节时,不仅要追忆祖辈,还要追思英烈、缅怀先贤,感恩革命先烈们浴血奋战、流血牺牲为我们换来今天的幸福生活。中秋节是中国非常重要的传统节日。中秋节的核心文化内涵是团圆。家人团圆才有幸福美满,各族人民大团圆才有祖国昌盛,中华儿女大团圆是全世界华人的共同宏愿,所以每到中秋佳节,人们对于"华夏九州同祝福,中秋两岸盼团圆"的美好期盼更为强烈。现在诸多传统节日已成为中华民族各族儿女敬畏自然、感恩社会、期盼团圆统一、爱国爱家的情感承载。

中华优秀传统文化凝结着中华各族儿女的思想智慧,与此同时,中华各族儿女又在共有、共赏、共享、共传中华优秀传统文化中铸牢中华民族共同体意识。因此,在我国这样一个多民族国家,只有始终用中华优秀传统文化来培育56个民族的人民群众对中华民族共同体的认同感和践行力,促进各族人民群众之间的互相认同、各族优秀文化的交融,国家才能长治久安,才能最大限度地凝聚民心,中华儿女才能团结一致,共圆中华民族伟大复兴的中国梦!

[①] 萧放:《为清明文化注入当代价值》,《人民日报》2019年4月5日。

第三节　传承与弘扬中华优秀传统文化的具体路径

推动中华优秀传统文化融入优良家风教育、优秀民俗文化教育和经典著作普及教育等国民教育中，同时推动中华优秀传统文化融入文化创造和道德建设，是传承与弘扬中华优秀传统文化的具体路径。

一、推动中华优秀传统文化融入国民教育

国民教育是弘扬与传承中华优秀传统文化必不可少的重要环节，是铸牢中华民族共同体意识的基础性途径。应当把中华优秀传统文化全方位融入国民教育的各个阶段中，尤其是义务教育阶段。要从娃娃抓起，从身边抓起，把小学教育、中学教育作为重点，在语文、历史、道德与法治等中小学课程教材中融入中华优秀传统文化，同时大力推动高等学校在通识教育模块中普遍开设中华优秀传统文化必修课。

（一）优良家风教育

中华大地上的优良家风是一个个家族的精神脊梁。每个家庭都有自己的家风，家风、民风与整个国家的风气总是相互影响和作用的，许多个家庭的优良家风凝聚而成的民风也促成了中国的主流社会风气以及中华民族共同体的价值观和精神状态。这些优良家风中都包含有立身处世、持家治国的规范准则，进而营造出了重视学习、重视读书的社会风气。荀子说："国将兴，必贵师而重傅。"扬雄说："师者，人之模范也。"朱熹说："读书无疑者，须教有疑；有疑者，却要无疑，到这里方是长进。"张廷玉父亲曾留联："读不尽架上古书，却要时时努力。"陶行知说："我们深信教育是国家万年根本大计。"这些都是劝诫我们要多读书、善于读书、诗书传家。山西省闻喜县裴柏村，是一个有着两千多年历史，宰相、将军辈出的村庄，起源于周秦，盛于隋唐，延续至今。"重教务学、崇文尚武、德业并举、廉洁自律"的家训是居于裴柏村的裴氏家族绵延兴旺的秘诀，裴氏后人均以读书为荣，以读书涵养纯正家风，以"仁义礼智信"为家学核心。

家风教育是中华民族共同体得以发展壮大和中华民族伟大复兴中国梦得以实现的核心基因单元之一。不论社会生产方式发生多大变化，不论社会生活条件发生多大变化，我们都要重视构成中华民族共同体的每一个家庭的建设，不

能因为现代化的生产条件和便捷智能的生活方式就放松甚至轻视家庭教育和优良家风教育。所谓"积善之家，必有余庆；积不善之家，必有余殃"，就是这个道理。中华民族历来都主张，没有国哪有家，家与国是一体的、同构的。这也体现在了中华优良家风教育的代表《颜氏家训》《郑板桥家书》《曾国藩家书》《傅雷家书》等之中。

家风教育影响家风形成、家族兴衰、个人成长，也影响民风、社会风气，甚至整个民族以及国家的命运走向。历史和现实一再告诉我们，良好的家庭教育、优良的家风传续，能在潜移默化中影响人们的价值观，进而生发并激荡成时代新风尚和历史大潮流，不断推动社会向前发展。中国载人航天事业的奠基人、两弹一星功勋奖章获得者钱学森先生在重重困难之下依然坚守报国之心，就与他从小受到的家风教育密不可分。钱学森先生的父亲钱均夫先生，是一位爱国人士，曾留学日本，怀揣着"兴教救国"的抱负，学成回国后出任浙江省省立第一中学的校长和政府部门其他教育要职。母亲章兰娟女士，为人纯朴善良、乐于助人。父母"崇文尚学、德才并重"的言传身教再加上深厚的家学、优良的家风，让钱学森先生从小便养成了勤学好问的习惯，立志做一个对社会、国家有用的人，树立起了"勤学报国"的信念。正是这种信念，让他义无反顾地返回祖国，不问待遇，艰苦钻研，投身于祖国的航天事业，在艰苦卓绝的条件下取得了无与伦比的成就，将"利在一身勿谋也，利在天下者必谋之"的钱氏家训发扬光大。

家风的"家"，是家庭的"家"，也是国家的"家"。以优良家风家教弘扬社会主义核心价值观已成为我国开展社会主义精神文明建设的重要途径。把优良家风教育融入国民教育，尤其是义务教育中，能更有效地让学生明确努力学习，学成后为祖国的建设与发展贡献自身力量的人生价值。传承弘扬千万个好家风，能为实现中华民族伟大复兴的中国梦提供重要精神力量。

（二）优秀民俗文化教育

民俗，顾名思义即民间习俗。积极健康的民俗是中华优秀传统文化的一个重要组成部分，具有在一定区域内代代相传的特征，并且其传承的核心内容具有稳定性和规范性。当然，随着时代的发展，民俗中的部分内容也会进行适当的调整以适应社会不同发展阶段和特定地域的特殊要求。民俗文化是现实与历史联系的桥梁之一，是现代生产与农耕文明、游牧文明发生关联的纽带之一，是法治社会与传统道德结合的形式之一。优秀民俗文化中蕴含着丰富的中华优秀传统文化的内核。民俗文化教育可以帮助生活于现代的中华儿女丰富自然地理知识、产业知识、历史知识、文化衍生与变迁认知等，扩展生活思维，更新常识观念，对中华民族几千年形成的民俗产生亲切感，全方位理智地观察社会，体味民俗精彩，了解中华文化的博大精深。

以代表性民俗二十四节气为例。二十四节气是中国古人确立的指导农业生产的历法，已延续两千多年，是根据地球在黄道（地球绕太阳公转的轨道）上的位置变化而制定的。由于地球绕太阳一圈需要 365 天，所以每隔大约 15 天才有一个节气，每个节气背后不是简单的时间推进，而是表征着气候、物候等对农业生产具有的明显指示效应。春播、夏长、秋收、冬藏都要按照二十四节气来进行。2006 年，二十四节气被列入第一批国家级非物质文化遗产名录。与二十四节气有关的民俗更是不胜枚举。例如，在立春这天，有打春牛、吃春饼、咬萝卜等习俗；在雨水这天，很多地方有一项寓意风趣的民间活动，叫"拉保保"，也就是为小孩子找干爹，取"雨露滋润易生长"之意；在清明这一节气，会进行祭祀祖先、踏青赏春、植树种草等传统活动；还有"立夏秤人""小满前后安瓜点豆""寒露霜降，胡豆豌豆在坡上""冬至不端饺子碗，冻掉耳朵没人管"的俗语。

民俗文化体现为在日常生产、居住、饮食、衣着、婚丧、节庆、典仪等方面所表现出来的大家公认的喜好、风气与禁忌。作为中华文化构成之一的优秀民俗也是中华大地上各个族群的智慧结晶，是广大中华儿女共同创造、相沿成习、历史悠久的文化现象。所谓"千里不同风、百里不同俗"，了解不同地域和族群的民俗是中华民族各族儿女加强中华民族内部情感交流的主要方式，是相互了解、相互认同、相互体谅、相互融合的途径之一。在中华民族的形成过程中，56 个民族的民俗文化共同构成了中华民族共同体的民俗文化。作为一个民族大家庭的共同心理文化，中华民族共同体的民俗文化形成后，也得以固化、传承。所以，中华民族共同体的民俗文化是需要各族儿女一起遵循的软性的规范，虽然不像宪法和法律那般具有强制性，却在无形中影响着中华文化的走向。

民俗文化世代相袭，与生活紧密相连，具有细雨润物的功能，在中华传统文化和社会伦理道德的凝结进程中起着无可替代的作用。[①] 健康有益的民俗文化教育对中华民族共同体意识的培养和铸牢能发挥潜移默化的作用。民俗文化教育就是要对具有代表性的健康有益的民间风俗文化进行宣传，可以在重要节

[①] 唐鹏：《民风民俗与当代青少年的养成教育》，《广西民族学院学报》（哲学社会科学版）1995 年第 S1 期。

气和节日，有针对性地在博物馆、学校、社区、旅游景区等地，开展情景式公益宣传教育活动。例如，在端午节、中秋节等传统节日中，组织赛龙舟、包粽子、剪窗花、品月饼、赏月、画扇、投壶等民俗活动，让大家更多了解民俗的来历与文化知识，从而增进对中华优秀传统文化的认同。

（三）经典著作普及教育

经典著作一般是指意蕴深厚、传播广泛、影响深远的人文作品，包括著述论说、史诗传说、诗歌小说等。中华优秀传统文化经典著作主要指在我国流传已久的，影响范围极大的，在文化传承、思想引领、道德建设、行为规范等各方面都具有典型示范性、公众认可性的权威的体现中华优秀传统文化的文献典籍，是中华优秀传统文化的精髓和文本依据，也是中国特色社会主义核心价值观的重要思想来源，具有重要的导向、育人和教化功能。

中华优秀传统文化经典著作注重阐释天行有常、德政亲民、修齐治平等，不仅包含了经史子集，还有《突厥语大词典》和《福乐智慧》等词典和哲思；不仅有《封神演义》，还有《格萨尔王传》《江格尔》《玛纳斯》《阿细的先基》等中国史诗；不仅有四大名著，还有《蒙古秘史》和《青史演义》等长篇巨著；不仅有唐诗宋词，还有《敕勒歌》《阿诗玛》和《木兰词·拟古决绝词柬友》等诗歌名篇。从文体来看，中华优秀传统文化经典著作囊括了《诗经》等先秦诗歌，《离骚》《汉乐府》等辞赋，《论语》《淮南子》等论说语录，《左传》《史记》《资治通鉴》等历史专录，晏子、李斯、王安石、辛弃疾、完颜素兰等名臣的奏疏奏议，《汉郃阳令曹全碑》《鲁郡太守张府君清颂碑》《会圣官碑》《范仲淹神道碑》等碑志，等等。中华优秀传统文化经典著作涉及范围广泛，有政治治理方面的《左传》《纲鉴易知录》等，艺术哲学领域的《道德经》《牡丹亭》等，生产技艺方面的《氾胜之书》《齐民要术》等，医药健康领域的《本草纲目》《伤寒杂病论》等，军事方面的《孙子兵法》等。

开展中华优秀传统文化经典著作普及教育，是国民教育的重要内容，第一方面肯定了中国古典人文教育的重要价值，第二方面肯定了通识教育的传统传承功能，第三方面为中华儿女了解中华民族的历史、培养健全的人格、关怀社会提供有效路径。中华优秀传统文化经典著作普及教育可从社会、学校、家庭等路径着手开展。在社会舆论引导、社会实践研修、社区主题宣传、校园文化建设、亲子伴读等方面都可引入中华优秀传统文化经典著作。中华优秀传统文化经典著作普及教育是一项长期工程，需要提前制定普及教育方案，广泛动员，由浅入深、由易到难地分阶段、分步骤开展。还可以利用线上线下、传统创新等多种形式,全方位推动中华优秀传统文化经典著作普及教育的深入开展。

二、推动中华优秀传统文化融入文化创造

文化创造是在特定的社会文化背景中,生产出具有文明价值的文化作品,主动积极推进文化发展的人类活动。具体来说,文化创造的成果包括但不局限于小说、诗歌等文学作品,电影、电视、纪录片等影视作品,天文历法、数理演算等科学发现,手工技艺、工具等发明创造。推动中华优秀传统文化融入文化创造,在与国外文化交流的过程中,在适应国内社会实践变化的过程中,把中华优秀传统文化发扬光大。

(一)中华优秀传统文化融入文化创造的意义

将中华优秀传统文化融入文化创造中,能够为文化创造提供更为丰富的资源,引起更多的共鸣,促进中华优秀传统文化焕发生机,推进中华文化的繁荣发展与社会主义文化创新。2016年11月30日,习近平总书记在中国文学艺术界联合会第十次全国代表大会、中国作家协会第九次全国代表大会上发表重要讲话时强调:"我们要坚持不忘本来、吸收外来、面向未来,在继承中转化,在学习中超越,创作更多体现中华文化精髓、反映中国人审美追求、传播当代中国价值观念、又符合世界进步潮流的优秀作品,让我国文艺以鲜明的中国特色、中国风格、中国气派屹立于世。"[①]

传统文化有精华与糟粕之分。中华传统文化中与时代发展要求和人民群众精神文化需求不相适应的是糟粕,应予以摒弃;符合社会主义核心价值观的部分,才是我们需要在文化创造中批判性地继承和发扬的。另外,还要理性地处理东西方文化在交流、碰撞中的融合问题。建设社会主义文化强国,需要借鉴中华优秀传统文化的精华和其他文明的先进有益成果。在"互联网+"背景下,我们要充分运用网络科技提供的便利,沿着时代前进的方向不断推进我国的文化发展,努力锻造中华文化的新辉煌,使中华文化永葆生机。

(二)中华优秀传统文化融入文化创造的现状

2011年6月1日起施行的《中华人民共和国非物质文化遗产法》和2017年1月中共中央办公厅、国务院办公厅印发的《关于实施中华优秀传统文化传

[①] 习近平:《习近平谈治国理政》(第二卷),外文出版社,2017年版,第352页。

承发展工程的意见》等法律和行政性规定为中华优秀传统文化的创造性转化与创新性发展提供了制度支撑和政策支持。纪录片《舌尖上的中国》《航拍中国》《我在故宫修文物》等，互动类节目《中国诗词大会》《经典咏流传》等，电影《霸王别姬》《百鸟朝凤》《哪吒之魔童降世》等，精彩再现曹植名篇《洛神赋》的水下飞天舞蹈《洛神水赋》等一大批弘扬中华优秀传统文化的原创节目，受到了广大人民群众的一致好评。

改革开放以来，以中华优秀传统文化为题材的电影、电视剧在我国文化市场上的供给总量不断增大，从20世纪80年代的《红楼梦》《西游记》，到20世纪90年代的《三国演义》《大话西游》，再到2000年以来的《琅琊榜》《赵氏孤儿》《画皮》等佳片良剧，在一定程度上满足了人民群众的精神文化生活需要。然而，高产量的背后不一定是高质量。有一段时间，电视剧产业脱缰发展，行业乱象频频出现：有的主演开出高价，导致影视作品制作的经费紧张、捉襟见肘；有的制作团队在剧本创作上抄袭模仿、粗制滥造，致使神剧、雷剧频出；等等。

值得欣慰的是，近年来文化行业的自治水平在不断提高，不良风气得到了有效遏制；逐渐找到了文化事业在社会公益性、价值引领性和经济效益性的平衡。放眼全国，类似故宫博物院这样能够依靠优秀传统文化进行创意产品设计，实现经济效益与社会效益双丰收的创造主体越来越多。"2017年故宫文创产品收入达15亿元……作为首个推出文创蛋糕的博物馆，广东省博物馆2018年文创收入达1941万元，相比2017年的1330万元，增幅明显……截至2017年，敦煌研究院全年文创产品销售额1708.3万元。"[①] 数据显示，"2018年，我国文化产品贸易结构不断优化；文化产品出口总额925.3亿美元，进口总额98.5亿美元，顺差826.8亿美元，规模较去年同期扩大4.3%。其中，中华传统文化内涵较为丰富的工艺美术品及收藏品、出版物出口增幅较高，较去年分别增长9.9%与5.9%。"[②]

（三）中华优秀传统文化融入文化创造的展望

把中华优秀传统文化融入新时代文化创造和文化产业，不仅是对我国经济实力的考量，是对传承中华优秀传统文化价值的考量，亦是参与文化市场国际

[①] 吴铎思：《文创产品怎么就火了？》，http://culture.people.com.cn/n1/2019/0227/c1013-30904686.html。

[②] 于帆：《2018年我国对外文化贸易实现快速增长》，《中国文化报》2019年3月17日。

竞争的考量。近年来，我国文化产品的竞争力大幅提升，文化产品进出口连续多年保持顺差，但体现中华优秀传统文化要素的文化产品在国际上的影响力还远不及欧美日韩，与我国建设中国特色社会主义文化强国的目标还有差距。因此，如何在保持数量增长的同时提升产品质量，已成为我国文化产业进一步发展壮大的现实问题。

我们要重视保护传统文化，重视中华优秀传统文化融入小说、诗歌、歌曲创作和电影、电视节目制作，融入出版、舞台演出等文化创造，重视对传统文化的创造性转化与创新性发展，就必须大力支持和鼓励文创产品的开发和创新。文创产品不同于普通的工业化商品，能充分体现中华优秀传统文化的精髓。比如，青铜面具造型的冰淇淋、笔墨套装上的"秋兴八景图"、丝巾上绣的"瑞鹤图"、肩带配的"藻井纹饰"等创意，把博物馆中的珍藏文物的文化价值体现在产品创作与推广中，真正做到了让高雅文化"飞入寻常百姓家"。这样既满足了公众对于传统文化的延伸需求，又向公众传递了一种弘扬中华优秀传统文化的价值观念。通过进一步推进中华优秀传统文化融入文化创造，文化遗产的生命力、影响力、传播力和影响力才会得到增强。

三、推动中华优秀传统文化融入道德建设

道德"今指一种社会意识形态，是人类社会在共同生活中形成的对社会成员起约束和团结作用的准则"。[①] 由于我国经济飞速发展、社会迅速变革，道德规范空白、滞后甚至不符合社会主义核心价值观的情况时有发生。中华优秀传统文化可以为新时代道德建设提供思想理论、观念认知、实践行为等方面的素材、指导和借鉴。2019年10月，中共中央、国务院印发《新时代公民道德建设实施纲要》。党的十九大报告也要求加强思想道德建设并明确指出："积极倡导富强民主文明和谐、自由平等公正法治、爱国敬业诚信友善，全面推进社会公德、职业道德、家庭美德、个人品德建设，持续强化教育引导、实践养成、制度保障，不断提升公民道德素质。"[②] 这些均能在中华优秀传统文化中找到丰富多样的支撑材料、意蕴深刻的著述论说和未曾中断的历史传承。

（一）开展理想信念教育，弘扬民族精神

我们应以马克思主义为指导，汲取中华优秀传统文化精华，弘扬中华民族

---

① 何九盈，王宁，董琨：《辞源》（下册），第3版，商务印书馆，2015年版，第4047页。
② 中共中央党史和文献研究院：《十九大以来重要文献选编》（中），中央文献出版社，2021年版，第227页。

精神，铸牢中华民族共同体意识，坚持理想信念教育的正确方向。中华优秀传统文化中有大量关于理想信念的理论阐述和实证方法，以这些为素材开展理想信念教育，能够为新时代加强公民道德建设起到推动作用。

学习中华优秀传统文化，不仅可以更好地弘扬中华民族勤劳勇敢、自强不息、厚德载物的伟大精神，还能对新时代加强道德建设提供文化支撑。源远流长、博大精深的中华文化，影响了中华民族的道德养成和道德建设，亦对中华民族共同体意识的形成和发展起到了极其重要的作用。先秦时期，屈原所做《离骚》中抒发的"路漫漫其修远兮，吾将上下而求索"的追求真理的理想信念；魏晋时期，曹操在《龟虽寿》中阐释的"老骥伏枥，志在千里"的壮心不已的信心追求；盛唐时期，李白在《行路难》中展现出的"长风破浪会有时，直挂云帆济沧海"的自强不息的信念支撑；诗圣杜甫在《望岳》中所感悟的"会当凌绝顶，一览众山小"的满怀豪情；宋朝李纲在《病牛》中由衷希望的"但得众生皆得饱，不辞羸病卧残阳"的天下大治的理想；南宋文天祥在《过零丁洋》中写下的"人生自古谁无死？留取丹心照汗青"的自我信念；明代于谦在《咏煤炭》里祈祷的"但愿苍生俱饱暖，不辞辛苦出山林"的百姓生活安康的理想；清代龚自珍在《己亥杂诗》中发出的"落红不是无情物，化作春泥更护花"的民本理念；清代林则徐在《赴戍登程口占示家人》中抒发的"苟利国家生死以，岂因祸福避趋之？"的爱国情怀；近代秋瑾在《对酒》中表达的"一腔热血勤珍重，洒去犹能化碧涛"的爱国主义信念；鲁迅在《自题小像》中生发的"寄意寒星荃不察，我以我血荐轩辕"的忧国情怀；毛泽东在《沁园春·雪》中豪迈指出的"俱往矣，数风流人物，还看今朝"的人民情怀与理想……这些凝结了中华优秀传统文化的理想信念，不仅是中华文化底蕴深厚的明证，也是每一个中国人的理想信念之本、道德建设之本。

以中华优秀传统文化中忧国忧民的爱国思想、清正廉明的为政之德推动社会主义道德建设，需要对中华优秀传统文化进行创造性转化与创新性发展。要继承、转化、弘扬中华传统文化中的高尚道德精神，将传统文化中"讲仁爱、重民本、守诚信、崇正义、尚和合、求大同"等思想精华和儒、佛、道、法、墨、杂等学说流派思想中的道德传统贯穿于社会主义道德建设之中，成为培育社会主义核心价值观的重要源泉。

（二）将中华优秀传统文化融入道德建设工程

道德建设工程涵盖了社会公德建设、职业道德建设、家庭美德建设和个人品德建设等。近年来，随着我国经济的高速发展，人们的物质生活条件被极大改善，但同时人们的传统道德观念也受了西方文化和价值观的冲击和影响，社会上出现了一些不容忽视的道德滑坡、道德缺失甚至道德败坏等现象。只有把中华优秀传统文化注入社会公德建设、职业道德建设、家庭美德建设和个人品德建设中去，中华民族共同体才会在社会主义道德的指引下越来越具有凝聚力和号召力。

1. 社会公德建设

社会公德是社会主体在对外交往中应该遵守的公共生活的基本准则，是社会群体共同认可的行为规范。新时代公民的社会公德主要有文明礼貌、助人为乐、爱护公物、保护环境、遵纪守法等。这些内容都能在中华优秀传统文化中找到渊源。例如，明代范立本在《明心宝鉴》中辑录了关于善恶的态度，"见善如渴，闻恶如聋。为善最乐，道理最大"；《论语·颜渊篇》中记录了处理与他人关系的基本出发点，"己所不欲，勿施于人"；《论语·季氏篇》中记载了如何对待善恶，"见善如不及，见不善如探汤。吾见其人矣，吾闻其语矣"；《孟子·尽心章句上》中描绘出"穷则独善其身，达则兼济天下"的公德之心；《三国志·蜀书·先主传》中记录了"勿以恶小而为之，勿以善小而不为"的维护社会公序良俗的做法。一直以来，我们都推崇"君子坦荡荡，小人长戚戚""故君子莫大乎与人为善"等善行标准，鄙视宵小之徒的不务正业、不知稼穑，嘲讽了"塞上纵归他日马，城东不斗少年鸡""稼穑艰难总不知，五帝三皇是何物""花下一禾生，去之为恶草"等不良风气。古人多以善恶是非来进行道德评价与判断，虽然积极向上的古人之言大部分是一些"粗线条"的价值引导，却通过一个个鲜活的个案例证在广大中华儿女心中确立了社会行为准则与道德标准。因此，当今社会中，我们仍然需要大力弘扬中华优秀传统文化中的善行精神和做法，引导激励新时代的社会公德建设，批判当下存在的不文明现象，让自私自利、损坏公物、破坏环境、违法乱纪等行为成为被社会大众所不齿和唾弃的对象。

2. 职业道德建设

中华优秀传统文化非常注重道德感化，崇尚先进典型，有非常多关于师德、医德和官德等的论述。这些关于职业道德的内容不仅丰富和发展了中华优秀传统文化，还使得中华文化中的道德规范有了更深刻的内涵和更宽泛的外延。

（1）师德

万世师表孔子，是师德方面的楷模。他非常重视言传身教，以身作则，提倡因材施教、教育不分阶层等流传千年的教学理念。《论语·子路篇》中提出"其身正，不令而行；其身不正，虽令不从……不能正其身，如正人何？"，《论语·述而篇》记载了"默而识之，学而不厌，诲人不倦，何有于我哉？"，《论语·述而篇》还有孔子关于互相学习的教诲，"三人行，必有我师焉。择其善者而从之，其不善者而改之"。就算是孔子这样一位开创了私学先河的伟大思想家、教育家，也倡导谦虚地向他人请教、扬长避短，更何况在当今信息爆炸的社会，知识更新速度加快、专业细分趋势明显，有更多的知识需要向他人学习。韩愈在《师说》中也谈道："师者，所以传道受业解惑也……弟子不必不如师，师不必贤于弟子，闻道有先后，术业有专攻，如是而已。"

（2）医德

中国传统医德是产生于中国古代社会的一种职业道德，规范了医家在行医实践活动中应遵循的行为准则。中国传统医学鼻祖扁鹊提出了"六不治"。《鹖冠子·卷下·世贤第十六》记载了扁鹊谦虚自省的职业道德："长兄于病视神，未有形而除之，故名不出于家。中兄治病，其在毫毛，故名不出于闾。若扁鹊者，镵血脉，投毒药，副肌肤间，而名出闻于诸侯。"这亦是对治未病精究方术的体现。《黄帝内经》指出"天覆地载，万物悉备，莫贵于人"，还设立了"疏五过""征四失"告诫医者要尊重生命、德术双馨。《黄帝内经》中提出"上医治未病，中医治欲病，下医治已病"的医者作风。东汉时期的张仲景在《伤寒杂病论》中论及"余每览越人入虢之诊，望齐侯之色，未尝不慨然叹其才秀也"，主张"上以疗君亲之疾，下以救贫贱之厄"，批判那些"但竞逐荣势，企踵权豪，孜孜汲汲，惟名利是务"的势利之徒。唐代孙思邈在《千金要方》中强调指出，"人命至重，有贵千金，一方济之，德逾于此"，看病救人要"战战兢兢，如临深渊，如履薄冰"。北宋的《本草衍义》以"用药如用刑""用药如用兵"来提醒医家必须谨慎用药。明代李时珍用时三十余年，汲取先贤著作精华，纠偏前人不足，完成中华医药巨著《本草纲目》，并本着医学精神，担着冒犯统治阶级的风险，列举服食丹砂、水银等物的危害。这就体现了李时珍大医精诚的高尚医德和躬亲实践的求真精神。清代《医学集成》要求："医之为道，非精不能明其理，非博不能至其约。"这些都是中华优秀传统文化对于医者仁心、仁术的要求。

（3）官德

影响中国士大夫几千年的儒学非常重视以德修身、为政以德，把德行作为为官之道的根本，认为立德是立身做人之本，官德是为官从政之基，并把"克己复礼""为政以德，譬如北辰，居其所而众星拱之""不患位之不尊，而患德之不崇；不耻禄之不伙，而耻智之不博""修身，齐家，治国，平天下"等作为判断官德人品的价值标准。这是中华传统文化对官德要求的精髓，至今仍具有时代意义和不朽价值。

中国共产党有9000多万党员，是世界第一大执政党，在拥有14亿人口的中国领导社会主义建设，全面从严治党是党的建设的关键。执政的长期性伴随考验的复杂性，全体党员特别是党员干部需要认真学习中华优秀传统文化，从中汲取正面有益的文化精髓，为自身工作提供能量源泉，升华自身的思想境界，从而做到信念过硬、政治过硬、责任过硬、能力过硬、作风过硬。例如，《礼记·缁衣》记载："下之事上也，不从其所令，从其所行。上好是物，下必有甚者矣。故上之所好恶，不可不慎也，是民之表也。"党员干部要把德以修身作为职业道德建设的首要出发点，强调做官必须先做人、做人必须先立德，坚定德乃为官之本、为官须先修德的信念，就如《论语·颜渊》中所指出的"君子之德风，小人之德草，草上之风，必偃"。作为执政党的党员干部，要弘扬中华优秀传统文化的"德政"思想，如唐代吴兢在《贞观政要》里提出的"理国要道在于公平正直"，宋代包拯在《致君》中号召的"法令既行，纪律自正，则无不治之国，无不化之民"，清代顾炎武在《与公肃甥书》中呼吁的"诚欲正朝廷以正百官，当以激浊扬清为第一要义"。新时代党员干部的职业道德建设需要增强自己的事业心和责任感，执法严明、不畏权贵、除恶扬善、扶正祛邪、弘扬正气。

3. 家庭美德建设和个人品德建设

家庭是社会的细胞，家庭中的每个人是社会稳定和发展的最小因子，个人品行修养、道德建设则关系着家庭生活、社会生产、社会治理等多方面。所以，中华优秀传统文化中的忠恕之道、仁爱之心等均要求从家庭内部做起，在家族成员中践行。在做到了"父慈子孝，兄友弟恭"以后，个体还应该关心和爱护家庭成员以外的人，"推己及人""不独亲其亲，不独子其子""老吾老以及人之老，幼吾幼以及人之幼"。家庭美德和个人品德是提高社会精神境界、促进人的自我完善、推动人的全面发展的内在动力。家庭美德和个人道德的培养有利于提高社会公德，一个个美满家庭教育出来的个体才会自觉遵守社会公共秩序，维护人民群众的共同利益。在一个大多数人都自觉维护公序良俗的社会，人与人、人与社会、人与自然的关系才会和谐稳定。中华优秀传统文化极其重视个人道德修养的完善。从"吾日三省吾身"到"大学之道，在明明德"，从仁义礼智信到温良恭俭让的行为准则，从"道之以德，齐之以礼"到"志于道，据于德，依于仁，游于艺"，以及仁爱友善、重义轻利、诚实守信等价值观念，都是中华文化重视道德品行的有力说明。

（三）深化群众性精神文明创建活动

群众性精神文明创建活动应重视通过实践来达成精神文明的目标，应重视中华优秀传统文化的引导作用，把中华优秀传统文化有机融入社会主义道德建设之中，强化文明养成。优秀传统文化是中华民族凝心聚力的精神纽带。例如，一些地区以"二十四节气"中的立春、夏至、立秋、冬至等重要节气为契机，开展关于自然运行规律与农业生产、自我保健的群众性精神文明创建活动；利用春节、那达慕、藏历新年、泼水节、清明、端午、火把节、古尔邦节、中秋、重阳等重要传统节日，开展形式多样、积极健康的群众性民俗文化活动。将中华传统文化元素融入社会实践活动，可以在潜移默化当中以文化人、以德树人。

传统文化落地生根最终要依靠人民群众的自我认知和内心认同，群众性精神文明创建活动是通过群体行为把优秀传统内化为个体思想的活动，传统文化与群众性精神文明创建活动相辅相成。中华优秀传统文化在群众性精神文明创建活动当中得到传播，赋予人民群众思想道德建设的内涵和方向。我们要广泛组织未成年人、青年人、老年人等不同群体，在学校、博物馆、企业、社区等不同单位，结合各地域的实际情况，深化群众性精神文明创建活动，营造良好的道德文化氛围。我们要大力搭建群众便于参与、乐于参与的精神文明建设平台，动员群众来进行评议，运用群众身边的鲜活事例，让群众知晓细节、便于评比、易于学习，使群众性精神文明创建活动中的中华优秀传统文化弘扬工作更具亲和力、吸引力。例如，现在基层社区广泛开展的"孝顺儿媳""和睦家庭"等群众性精神文明创建活动，一般在春节这个阖家团圆的节日开展，一方面弘扬了中华民族敬老爱老、爱家睦邻的传统美德，另一方面又宣传了这一精神文明主题。我们还需要借助媒体的力量，在报纸期刊、电视广播、新媒体平台等渠道进行群众性精神文明创建活动与中华传统文化的融合传播。通过开设群众性精神文明建设教育专栏，大力宣传新时代中弘扬中华优秀传统文化的先进典型，宣传新时代中华儿女践行传统美德的先进事迹，宣传各地各部门开展传统文化普及教育的好经验、好做法。

第四节　互联网时代铸牢中华民族共同体意识面临的机遇与挑战

互联网正在迅速改变着社会的生产生活方式，中华大地已全面进入互联网时代。中国互联网大会权威发布的第 50 次《中国互联网络发展状况统计报告》显示，截至 2022 年 6 月，我国网民规模为 10.51 亿，互联网普及率达 74.4%；在信息基础设施建设方面，截至 2022 年 6 月，我国千兆光网具备覆盖超过 4 亿户家庭的能力，已累计建成开通 5G 基站 185.4 万个；网民使用手机上网的比例达 99.6%，使用台式电脑、笔记本电脑、电视和平板电脑上网的比例分别为 33.3%、32.6%、26.7% 和 27.6%。[①] 数量众多的网民、网站、网页，为新时代铸牢中华民族共同体意识带来前所未有的机遇与挑战。

一、互联网时代铸牢中华民族共同体意识面临的机遇

互联网作为信息技术革命的成果，带来了信息生产方式和信息传播方式的巨大变革。运用互联网传播能极大丰富铸牢中华民族共同体意识的信息内容，能有效拓宽铸牢中华民族共同体意识的沟通渠道，便于提升铸牢中华民族共同体意识的实效性。

（一）运用互联网传播能极大丰富铸牢中华民族共同体意识的信息内容

中华民族共同体意识是中华民族精神的核心载体，是维系中华民族团结统一、发展壮大的精神纽带。互联网作为全球最大的信息资源库，有着丰富的内容资源。随着互联网的发展普及，中华民族共同体意识的内容也在网络上有了大量的表现形式。例如，祖国从南到北、由西向东的壮美河山的图片、视频，各族儿女共同维护祖国领土、心系中华的不朽传奇材料，历朝历代为传承中华文化而呕心沥血的文人墨客的影像资料，在中华民族危难之际顽强抗争的民族英雄的英勇事迹，等等。过去，囿于传统宣传方式的单一性，人民群众多接触到的是广播、电视、图书、报刊、展板、宣传栏、课堂、讲座等渠道传播的一

[①] 中国互联网络信息中心：《第 50 次〈中国互联网络发展状况统计报告〉发布》，http://www.taiwan.cn/xwzx/PoliticsNews/202208/t20220831_12466339.htm。

次性信息内容，无法实现在很长一段时间内对丰富信息内容的自由观看。在互联网时代，人们共享在线信息资源，能极大丰富铸牢中华民族共同体意识的信息内容，为铸牢民众中华民族共同体意识提供良机。

（二）运用互联网传播能有效拓宽铸牢中华民族共同体意识的沟通渠道

互联网为铸牢中华民族共同体意识提供了另外一个更宽广的平台，使得承载着中华民族共同体意识的信息内容可以传播得更广、更快。而且，互联网这种媒介增强了信息接收方的参与主动性，突出了信息发布方与信息接收方、信息接收方之间平等的交流互动体验，能有效拓宽铸牢中华民族共同体意识的沟通渠道。再加上网络的覆盖面大幅增加，使得民众可以从网络获取大量信息。例如，一篇微信推文能够在短短的一两天时间内获得十万以上的阅读量；在微信公众号中，信息接收方可以在消息源下方留言，信息发布方可以就留言进行回复，信息接收方之间也可以进行留言交流。由于网络时代的交流互动大都以匿名形式进行，这种交互隐匿性有助于网民把自己真实的想法快速、直接地表达出来。在自媒体平台中发布的一些关于中华民族共同体的文章、音频、视频、Flash动画等，能够得到大量网民的关注和留言。互联网传播，有助于信息发布方准确地把握目标群体的思想情感需求和关心的热点问题，进而加强信息互动；有助于人们转换角色，即从传统的单方面被动式接收者转变为双向或多向平等交流者。

（三）运用互联网传播便于提升铸牢中华民族共同体意识的实效性

选择网络平台发布相关信息可以使得信息的覆盖面在较短时间内得以最大限度的扩展。目前，"两微一端"等新兴自媒体平台已具备了及时宣传中华民族共同体意识的媒介实力和技术支撑，加之，我国庞大的移动端用户基数，便于提升铸牢中华民族共同体意识的实效性。运用这些网络平台，通过突出中华民族共同体意识教育的重点，及时更新相关内容，发挥网络平台的信息聚合功能，能让中华民族共同体意识在"有图有真相"、形式俱全的全媒体环境中潜移默化地影响人们的认知和价值选择。互联网突破了传统意义上的意识引导主要依靠课堂讲解、讲座、报告会、演讲比赛、座谈会，或橱窗、专栏展示等形式的局限，更能把显性的日常生活与隐性的思想政治教育结合起来。互联网这种开放性、共享性、超越时空性的铸牢中华民族共同体意识的平台能够更高效地起到凝心聚力的作用,能够直接形成上下互动的效果,增强了实效性。

二、互联网时代铸牢中华民族共同体意识面临的挑战

机遇与挑战并存,与互联网的便捷高效与实效性强的优势相伴而来的是互联网信息泛滥、杂乱无章、鱼龙混杂的弊端。互联网时代给铸牢中华民族共同体意识带来机遇的同时,也带来了挑战,主要有以下三点:

(一) 互联网上传播的海量信息内容易形成多元价值观念冲突

互联网时代,数字技术可以把任何信息载体(文字、图案、视频、语音等)转换成数字符号,从点到面,从一个端口发出,到地球村的无数个终端,只需要几秒的时间。故而互联网上充斥着各种形式、数量庞大的信息内容,包括文化思潮、价值观念等。过多的异质信息涌现,沉渣泛起,使得民众较从前更难于做出正确的信息选择,容易产生思想混乱,甚至导致行为取向无政府化、国家主权意识淡化。

一个国家内的民众基于共同的价值观念进行生产生活,在生产生活中又基于一定的血缘、姻缘、地缘、物缘等进行交流交往交融,从而产生亲情、友情、爱情、乡情、爱国之情。互联网的迅速普及打破了地域、民族、国别的界限,人们在互联网的虚拟社会里交往与生活,过多感受着多元价值观念的碰撞,可能会陷入文化意识、国家主权意识、中华民族共同体意识逐渐淡薄的危险中。

(二) 互联网上充斥的各种西方社会思潮会带来意识形态西化危险

"互联网从美国起源,全球互联网核心基础设施大多在美国,各种核心技术的主要供应商是美国企业,美国还有最大的网络情报机构、全球首支大规模成建制的网军。"[①] 所以,互联网从产生到成熟,一直是西方国家主导操作的。西方国家一直以来把网络及其衍生品作为其意识形态输出的主要工具,并且运用得得心应手。互联网中充斥着大量西方媒体对第三世界尤其是对其政治制度的不实报道,处处彰显西方的价值优越感。以美国为首的西方国家借助互联网信息传播的强大功能,将西方的价值主张、意识形态对我国广大人民群众进行灌输。这些西方的意识形态(包括西方的无政府主义、历史虚无主义、新自由

---

① 新华社评论员:《煽起"网络恐中"别有用心》,《人民日报》2018年10月15日。

主义、功利主义、个人主义等错误、腐朽的社会思潮）很容易导致人民群众政治意识和国家意识的淡薄，潜藏着意识形态西化的危险，如不对其实质进行深刻揭露并引导广大人民群众对其进行正确辨识，长此以往将会导致许多国民中华民族认同感的弱化。

（三）互联网存在信息安全风险

互联网时代的信息安全挑战主要来自硬件技术和内容失实两个方面。

硬件技术的挑战主要是关于中华民族共同体意识的门户网站、"两微一端"等的信息管理和控制问题。由于互联网上的内容越来越依赖数字技术进行存储、加密、传输与利用，互联网信息系统的故障或设计的漏洞将会直接导致核心内容的丢失、篡改或泄漏。建立在虚拟的二进制之上的网络时代是十分敏感脆弱的，大量的网络黑客运用共享的网络技术，寻找计算机系统和互联网信息交换的软肋，非法截取或篡改数字信息，破坏系统的正常运作，甚至使得整个系统崩溃。

内容失实的挑战主要体现在，网络上的一些内容没有经过审核就直接发布出来，部分自媒体的一些网络失实信息不利于铸牢中华民族共同体意识。现在，由于自媒体的大量普及，再加上网络交互的匿名特征，每个人都可以成为信息的发布者，其可信度却不能完全保障。更有甚者，还利用民众的同情心，操纵网络舆论走向，误导广大民众。部分网络内容的发布与审核可能存在不同步的情况，这样的延时可能会使得不实消息在很短的时间内就已经在较大的范围内传播；再加上有的网站、自媒体的商业化运营，可能会使得涉及色情、欺诈、迷信、暴力等不道德行为甚至犯罪行为的内容在互联网上隐秘传播，大大削弱了民众的是非观念。

毫无疑问，硬件技术的软肋和信息失真或虚假信息必然会给中华民族共同体意识的构筑带来不利影响。

第五节 互联网时代铸牢中华民族共同体意识的路径

互联网技术的飞速发展丰富了传媒的表现形态，抢占了如报纸、期刊、电视、广播等传统媒体的主体地位，重新塑造了媒介传播的生态格局，还对广大民众的价值理念、思维向度、生产生活方式产生了深刻影响。互联网上的新兴媒体如微信、微博等有着海量的关于中华民族、中华文化、民族团结等涉及中华民族共同体意识的内容，这些内容有的正面积极，有的负面消极；有的实事求是，有的无中生有；有的逻辑严明，有的杂乱无章。我们需要顺应信息技术发展潮流，在互联网领域加强党的领导，突破传统弘扬和教育方式，探索新兴媒体平台，占领现代化信息技术平台来宣传、弘扬和铸牢中华民族共同体意识。

一、牢牢掌握互联网时代铸牢中华民族共同体意识的领导权

互联网时代必须坚持党对铸牢中华民族共同体意识的领导，是牢牢掌握党对意识形态领域领导权的必然要求。加强对互联网的依法依规管理，是全面依法治国和应对纷繁复杂网络环境的现实需要。

（一）坚持党对互联网时代铸牢中华民族共同体意识的领导

"坚持党的领导，团结带领各族人民坚定走中国特色社会主义道路。实践证明，只有中国共产党才能实现中华民族的大团结……加强党的民族理论和民族政策学习以及民族团结教育，以铸牢中华民族共同体意识为主线做好各项工作。"[1] 习近平总书记在全国民族团结进步表彰大会上发表重要讲话时强调："要牢牢把握舆论主动权和主导权，让互联网成为构筑各民族共有精神家园、铸牢中华民族共同体意识的最大增量。"[2] 2019年10月，中共中央办公厅、国务院办公厅印发的《关于全面深入持久开展民族团结进步创建工作铸牢中华民族共同体意识的意见》指出："改进民族团结进步宣传载体和方式，充分运用新技术、新媒体打造实体化的宣传载体。拓展民族团结进步宣传教育网络空间，推进'互联网+民族团结'行动，打造网上文化交流共享平台，把互联网空间建成促进民族团结进步、铸牢中华民族共同体意识的新平台。"[3]

在新时代的互联网环境下，坚持党对中华民族共同体意识工作的领导，坚持这一重大政治原则在互联网平台上的贯彻执行，具有重要历史和现实意义。在复杂的互联网面前，中国共产党适应新媒体环境的要求，适时出台了相应的民族团结教育政策和措施，完善相应的顶层设计和规章制度，规范互联网新媒

---

[1] 习近平：《习近平谈治国理政》（第三卷），外文出版社，2020年版，第299—300页。
[2] 习近平：《习近平谈治国理政》（第三卷），外文出版社，2020年版，第301页。
[3] 中国政府网：《中共中央办公厅 国务院办公厅印发〈关于全面深入持久开展民族团结进步创建工作铸牢中华民族共同体意识的意见〉》，http://www.gov.cn/xinwen/2019-10/23/content_5444047.htm。

体的发展,为我国互联网健康发展指明了方向。

坚持党对互联网时代中华民族共同体意识的领导,是进一步加强党在意识形态领域的领导权,从而进一步形成自上而下的中华民族共同体意识形态的宣传体系,优化新媒体中的中华民族共同体意识的内容供给,营造浓郁的网上学习氛围,使得互联网为铸牢中华民族共同体意识发挥积极作用。

党的民族工作的重要内容之一就是"把互联网空间建成促进民族团结进步、铸牢中华民族共同体意识的新平台"。这项工作要在党的各级组织中引起足够重视,各地各级党组织应根据本地区实际情况制定相应的工作路线,因地制宜地建设、管理好本级党组织的互联网空间,不仅要在思想层面上铸牢中华民族共同体意识,还要在网络等新平台上宣传日常实际生活中本地区践行"中华民族一家亲,同心共筑中国梦"的具体事例,以增强中华民族共同体意识的说服力、影响力。习近平总书记多次提到让人民群众有更多"获得感",这种"获得感"就是需要各级党组织让大家能真实体会到社会主义大家庭带来的温暖与幸福,真真切切感受到作为中华民族共同体一员的骄傲与自豪。

(二)加强对互联网的依法依规管理

习近平总书记指出:"网络空间是亿万民众共同的精神家园。网络空间天朗气清、生态良好,符合人民利益。网络空间乌烟瘴气、生态恶化,不符合人民利益……谁都不愿生活在一个充斥着虚假、诈骗、攻击、谩骂、恐怖、色情、暴力的空间。互联网不是法外之地。"[1] 面对歪曲事实的网络乱象,我们必须依法有理有据地给予坚决回应。

互联网不是法外之地,我国开展了一系列净化网络空间的专项整治活动,制定了一系列关于互联网的法律和行政法规。早在1994年国务院就颁布了《中华人民共和国计算机信息系统安全保护条例》,从那个时候开始,数十部规范网络行为的法律和行政法规被陆续颁布实施。这些法律和行政法规对于规范网络空间、塑造和强化中华民族共同体意识起到了积极作用。无论是针对互联网上各种自媒体的造谣生事,还是门户网站上的不实报道,现在的法律和行政法规都能做到有效防范、监管、及时辟谣和追究相关责任者的法律责任。

建立健全相应的法律法规体系,营造良好的法治化网络环境。全国人民代表大会常务委员会于2000年12月通过了《关于维护互联网安全的决定》。2013年9月由最高人民法院、最高人民检察院发布的《关于办理利用信息网

---

[1] 习近平:《习近平谈治国理政》(第二卷),外文出版社,2017年版,第336页。

络实施诽谤等刑事案件适用法律若干问题的解释》等规定，将犯罪嫌疑人利用信息网络实施的诽谤、寻衅滋事、敲诈勒索、非法经营等四种主要的犯罪形式统一归类为网络谣言类案件。那种对英雄污名化的行径、对祖国文化历史恶意的歪曲解读、对国家形象肆意践踏的行径，如果国家法律不加以惩治、净化整顿，主流媒体不旗帜鲜明地站出来加以澄清、正本清源的话，显然不利于理性、爱国民族精神的凝聚，不利于互联网时代铸牢中华民族共同体意识。

除了加强对网络谣言的打击，我国还制定颁布了其他互联网管理相关的法律和行政法规，约束网络行为。目前，我国已经形成了以《中华人民共和国宪法》为根本法，以《中华人民共和国网络安全法》这一法律为主轴，辅之以《中华人民共和国保守国家秘密法》《中华人民共和国国家安全法》《中华人民共和国电子签名法》等法律制度，以《网络出版服务管理规定》《移动互联网应用程序信息服务管理规定》《互联网广告管理暂行办法》《互联网直播服务管理规定》《计算机信息系统国际联网保密管理规定》《涉及国家秘密的计算机信息系统分级保护管理办法》《互联网信息服务管理办法》《非经营性互联网信息服务备案管理办法》《计算机信息网络国际联网安全保护管理办法》《中华人民共和国计算机信息系统安全保护条例》等行政法规为补充的互联网管理的法治体系。

当前意识形态领域的斗争愈加隐秘、复杂和多样化。国家网络主管部门要进一步强化网络信息治理，强化技术介入，狙击网络上破坏、诋毁中华民族共同体意识的非法信息；同时，还应进一步加强互联网上宣传、铸牢中华民族共同体意识的顶层设计，培育和践行社会主义核心价值观，把中华优秀传统文化融入中华民族共同体意识的舆论引导中，从而引领营造良好的实行法治化管理的网络环境。

二、拓展中华民族共同体意识的网络空间

党和政府一直以来都十分重视互联网在铸牢中华民族共同体意识方面的作用，支持网络新兴平台的搭建和发展，规范语言文字使用，打造互联网上铸牢中华民族共同体意识的多元化载体，丰富铸牢中华民族共同体意识的内容。

（一）打造互联网上铸牢中华民族共同体意识的多元化载体

中国共产党历来高度重视马克思主义民族工作，在革命、建设和改革的不同历史时期制定了有机连续的工作方针，采取了不同的工作方式。在互联网时代，网络平台成为党在新时代进行中华民族共同体意识培育的强大工具。我国

的五级行政区划都有相应的政务网站与党建网站，且部分地区的党委和政府还建立了各种移动政务服务平台，在微博、微信等平台上开通政务服务账号。这些网络平台就是宣传促进民族团结、民族交流交往交融的主阵地，共同构成了互联网上宣传铸牢中华民族共同体意识的载体，拓宽了新兴技术条件下的媒体领域，使得互联网上的国家意志、民族意识得以彰显。

随着互联网的日益普及，网上民族团结工作的开展已经成为政府部门日常工作的组成部分，管理运行水平的高低亦是衡量政府部门执政水平和能力的尺度之一，而考量政府部门对互联网运行规律把握程度的主要依据则是大众对政府部门的微信公众号、微博账号、客户端等的关注度、阅读量、转发量等指标。2022年主流媒体网络传播力榜单结果显示，"人民日报在微博、抖音平台账号粉丝量过亿，抖音、快手、微信公众号作品传播能力强，95%以上的作品皆为爆款。新华社微博、微信公众号粉丝量/季度累计阅读量排名均位列前三……央视新闻、人民日报等视频号依托已有公众号的传播优势和抖音、快手等短视频账号的资源积累，快速发展"，从2022年12月的数据来看，央视新闻视频号累计发文154篇，爆款作品占比达11%，发布的《世界杯，是很多人的青春记忆，它像一把尺，丈量着时光。♯人生就是一届又一届世界杯　♯央视新闻微短剧　♯世界杯》用4分钟的时长浓缩了1990年至今的历次世界杯的青春回忆，推荐量、点赞量和转发量均超过10万；央视新闻公众号发布《不是世界杯有多好，是那段岁月特别好！》在分享该视频的基础上集纳网友对世界杯回忆的留言，阅读量破10万。① 在党的领导下，我们站稳了互联网时代的媒体阵地，牢牢把握住了社会主义意识形态宣传的主动权，为铸牢中华民族共同体意识搭建了广阔的互联网传播平台。

（二）丰富互联网上铸牢中华民族共同体意识的内容

习近平总书记在党的十九大报告中强调："深化民族团结进步教育，铸牢中华民族共同体意识，加强各民族交往交流交融，促进各民族像石榴籽一样紧紧抱在一起，共同团结奋斗、共同繁荣发展。"② 这些指示作为我国推动互联网领域民族工作的指南，表明在互联网中培育中华民族共同体意识需要形式与内容齐头并进，只有充实的内容和多样的表达形式，才能使民众的民族团结意

---

① 大象网：《盘点2022：主流媒体年度网络传播力榜单及解读》，https://www.hntv.tv/wt/article/1/1608702765904773121。
② 习近平：《决胜全面建成小康社会　夺取新时代中国特色社会主义伟大胜利——在中国共产党第十九次全国代表大会上的报告》，人民出版社，2017年版，第40页。

识和行动得到有效增强。

政务网站及各级政府的微信公众号、微博账号、客户端等拓宽了民族团结进步的宣传教育空间，应该深入实施中华民族共同体内容建设工程，在这些平台上丰富关于民族团结、民族进步的内容，大力弘扬"中华民族一家亲"的理念，宣传中华优秀传统文化，把这些平台打造成为促进民族文化交流共享、促进民族团结进步、铸牢中华民族共同体意识的平台。

首先，可以在网络上旗帜鲜明地弘扬民族团结与进步，展示民族地区加快发展的良好面貌，体现中华儿女相互携手、砥砺前行、共同描绘精彩时代画卷的典型奋斗案例。例如，"感动中国年度人物"其美多吉是四川甘孜县邮政分公司邮运驾驶组组长，坚守雪线邮路。"'三十忠诚风与雪，万里邮路云和月，雪山可以崩塌，真正的汉子不能倒下，雀儿山上流动的绿，生命禁区前行的旗，蜿蜒的邮路是雪山的旋律，坚强的多吉，你唱出高原上最深沉的歌。'……30年来，其美多吉承担川藏邮路甘孜到德格段的邮运工作，圆满完成每一次邮运任务；面对歹徒威胁，冒着生命危险保护邮件安全；热情帮助沿途人民群众，架起了藏区与祖国内地沟通联系的一座桥梁，是'雪线邮路的幸福使者'。"[1] 千千万万的"其美多吉"托举起了复兴路上的中华民族，每一位中华儿女都在为铸牢中华民族共同体履行着自己的责任与担当。

其次，大力宣传中国共产党在铸牢中华民族共同体意识和巩固统一的多民族国家方面所制定的一系列措施，介绍我国维护中华民族共同体的各项法律法规，歌颂千百年来各族儿女为打造中华锦绣河山、维护祖国统一、维系中华民族独立付出心血，甚至是生命的壮举，如民族地区脱贫攻坚和乡村振兴的成果。"2012年，内蒙古自治区、广西壮族自治区、西藏自治区、宁夏回族自治区、新疆维吾尔自治区和贵州、云南、青海八省区（以下简称民族八省区）贫困人口达3121万人，贫困发生率为20.8%，现行标准下民族八省区农村贫困人口已全部脱贫；2016年至2020年，民族八省区建档立卡贫困人口人均纯收入从4203元增长到10770元，增幅达156%。全国民族自治地方420个贫困县全部脱贫摘帽，28个人口较少民族全部实现整族脱贫。"[2] 这些都应作为新时代铸牢中华民族共同体意识的典型成就予以颂扬。无论是线上还是线下、自媒体还是他媒体、新媒体或者传统媒体，都应在内容上强化中华民族共同体意

---

[1] 胡小娟：《其美多吉当选"2018年度感动中国人物"》，http://www.chinapostnews.com.cn/html1/report/190686/2648-1.htm。

[2] 李昌禹：《"决不让一个兄弟民族掉队"——民族地区决战决胜脱贫攻坚综述》，《人民日报》2021年2月23日。

第三章　互联网时代传承弘扬中华优秀传统文化与铸牢中华民族共同体意识研究

识，用彻底的理论去阐释，用实践实干去践行"中华民族一家亲"，同心共筑中国梦。

培育与铸牢中华民族共同体意识作为一项常抓不懈的工作需要在互联网平台上广泛开展。民族政策法律法规教育、以爱国主义为核心的中华民族精神教育、马克思主义民族理论教育等内容都应在互联网上有充分体现。此外，政府相关职能部门还应结合网络作品创作特点和传播规律，提升互联网平台的政府内容供给，组织创作更多以网络小说、短视频、游戏、动漫等方式呈现的反映中华民族同胞互帮互助、水乳交融的网络文化作品。让这些立意高远的互联网作品在各大网站、客户端、微信公众号、微博等广为传播，成为铸牢中华民族共同体意识的强有力的内容支撑。

总之，深化民族团结进步教育，铸牢中华民族共同体意识，一是要借助互联网信息更新快、传递速度快的优势，在各个网络媒介上构建培育与增强中华民族共同体意识的平台，实现载体的多元化与内容的充实化；二是要强化政府相关职能部门对网络空间中的民族工作的舆情监测和舆论引导。两者在目的上具有同向性、一致性。

（三）规范语言文字使用

现在，我国的互联网普及率已处于全球比较领先的地位，但是，一个不容忽视的现实是网络用语已经开始影响现实生活，甚至改变了人们的日常交流用语，如"土豪""洪荒之力""老铁""佛系""柠檬精""盘他"和"真香"等。网络用语之所以能在民众间流行，主要在于它的简练传神，符合互联网标新立异的创意特征。我国的通用语言文字必然会随着互联网的发展而不断丰富，我们要注意把握与民族相关的网络用语的流行趋势，对有助于民族融合的网络用语给予肯定和推广，因为它可以为中华民族共同体意识注入新的表达方式、提升其表达活力，丰富广大人民群众的文化生活。

但不可否认的是网络用语中也存在大量粗俗、语病连篇的语句，或是一些数字、拼音、符号、外文字母杂糅在一起的表达，对我国的通用语言文字造成了巨大的冲击，甚至让规范的汉语表达在互联网上成了另类。网络不文明用语的快速普及破坏了原有的中华文化的语言规则，受影响最大的群体就是正处于语言表达能力和识文断字能力形成关键期的中小学生。但如果网络中的不规范语言特别是不文明用语表达泛滥，势必会影响民众的日常交往，对规范的语言文字造成不容小觑的隐患，对中华优秀传统文化的传承产生潜在影响，也不利于以语言文字为基础之一的中华民族共同体意识的铸牢。

互联网时代铸牢中华民族共同体意识，需要以通用语言文字作为基础，国家推广普通话，推行规范汉字，同时中华民族大家庭里的各民族都有使用和发展自己的语言文字的自由（少数民族语言文字的使用依据《中华人民共和国宪法》《中华人民共和国民族区域自治法》及其他法律的有关规定）。网络用语源于我们的日常生活，在互联网存在的情况下将会作为一种客观现象继续存在下去。对于网络用语，应取其精华、去其糟粕，对积极健康的网络用语要予以包容，对粗鄙、低俗的网络用语要果断抛弃。

三、形成社会合力净化网络环境

在当今生活中，互联网不仅是一种信息化的媒介，影响着国家、社区、学校、家庭和个人，还是工作、学习、生活的新方式，渗透社会各个方面。现今的互联网是人们沟通的桥梁、信息发布的平台，亦是各行各业办公的工具，更是政府发声的阵地。因此，构造健康有序的互联网空间是新时代全社会的使命，政府、网络内容提供商、学校、社区、家庭等社会环节都要参与净化网络环境的工作，形成社会合力为铸牢中华民族共同体意识打造一个风清气正的互联网空间。

（一）发挥主流媒体的引领示范作用

"长期以来，中央主要媒体与党和人民同呼吸、与时代共进步"[1]，肩负着宣传与解读马克思主义、马克思主义中国化的理论成果、党和政府重大决策、国家法律规范等使命。"舆论引导工作关系国家安全和社会稳定，关系党和人民事业的兴衰成败。"[2] 不同于传统媒体的互联网从产生伊始就具有自下而上的民间性、群众广泛的参与性以及内容多元性。这种去权威化、去中心化的特点使得互联网非常容易成为一些人发泄不满、抱怨社会、制造纠纷的平台，甚至成为各种敌对势力、反动势力攻击党的领导和社会主义制度的工具。故而，针对互联网仍需要走"党管媒体"的路子，将互联网中具有信息服务、媒体属性、舆论动员功能的传播平台都置于党的管理中，以党和政府主办或主管的主流媒体为引领，加强对中华民族共同体意识等的宣传。我们可以通过在各级主流媒体上创建新的网页链接，利用互联网集文字、图片、声音、动画、视频等多元表现形式为一体的优势，实现静态展示向动态介绍的转变，传播主流、权

---

[1] 习近平：《习近平谈治国理政》（第二卷），外文出版社，2017年版，第331页。
[2] 肖怀远：《提高舆论引导能力　掌握舆论主导权》，《求是》2009年第12期。

威的信息，增强网络宣传效果，以展现在中国共产党领导下中华民族自信、开放、包容的整体形象。主流媒体还可以利用如微信公众号、新闻客户端等新媒体工具，增强党的机关单位、党员干部与普通群众就民族团结、民族文化等的沟通交流。这样有助于社会基层民众了解党和国家的方针政策、社会主流观点；有助于党和政府体察民情民意，科学决策；有助于拉近主流媒体和基层民众的心理距离，使主流媒体成为基层民众合理合理利益诉求的表达渠道。

（二）社会组织需强化责任意识，主动作为

这里的"社会组织"指为了实现特定目标而组建起来的相对稳定的合作群体，包括各大门户网站、各类客户端的运营者、个人媒体群等。社会组织有义务对自己平台发布的内容进行审核。一些微信公众号、"网络大 V"等，拥有上百万粉丝，他们发布的信息的阅读量短时间内就能达到数十万。因此，涉及民族文化、民族团结、民族交往、民族区域自治、民族宗教等中华民族共同体意识方面的内容时，需要对内容发布方进行有效监管和引导教育，让他们时刻以党的政策方针和国家法律为依据，不能凭借自己的主观意志、想当然地为了"吸粉"、赚钱而置民族团结于不顾，将中华民族共同体抛于脑后，成为西方势力的马前卒，成为分裂国家民族的罪人。社会组织作为中国境内的法人或非法人组织都肩负着维护社会秩序的义务，都应该尽到互联网时代铸牢中华民族共同体意识的责任。同时，社会组织还需要严格规范网站、应用程序等平台的合法、合规化建设与管理，自觉遵守《中华人民共和国网络安全法》等互联网有关法律法规。另外，在铸牢中华民族共同体意识的背景下，社会组织还应恪守互联网行业规范，履行社会责任，积极主动对发布内容、舆论导向等进行审查等操作，进一步强化自身的社会责任意识，在发布中华民族共同体相关信息时，应倡导真实公正的价值引导，对未经核实的信息不予发布，不人云亦云、跟风炒作热点事件，杜绝主观臆造，追求正本清源，为网民创建一个真实、客观、可信的互联网世界。

（三）学校教育中应强化中华民族共同体意识教育

互联网时代中，各类信息在世界范围内的流动加快，但这种流动更多的是发达国家向发展中国家的流动，以至于发展中国家于文化信息领域的主权遭遇严重侵害。学校教育当然也要应对互联网带来的挑战，面对新情况，及时改变传统的教育思维与方式，建立适应互联网时代的教学新思路，拓展和赋予校内中华民族共同体意识教育的全媒体视野和时代性特征。

在互联网时代，学校阶段的中华民族共同体意识教育要立足于伟大祖国、中华民族、中华文化、中国共产党和中国特色社会主义道路，避免西方意识形态话语中所谓的"全球化视野"的盲区。在全球化的背景下，我国部分地区的一些学生出现了爱国主义情感淡化、民族文化意识淡薄、民族主义意识狭隘等问题，使得当前中华民族共同体意识教育面临着严峻的挑战。学校教育是铸牢中华民族共同体意识、维护意识形态安全的基石。面对网络世界的纷繁多样，学校教育要改变以往传统中比较重视知识传授、忽视能力培养的做法，要坚持能力培养与知识传授并重，而且应该教会学生在面对海量信息时如何思考、判断、甄别。唯有这些能力的提高才能帮助学生从良莠不齐的网络信息中去伪存真、弃芜择优，在面对破坏中华民族共同体的网络暴行时敢于发声、正确发声、从容应对。

学校教育还应注重引导学生纠正不良网络行为和错误网络观念，助力增强学生在互联网时代下的中华民族共同体意识。例如，在网络课程教学中，增加网络文明和网络道德方面的教学内容，让学生树立正确的网络道德观；在德育课程中，增加网络法治安全教育的内容，提升学生的网络法律素养；在各种类型的校园文化构建与宣传中，注重中华优秀传统文化传承教育和中华民族共同体意识教育；在网络知识竞猜、网络科技活动中，注意发挥隐形教育的功能，寓教于乐，更好地增强学生学习中华民族共同体知识的兴趣。这些新转变对教育工作者的知识层次和信息技术处理能力提出了更高的要求。

互联网时代，人与人之间应用键盘与鼠标开展的联系与交往变得更加频繁和紧密，不同国家的学生也可以通过网络来联系和互动，故而学生的中华民族共同体意识培育和爱国主义教育的环境也更加复杂和多变。网络上存在良莠不齐的海量信息，其中的糟粕可能会在一定程度上影响国家主流意识形态在网络的传播，削弱学生对于社会主义核心价值观的接受和践行。教育工作者一方面要践行习近平新时代中国特色社会主义思想，重视对学生的价值观养成和思维方式的引导；另一方面必须适时改变观念，提高应对互联网时代多元化要求的知识水平，提升网络应用技能，接受技术更新带来的挑战，利用大数据、云平台、物联网等新技术打造与中华民族共同体意识紧密相连的"云课堂""智慧课堂""翻转课堂""微课"等新教学形式，引导学生关注网络上教师传递的正能量。

（四）民众需提升互联网信息安全意识

净化网络环境需要社会大众广泛参与，自律自觉。如今，主流媒体在引领网络舆论，宣传正面、积极、向上的信息，传递正能量，理性发声等方面发挥了很好的示范作用，网络生态环境较从前已有很大的改善。但是，不可否认，网络上仍有一些虚假、低俗的信息在肆意传播，如"惊天内幕，十大致癌物""医生不会告诉你的十大保养法""震惊！原来他是……"等五花八门"标题党"为博眼球、蹭流量、涨粉丝而肆意制造的假视频，有一些网络谣言甚至还曾引起网络群体性事件。互联网环境中的道德缺失和秩序失控，仍需要我们高度重视并加以防范。在加大治理力度的同时，还要对广大民众进行网络道德、信息甄别、信息安全等方面的宣传、教育，提高民众对信息的辨别能力，引导民众远离不良网站和有害的网络信息，学会在面对一些极具蛊惑性、煽动性的信息时理智分析、理性地表达观点、传播信息，不盲目跟从网络群体性事件。

对于互联网上的违法和不良信息，广大民众有责任有义务在发现后及时举报。我国已建立了互联网违法和不良信息举报通道，如中国互联网违法和不良信息举报中心网站"www.12377.cn"、"违法和不良信息举报中心"微信公众号、"中国互联网举报中心微博"等。

互联网上，每一个人都能够为净化网络环境贡献自己的力量。早在2001年，共青团中央、教育部、文化部、国务院新闻办公室、全国青联、全国学联、全国少工委向社会发布了《全国青少年网络文明公约》，明确提出"五要五不"。这个公约虽然是针对青少年提出来的，但对广大社会公众也具有示范作用，即通过加强自我约束来影响他人，从而惠泽社会。

互联网时代，全社会都需要参与到铸牢中华民族共同体意识的进程中。政府部门、社会组织、学校、社区、家庭、个人等都肩负着规范网络内容创造、传播的责任，都应防范互联网不实消息、负面消息对民族团结的破坏。要重视民族工作的网络硬件建设和设施维护，加强对网络上中华民族共同体意识相关内容的审核管理，形成全社会的合力，为铸牢中华民族共同体意识贡献力量。

第四章　互联网时代高等教育传承与创新中华优秀传统文化研究

导读：高等教育要始终积极弘扬社会主义核心价值观，根据当前时代的宏观背景与党和国家的中观发展战略，从微观层面具体分析自身在中华优秀传统文化的传承创新过程中面临的机遇与挑战，结合新时代的技术新进步与理念新发展，对具有现代价值的中华优秀传统文化内涵加以诠释与延伸，扩大其影响力，增强其感召力。正确认识并把握高等教育在中华优秀传统文化的传承与创新工作中的着力重点与执行难点，从实施主体、实施过程、监管机制及反馈机制等方面全方位构建起互联网时代高等教育传承与创新中华优秀文化系统工程，从而让经历了千年风雨的传统文化依旧能迸发蓬勃的生命力、闪耀时代的光芒。

第一节　互联网时代高等教育传承与创新中华优秀传统文化的主要目标与重要功能

一、互联网时代高等教育传承与创新中华优秀传统文化的主要目标

（一）推进中国特色社会主义文化强国建设

我国是一个文化大国，拥有五千年连绵不断的历史，积累了丰富的文化资源，形成了深厚的文化底蕴。然而，就目前我国文化发展的现状而言，我国离成为文化强国还存有一定的距离。要建成文化强国，重要途径即是增强文化自信，正如习近平总书记在2019年发表在《求是》的文章《坚定文化自信，建设社会主义文化强国》中强调的"坚定文化自信，是事关国运兴衰、事关文化

安全、事关民族精神独立性的大问题"。文化自信的建构对文化强国的实现至关重要。

文化自信需要怎么构建？2021年3月22日，习近平总书记在福建武夷山朱熹园考察时指出："如果没有中华五千年文明，哪里有什么中国特色？如果不是中国特色，哪有我们今天这么成功的中国特色社会主义道路？"这句话也间接回答了"文化自信需要怎么构建？"的问题。答案是完成对中华优秀传统文化的传承与创新，助力其焕发出新的生命力与活力滋养中华民族的文化自信，进而建成中国特色社会主义文化强国。

文化自信的动力源泉、文化强国的深厚支撑是中华民族的优秀品格。中华优秀传统文化是中华民族的生存之"根"、民族之"魂"。民族精神的形成，是千百年传统积淀的成果。钱穆先生言："一民族文化之传统，皆由其民族自身递传数世数十世数百世血液所浇灌，精肉所培壅，而始得开此民族文化之花，结此民族文化之果。"[1] 因此，传统文化往往体现了民族的认同感、归属感，承载着民族的生命力，反映着民族的凝聚力。

传统文化并不是拘泥于过去的一潭死水，正如黑格尔所言："传统并不仅仅是一个管家婆，只是把她接受过来的东西忠实地保存着，然后毫不改变地保持着并传给后代。它也不像自然的过程那样，在它的形态和形式的无限变化与活动里，仍然永远保持着原始的规律，没有进步。"[2] 中华传统文化起源于过去的价值取向，只有在持续不断地传承与创新中才具有真正的活力。在数千年的发展历史中，"中华文化既坚守本根又不断与时俱进，使中华民族保持了坚定的民族自信和强大的修复能力，培育了共同的情感和价值、共同的理想和精神。"[3] 大力弘扬中华优秀传统文化，努力挖掘中华文明的优根所在，力求找到中华文明得以生存、延续并壮大的根源，并以之为基础力促新时代中华民族优秀精神品格的再生。

势必得清醒地意识到，西方文化的强势渗透对中华文化发展产生了巨大的影响。有学者评价说，自20世纪以来，随着西方文化与价值观输入中国，中国传统文化遭遇强烈冲击，西方文化开启了长达一个世纪之久的主导中国文化之路。[4] "全球化"浪潮很大程度上消解了民族文化的主体性，全球化语境令

---

[1] 王炯华，等：《中国传统文化十二讲》，华中科技大学出版社，2001年版，第8页。
[2] 黑格尔：《哲学史演讲录》（第一卷），人民出版社，2013年版，第12页。
[3] 习近平：《在文艺工作座谈会上的讲话》，人民出版社，2015年版，第5页。
[4] 闫晓昀：《为何传统？何为传统？——当前语境下重审传统文化的必要性及其概念辨析》，《东方论坛》2016年第6期。

传统文化的延续与发展陷入困境。

因此，要摆脱困境，要在全球化所带来的思想动荡中确立中华文化的主体性，对传统文化的态度需要从过往的"劣根性"的批判发展到如今的"优根性"的探求，需要客观理性地评判中华优秀传统文化的价值与地位，以期在全国上下同心同德追寻中国梦的共同努力中强化全体人民对中华民族的认同，对"中国"的认同，身披"富贵不能淫，贫贱不能移，威武不能屈"的浩然正气，胸怀"先天下之忧而忧，后天下之乐而乐"的高尚气节，秉持"人生自古谁无死，留取丹心照汗青"的无畏勇气，实现"大道之行，天下为公"的远大抱负。如此一来，中华优秀传统文化将犹如遗传密码，融入中华民族的血液之中，团结凝聚着每一个中华儿女，内化为中华民族的精神品格。

为此，高等教育应充分挖掘中华优秀传统文化的精华，结合互联网技术在我国发展中所集结的规模与应用优势，构建起完善的课程体系，最大限度地激发人才的潜力与活力，建构起中华优秀传统文化传承与创新的新势能。高等教育应致力于传承并创新中华优秀传统文化，使之成为中华民族最牢固的"根"、最根本的"魂"，成为滋养中国特色社会主义最深厚的沃土，成为我国在激荡的世界文化中屹立不倒的稳定之基。如此一来，才能不忘本来，实现中华优秀传统文化的创造性转化与创新性发展，处理好这个建设社会主义文化强国必须解决的问题，以优秀的中华传统文化推进文化强国战略的实施。

（二）增强高校学生的时代使命与责任担当

正如习近平总书记所强调的："青年的价值取向决定了未来整个社会的价值取向，而青年又处在价值观形成和确立的时期，抓好这一时期的价值观养成十分重要。这就像穿衣服扣扣子一样，如果第一粒扣子扣错了，剩余的扣子都会扣错。人生的扣子从一开始就要扣好。"[①] 高校学生正处于人生价值观、世界观形成的重要时期，借助于中华优秀传统文化的引导可助力其形成正确的价值观与世界观。借助于中华优秀传统文化教育让学生能坚持基本的道德操守，"天行健，君子以自强不息；地势坤，君子以厚德载物"；让学生在面临人生抉择时，拥有不凡气度；在遭遇人生挫折时，带着"乘风破浪会有时，直挂云帆济沧海"的豪迈；在幸得他人帮助时，心怀"感恩图报，当有激于哀矣"的信念。

[①] 习近平：《青年要自觉践行社会主义核心价值观——在北京大学师生座谈会上的讲话》，人民出版社，2014年版，第9页。

高等教育开展中华优秀传统文化的传承与创新工程的最重要的对象是大学生群体。他们是国家的栋梁与希望,"少年强则国强",正如习近平总书记在纪念五四运动 100 周年大会上指出的"无论过去、现在还是未来,中国青年始终是实现中华民族伟大复兴的先锋力量"[1]。中华民族的伟大复兴的实现寄望于青年人的成长。

新时代的青年需要拥有"位卑未敢忘忧国"的家国情怀,具备"保天下者,匹夫之贱,与有责焉耳矣"的思想觉悟,坚持"苟利国家生死以,岂因祸福避趋之"的爱国立场。高等教育传承与创新中华优秀传统文化的重要使命就是铸就新时代中国青年作为堂堂中华儿女实现中华民族伟大复兴的责任担当,坚定其作为中国特色社会主义的优秀接班人去建设现代化强国的时代使命。

(三)全面提升国民素质

要实现中华民族的伟大复兴,良好国民素质的铸就是重要的内在因素。国民素质指的是"一国国民在先天禀赋和传统文化影响的基础上,在同期社会的经济、政治、文化制度价值观念直接引导的作用下,通过对获得的素质观念在实践中内化后所表现出来的相对稳定的物质和能力"[2]。一国的国民素质与国际竞争力有着紧密的联系。瑞士洛桑国际管理发展学院(International Institute for Management Development,简称 IMD)的世界竞争力发展报告显示,国民素质与国际竞争力的相关系数高达 0.9 以上。[3] 增强我国的国际竞争力,提升国民素质势在必行。因此,党的十九大报告明确要求:"加快建设学习型社会,大力提高国民素质。"

马林诺夫斯基曾言:"文化把人类提高于禽兽之上,并不是由于给人类以其所能有的东西,而是指示给他看其所能奋斗追求的目标。"如若忽略了这一点,那么"高度的物质繁荣的时期,往往在精神上是堕落的"[4]。因为物质的积累与精神的成长并不一定是同步的。现代社会带来了物质层面的富有与生活层面的便利,但在追求现代化的过程中,"科学技术越来越像一个幽灵,控制、奴役着追求物质享受、科技刺激的人们"[5]。在其中,人类若要摆脱科技与物

---

[1] 习近平:《在纪念五四运动 100 周年大会上的讲话》,人民出版社,2019 年版,第 5 页。
[2] 单培勇:《"国民素质"与"国民素质均衡发展"——对国民素质理论两个基本范畴的新界定》,《理论月刊》2010 年第 8 期。
[3] 任燕华:《国民素质与国际竞争力》,《江汉论坛》2006 年第 6 期。
[4] 〔英〕马林诺夫斯基:《文化论》,中国民间文艺出版社,1987 年版,第 91 页。
[5] 王学伟:《现代价值观念:优秀传统文化的评价标准》,《中州学刊》2016 年第 7 期。

质的束缚，突出人的主体性，文化的作用至关重要。因为文化深刻地影响着人类在政治、经济等方面的诉求与实践。因此，要从道德、理智、精神、价值观念等层面保持对科技产品与物质享受的主体性。

中华优秀传统文化为全面提升我国国民素质提供了重要智力支撑。《说文解字》对"化"字的释义为："化，教行也。"要从整体上提升我国国民的素质，重要途径之一便是充分发挥中华优秀传统文化的教化功能：用博大精深的中华优秀传统文化的精髓去提振国人精神，滋养国人素质。高等教育所具有的关于传统文化的优质教育资源与教学服务借助于慕课等网络教学形态向更广的范围传播开去，去推进公共文化教育建设，利用这种开放式体系助力建设"人人皆学、处处可学、时时能学"[①]的学习型社会，全面提升我国国民素质。

（四）有效抵御西方文化冲击

当前国际形势错综复杂，西方文化蜂拥而至，却是良莠不齐。要有效抵御西方文化冲击，提升国际话语权是重要途径。国际话语权是一种特殊的权力表现形式，以"话语"为权力载体，以国家利益为核心，借助于反映主观意识的话语来表现并运用权力，主要体现为"对国际事务、国际事件的定义权，对各种国际标准和游戏规则的制订权以及对是非曲直的评议权、裁判权"[②]。换言之，一旦掌握了国际话语权，便可以"构建国家自我及他者的身份"，可以"建构对外政策与国际合作模式"，还可以"确定全球治理理念和国际秩序框架"[③]，故而话语权被喻为"用天鹅绒包裹的铁拳"[④]，其本质不是"权利"（right），而是"权力"（power）[⑤]。国际话语权日渐成为衡量一国综合国力的重要参数和衡量一国国际影响力与国际地位的主要指标。

改革开放以来，我国一直存在经济增长高歌猛进与软实力提升相对较慢的矛盾，在国际话语权上的短板尤其突出，一定程度上处于"大国弱语"的失衡状态。中华民族的伟大复兴绝不能单单表现在物质层面，还包含文化与精神层面的整体提升。随着我国综合国力的增强，提升我国的国际话语权的需求日益强烈。2015年在全国党校工作会议上，习近平总书记分析了我国在国际社会

[①] 张鸷远：《慕课（MOOCs）发展对我国高等教育的影响及其对策》，《河北师范大学学报》（教育科学版）2014 年第 2 期。

[②] 梁凯音：《对中美关系中的中国国际话语权问题的研究》，《东岳论丛》2010 年第 7 期。

[③] 赵庆寺：《中华传统文化与中国国际话语权的建构路径》，《探索》2017 年第 6 期。

[④] 江涌：《中国要说话，世界在倾听——关于提升中国国际话语权的思考》，《红旗文稿》2010 年第 5 期。

[⑤] 张志洲：《中国国际话语权的困局与出路》，《绿叶》2009 年第 5 期。

存在的"失语"问题，提出"争取国际话语权是我们必须解决好的一个重大问题"。[①] 在 2016 年党的新闻舆论工作座谈会上，习近平总书记再次强调"要加强国际传播能力建设，增强国际话语权"[②]。2021 年 5 月 31 日下午，中共十九届中央政治局进行第三十次集体学习，习近平总书记在主持学习时强调："讲好中国故事，传播好中国声音，展示真实、立体、全面的中国，是加强我国国际传播能力建设的重要任务……要更好推动中华文化走出去，以文载道、以文传声、以文化人，向世界阐释推介更多具有中国特色、体现中国精神、蕴藏中国智慧的优秀文化。"[③] 放眼当今世界，各国都在激烈地争夺国际话语权，以维护本国的话语优势。随着综合国力的提升，今日的中国已逐渐从世界舞台的边缘走近了舞台的中央，要打破"西强东弱"的国际话语权格局，向世界传递中国的声音，善用中华优秀传统文化是重要途径。

高等教育作为培养科技与创新人才的高地，应紧跟国际传播技术范式的新转向，借助网络新媒体的传播优势，传承并创新中华优秀传统文化，厚植我国国际话语权的智力与人才根基。大力推进孔子学院建设，积极利用网络传播平台，透过宣传中华优秀传统文化，向世界讲好中国故事，传播中国价值观念，展示中国良好的国家形象与中华优秀传统文化的独特魅力，使国际社会能对中国特色社会主义道路与发展模式形成客观理性科学的认识，做出正面的价值判断与评价，让我国赢得国际社会更多的理解与支持。

二、互联网时代高等教育传承与创新中华优秀传统文化的重要功能

进入互联网时代，随着信息技术的日新月异，高等教育在传承与创新中华优秀传统文化过程中的作用日益增强。一方面，高等教育对当今最新的科技变革始终保持着足够的敏感度，对将互联网技术融入自身的实践保持高度自觉，正如教育部明确要求的："席卷全球的科技革命和产业变革浪潮奔腾而至，作为人才摇篮、科技重镇、人文高地的中国大学必须超前识变。"[④] 另一方面，高等教育作为科学研究、人才培养、文化传承与创新的重要阵地，承担着不断

[①] 中共中央文献研究室：《习近平关于社会主义文化建设论述摘编》，中共中央文献出版社，2017 年版，第 211 页。
[②] 习近平：《习近平谈治国理政》（第二卷），外文出版社，2017 年版，第 332 页。
[③] 习近平：《习近平谈治国理政》（第四卷），外文出版社，2022 年版，第 316—317 页。
[④] 中华人民共和国教育部高教司：《中国慕课行动宣言》，http://www.moe.gov.cn/s78/A08/A08_ztzl/ztzl_zxkf/201904/t20190418_378663.html。

创新新时代传承中华优秀传统文化的理念、形式与方法的重任。[①] 具体说来，高等教育在互联网时代传承与创新中华优秀传统文化过程中，主要涵盖着以下几方面的功能：

（一）充分运用互联网弘扬中华优秀传统文化

中华优秀传统文化是国家和民族的价值体系的重要构成，是精神标识的基本内核，是中华文化血脉的支撑。国家的发展与民族的繁衍，需要依靠中华优秀传统文化的维系与推动，需要植根于中华优秀传统文化的传承与创新。为此，党的十八大报告明确指出："建设优秀传统文化传承体系，弘扬中华优秀传统文化。"[②]

高等院校是科技研发与文化发展的先锋阵地，对于充分开发现代科技去传承并创新中华优秀传统文化责无旁贷。《中华人民共和国教育法》（2021修正）在第一章便开宗明义："教育应当继承和弘扬中华优秀传统文化、革命文化、社会主义先进文化，吸收人类文明发展的一切优秀成果。"

我国传统文化植根于传统农业文明，在古代社会其传播途径主要包括语言媒介——格言、谚语、民谣等，文字媒介——诗歌、文献、典籍等，非文字媒介——建筑、服饰、礼仪、工艺品等。进入互联网时代，以书籍为主的文献文化转变为以视频、音频、动画、图像为主要元素的数字文化。这一变化给中华优秀传统文化的传承的载体、创新的内容、感知体验的方式等都带来了根本性的转变。

互联网构建起了一个全球网络信息传播系统，这个系统具有极高的开放性，不论国别，位于同一其中的所有计算机都被联结在一起，"任何人都可以与任何国家、任何地方的人直接沟通，能够在全球范围内实现知识共享"[③]。这极大地扩大了中华优秀传统文化的传播直径与范围。同时，互联网还搭建起了一个全球网络信息交流系统。其互动性体现在，不论语种，只要借助于社交平台、通信工具等便可以快速表达自我、反馈信息。这在很大程度上突破了过往传播只限于单向线性传播的局限，提高了交流的交互性。在思想的交流与碰

[①]中华人民共和国教育部：《教育部关于开展中华优秀传统文化传承基地建设的通知》，http://www.moe.gov.cn/srcsite/A17/moe_794/moe_628/201805/t20180523_336874.html.

[②]中共中央文献研究室：《十八大以来重要文献选编》（上），中央文献出版社，2014年版，第25—26页。

[③]〔美〕迈克尔·沙利文·特雷纳：《信息高速公路透视》，科学技术文献出版社，1995年版，第191页。

撞中，新的创意与灵感便自然而然产生了。

作为知识生产集中地的高等院校，一方面掌握着最新的网络传播技术，另一方面产出关于中华优秀传统文化传承与创新的新知识。透过互联网这个全球性的信息传播与交流系统，在互联网时代所提供的发达的传输技术与丰富传播形式的支撑下，高等教育能有效提升中华优秀文化传承的范围与创新的高度，真正实现传统文化的弘扬。

（二）阐释中华优秀传统文化精髓助力践行社会主义核心价值观

进入现代社会，强势的资本运作系统与汹涌而至的现代性并没有完全攻占传统文化的阵地，反而在现代社会体系的技术化与理性化特点的映射下，进一步凸显出中华优秀传统文化存在的重要性。因为中华优秀传统文化所具有的铸造民族的文化认同与政治共同体的功能是不可替代的。

核心价值观指的是特定时代绝大多数公民长期遵循的在国家、社会中占主导地位的价值取向。国家的核心价值观是一国的立国根本，我国的核心价值观是中华民族屹立于世界民族之林的精神根基，必须是植根于中国的历史土壤的。经过数千年的发展，中华优秀传统文化所蕴含的民族的传统道德内核延续至今，逐渐成为当今中国现代核心价值观的重要来源。唯有以中华民族的文化基因为核心价值观，才能凝聚中华儿女，形成全民共力。

社会主义核心价值观是以中华优秀传统文化为基础展开的关于中华文化的现代诠释。以中国传统文化的"仁""义""中""和"的核心价值理念为基础，党的十八大提出了"倡导富强、民主、文明、和谐，倡导自由、平等、公正、法治，倡导爱国、敬业、诚信、友善，积极培育和践行社会主义核心价值观"的重要论述[1]，从国家、社会、公民三大维度确立了健康理性的价值导向，以此引领社会思潮，共聚社会共识。

需要注意的是，价值观能否在社会中占据主导地位，很大程度上受到社会认同度的影响。因此，高等教育要借力互联网的广泛传播性，通过国际学术论坛、精品慕课等在全网范围内传播中华优秀传统文化，让全世界了解东西文化差异，"各美其美"；透过网络教育平台与公众分享通识课程、公益讲座，让民众了解我国文化的历史、价值追求以及思想精髓，深刻理解中华优秀传统文化，进而形成统一的国民意识与文化认同，建立文化自信，将社会主义核心价

---

[1] 中共中央文献研究室：《十八大以来重要文献选编》（上），中央文献出版社，2014年版，第578页。

值观内化于心。

(三) 促进高校学生形成中华优秀传统文化的价值自觉

作为建设新时代中国特色社会主义的重要有生力量，高校学生不能只局限做一个中华优秀传统文化的接受者，而要成为中华优秀传统文化传承与创新过程中的积极的参与者，甚至引领者。"文化的最大的特点，就是具有极强的渗透性、持久性，像空气一样无时不在、无处不在，能够以无形的意识、无形的观念，深刻影响着有形的存在、有形的现实。"[①] 因此，高等教育应通过对中华优秀传统文化的传承与创新，去助力高校学生群体建立起对民族与国家的认同，形成对中华优秀传统文化的价值自觉。

瑞士心理学家皮亚杰提出，人在成长的过程中有三大关键概念——同化、顺应以及图式。他认为人们认识事物必须依赖早已形成的图式，并将图示假定为人们表征、组织和解释自我的经验和指导自身行为的心理结构，一个图式即一种思想或动作模式，是一种组织起来的处理信息、分析经验、指导行动的心理蓝图。[②] 而图式的形成、发展与变化主要受到同化与顺应的影响。他把同化定义为"刺激输入的过滤或改变"[③]，亦即是"把外界元素整合于一个机体的正在形成中或已完全形成的结构内"[④]，并认为从生物学的观点来看，同化的对立面是顺应，可定义为"内部图式的改变，以适应现实"，亦即"把同化性的图式或结构受到它所同化的元素的影响而发生的改变"[⑤]。这相互对立的关系又同时依存，不可分割，二者并非彼此独立的两大机能，而是适应的两种机能的极点，"同化是客体对主体的适应，而客体同时丧失自己的特征。相反，顺应是主体过去已经形成的反应对客体的适应，并且向新的反应方式过渡。"[⑥]

从此理论出发，高校学生作为年轻一代，其认知图式处于成形的关键时期。而在互联网时代，面对呈爆炸式的海量信息，让高校学生建立起关于中华优秀传统文化的正确认知至关重要。高等教育的重要功能即建构起传承与创新中华优秀传统文化体系，实现对中华优秀传统文化原义的准确解读，完成对中华优秀传统文化的现代价值的合理诠释。如果能顺利实现这一功能，高等教育

---

① 任仲文：《觉醒·使命·担当——文化自觉十八讲》，人民日报出版社，2011年版，第1页。
② 车丽萍：《试论智力发展与同化、顺应的关系——皮亚杰基本理论的启示》，《内蒙古师大学报》（哲学社会科学版）1997年第2期。
③ 同上。
④ 同上。
⑤ 同上。
⑥〔苏联〕奥希霍娃：《皮亚杰的概念》，商务印书馆，1988年版，第33页。

就能帮助学生将中华优秀传统文化知识自然地整合至原有的知识结构，同化为自身的认知图式，再通过启发式教育引导学生展开对中华优秀传统文化精髓的创新性思考，从而拓展其认知图式的深度与广度，实现顺应。在这同化与顺应的过程中，高校学生就能自然而然地形成对中华优秀传统文化的价值自觉。

（四）推动中华优秀传统文化教育资源的均衡化发展

改革开放以来，我国的高等教育已获得长足进步，但由于地区间的不平衡发展，当前中国教育仍存在着资源不均衡的问题，中华优秀传统文化的教育也面临同样问题。优秀师资的稀缺、教育资源的有限、中华优秀传统文化教育的历史基础，诸多要素与环节的差异导致了中华优秀传统文化教育资源的不均衡，也深刻影响了高等教育传承与创新中华优秀传统文化的实效。不过，这种教育资源不平衡的现状，在新技术的支撑下将会得到极大的改善。

进入互联网时代，慕课方兴未艾。只要有学习的意愿，任何人在任何时间都可以在慕课的平台上选择任何学校任何老师的任一课程进行学习，完全突破了地区与时间的限制，打破了校际藩篱。包括北京大学、南京大学、武汉大学等一流高校在内的 609 所高校合作的中国大学 MOOC 慕课平台的日益完善，据笔者统计，截至 2023 年 3 月 1 日，平台上已发布了 2600 多门中华优秀传统文化相关的课程，国家精品课程达 354 门。日渐建立起的成熟的线上教育平台，充分利用丰富的网络教育资源，在很大程度上缩小由师资及教育资源的差异所带来的教学水平和教学效果差距，极大推进了各地各高校传承创新中华优秀传统文化的教育资源均衡化发展，在整体提升我国高校中华优秀传统文化教育的能力和水平上发挥了显著作用。

（五）以准确的内容与现代化技术服务社会

在过去的等级社会中，知识的生产与获得存有等级之分，加之中华优秀传统文化博大精深，在阐释的过程中存有诸多晦涩难懂的理论难点，底层的民众因教育条件的限制无法进入中华优秀传统文化的知识殿堂，关于中华优秀传统文化的话语权主要集中在知识精英阶层的手上。

进入互联网时代，现代传媒技术的飞速发展为传统文化的传承与创新提供了更为直观形象的内容载体与更为便捷快速的传播渠道。高等教育是释读中华优秀传统文化精髓的主要基地，可借助多元的表达方式——如图文并茂的精品课程、通俗易懂的艺术作品、内涵丰富的短视频、深入浅出的研究论著等——展示其生产的知识产品，承载中华优秀传统文化的精髓，再通过网络教育平台、直播平台、个人社交平台等在全网范围内传播，使过往囿于知识精英范围中的中华优秀传统文化脱离了"阳春白雪"的高高在上，走入寻常人家，在民众中普及。

第二节　互联网时代高等教育传承与创新中华优秀传统文化的机遇与挑战

一、互联网时代高等教育传承与创新中华优秀传统文化面临的机遇

（一）高等教育传承与创新中华优秀传统文化面临的时代机遇

党的十九大报告指出，中国特色社会主义进入新时代，这一转变"既不是凭空产生的，更不是一个简单的新概念表述，而是经济社会发展到一定阶段发生的必然历史飞跃"。[1]经济社会发展的重要成果之一便是互联网信息技术的飞速发展。近年来，我国在互联网的技术、相关应用以及产业等方面进展飞速，为深入推进"互联网＋"跨界融合发展打下了良好基础。可以说，随着互联网时代的到来，中华优秀传统文化的传承与创新迎来了大好的时代机遇。

"历史的车轮滚滚向前，只有与历史同步伐、与时代共命运，才能赢得光明的未来。"[2]互联网的连接给中华优秀传统文化教育带来了突破时间与空间限制的便利性与广泛性。因此，高等教育关于中华优秀传统文化的传承与创新，要顺应"互联网＋"发展的时代大势，充分发挥我国互联网产业已有的规模与应用优势，在传承与创新的资源、形式、主体等方面不断丰富并完善，实现新的时代突破。

1. 丰富了高等教育传承与创新中华优秀传统文化的资源

以往在高等教育系统里，关于中华优秀传统文化的传承与创新的素材大多来自图书、研究报告、报刊与广播等传统媒体，所采用的教学与科研资源主要

---

[1]中共中央宣传部：《习近平新时代中国特色社会主义思想三十讲》，学习出版社，2018年，第55页。

[2]中共中央宣传部：《习近平新时代中国特色社会主义思想三十讲》，学习出版社，2018年，第55页。

是教材、研究专著、文献典籍以及案例资料等。随着互联网时代的到来，信息处理技术与网络传输技术的发展带来了大量丰富的教学与科研资源，如短视频、微信公众号文章、网络直播等。这些新兴的传播媒介透过最新的传播技术与媒体处理方式承载着中华优秀传统文化的精髓，丰富并充实了中华优秀传统文化传承与创新的资源。

2. 拓展了高等教育传承与创新中华优秀传统文化的形式

互联网技术的发展，深刻影响了高等教育的教学与科研模式，为深入推进中华优秀传统文化的传承与创新形式的拓展提供了技术支持。

其一，从教学来看，突破过往课堂讲授单一的线性传播形式，促进了线上教学的兴起与活跃。传统的高校课堂大多比较沉寂，部分学生虽对习得的知识有诸多思考，但因较为内向羞于举手、涩于回答，师生互动交流的学习状态很难形成。互联网时代的到来，网络教学平台的兴起与应用推动了线上课堂的开展与普及。隔着网络这层面纱，作为"数字原住民"的学生一改过往的羞涩，在线上积极向教师提问，踊跃参与讨论，学习积极性得到极大调动，课堂的参与感与获得感大大增强。

其二，从科研来看，借助于互联网技术带来的便捷交流平台，高校系统内关于中华优秀传统文化研究的即时沟通得以实现。在传统的人文研究中，科研人员主要透过学术期刊、学术会议、口耳相传等方式把握学界研究动态，存在着一定程度的滞后性，容易陷入闭门造车的状态。进入互联网时代，视频会议技术的进步，微信群功能及门户网站论坛互动功能的完善，为传统文化学者提供了多种方式与途径实现学术研究的即时沟通与交流。同时，在过去，科研人员开展人文研究资料的搜集工作也需要辗转各地，有些珍稀资料的寻觅获取往往需要耗费大量的人力物力。随着文献资料的电子化、数据化，各大资料数据库建立并对外开放，如今的科研人员足不出户便可获取各种研究资料。交流的便捷与资料的电子化处理给中华优秀传统文化的研究方式与途径带来了许多变化：加强了研究动态的交流，简化了资料搜集流程。

3. 扩大了高等教育传承与创新中华优秀传统文化的影响

进入互联网时代，信息技术的普及与互联网的广泛应用加速了优质文化资源的传播速度，扩大了其传播范围。借助于互联网教育平台的大规模开发与建设，大量的优质教育资源可以快速且广泛地得到传播。近年来，慕课的发展就极具代表性。慕课是一种在线教育模式，是互联网技术与教育深度融合的成果。随着慕课平台的日益完善与广泛使用，其开放性、透明性以及易获得性的优势使得在全网范围内人人皆可共享精品课程，优质教学资源的分享在深度与广度上得到了极大的延伸。

2011 年秋，来自 190 个国家的 16 万人通过网络注册学习了由斯坦福大学 Sebastian Thrun 和 Peter Norvig 讲授的"人工智能导论"，最终有 2.3 万人修完了这门课程。[①] 2013 年，《人民日报》《光明日报》《中国教育报》纷纷力推"慕课"，清华大学、北京大学等一流高校率先行动推出慕课。很快，慕课便在全国高校飞速发展起来，爱课堂（中国大学 MOOC）、智慧树、学堂在线、人卫慕课、华文慕课、优课联盟、网易云课堂、超星尔雅等慕课平台纷纷成立。2013—2019 年，我国相继推出 12500 门慕课，超过 2 亿人次在校大学生和社会学习者学习慕课，6500 万人次大学生获得慕课学分。直至 2019 年教育部共认定 1291 门国家精品课（2018 年教育部认定 490 门国家精品慕课，2019 年认定 801 门国家精品慕课）。2019 年 4 月教育部召开中国慕课大会，会上发表《中国慕课行动宣言》[②]，此举进一步推进了中国教育向着更高质量更公平的方向发展。2020 年 12 月，世界慕课大会在清华大学召开，中国慕课数量和应用规模已居世界第一。

通过这种"指尖上的学习"可以将高校优质的教学资源快速、大范围地推广，为全网络所共享。就中华优秀传统文化传承与创新而言，高等教育也可以借助于慕课教学的平台，以一流的优质课程为载体，通过四通八达的互联网将中华优秀传统文化教育的影响从仅限于几十人的传统课堂延伸至千家万户。

4. 高等教育传承与创新中华优秀传统文化的主体呈现多元化

以往，在高等教育体系里，中华优秀传统文化教育、传承与创新的实施主体是高校教师及研究人员。进入互联网时代，随着"用户原创内容"（User Generated Content，简称"UGC"）模式的兴起与广泛应用，高等教育体系内越来越多的群体加入了中华优秀传统文化传承与创新的行列，大大降低了参与门槛。

在 UGC 模式中，用户原创内容，再通过视频分享网络（YouTube、优酷、B 站、抖音等）、图片分享网络（又拍网、图钉、Flicker 等）、知识分享网络（维基百科、百度百科等）、社区论坛（知乎、豆瓣、百度贴吧等）、个人

[①] 老松杨，江小平，老明瑞：《后 IT 时代 MOOC 对高等教育的影响》，《高等教育研究学报》2013 年第 3 期。

[②] 中华人民共和国教育部高教司：《中国慕课行动宣言》，http://www.moe.gov.cn/s78/A08/A08_ztzl/ztzl_zxkf/201904/t20190418_378663.html。

社交平台（微博、微信、QQ 等）等渠道将这些原创内容上传至网络。这一模式充分反映了网络交流系统所具有的高交互性。它的兴起令更多的群体参与到了中华优秀传统文化的传承与创新之中：教师与研究人员可作为专业群体，从文化研究的层面参与优秀传统文化精髓的阐释与解读；学生可作为学习群体，从文化习得的层面参与优秀传统文化的认知与研习；普罗大众（尤其是传统文化爱好者、非物质文化遗产传承人、手工匠人等）可作为实践群体，从文化普及的层面去参与优秀传统文化的体验与改进。

5. 突发事件激发互联网教育的需求

2020 年年初，新冠肺炎疫情暴发。为确保师生生命安全和身体健康，全国大中小学校推迟开学，教育部提出利用网络平台，"停课不停教、不停学"，在校生普遍转向线上课程，在线教育应用程序呈现爆发式增长态势，钉钉、雨课堂、超星学习通等互联网教育平台得到了广泛的应用与认可。

借助于互联网教育平台应用需求的激增，高校及时大规模开发中华优秀传统文化的相关线上课程，充分结合现代教育手段与技术，搭乘互联网传播的快车，扩大中华优秀传统文化的影响。

（二）高等教育传承与创新中华优秀传统文化面临的战略机遇

1. "互联网＋"大发展战略助推高等教育传承和创新中华优秀传统文化

2015 年 7 月，国务院印发《关于积极推进"互联网＋"行动的指导意见》，宣示着中国正式迈入"互联网＋"时代。《关于积极推进"互联网＋"行动的指导意见》对"互联网＋"做出了明确解释，"是把互联网的创新成果与经济社会各领域深度融合"，并指明"在全球新一轮科技革命和产业变革中，互联网与各领域的融合发展具有广阔前景和无限潜力，已成为不可阻挡的时代潮流，正对各国经济社会发展产生着战略性和全局性的影响"。[1] 面对奔流向前的时代大势，党中央应时提出"到二〇二五年，网络化、智能化、服务化、协同化的'互联网＋'产业生态体系基本完善，'互联网＋'新经济形态初步形成，'互联网＋'成为经济社会创新发展的重要驱动力量"这一宏伟目标。[2]可见，互联网与各个行业的融入已成大势所趋，党和国家必将以互联网新技术

---

[1] 中国政府网：《国务院关于积极推进"互联网＋"行动的指导意见》，http://www.gov.cn/gongbao/content/2015/content_2897187.htm。

[2] 中共中央文献研究室：《十八大以来重要文献选编》（中），中央文献出版社，2016 年版，第 592 页。

新成果作为新的动能去推进传统行业的升级换代。

特别值得注意的是，国务院印发的《关于积极推进"互联网+"行动的指导意见》的第二大点布局了未来国家应用互联网技术的十一项"重点行动"。其中的第六项为"互联网+"益民服务，旨在运用互联网的新技术与成果融入社会民生，包括推进教育的创新性发展，提出要"充分发挥互联网的高效、便捷优势，提高资源利用效率"，以期"探索新型教育服务供给方式"。同时，该指导意见还建议："鼓励互联网企业与社会教育机构根据市场需求开发数字教育资源，提供网络化教育服务。鼓励学校利用数字教育资源及教育服务平台，逐步探索网络化教育新模式，扩大优质教育资源覆盖面，促进教育公平。鼓励学校通过与互联网企业合作等方式，对接线上线下教育资源，探索基础教育、职业教育等教育公共服务提供新方式。推动开展学历教育在线课程资源共享，推广大规模在线开放课程等网络学习模式，探索建立网络学习学分认定与学分转换等制度，加快推动高等教育服务模式变革。"①

这一系列大手笔的谋篇布局，让我们看到高校传承和创新中华优秀传统文化在互联网时代的强势推进下将迎来大跨步发展的大好机遇。2019年2月，中共中央、国务院印发《中国教育现代化2035》，提出"充分利用现代信息技术，丰富并创新课程形式"，同时部署了面向教育现代化的十大战略任务，其中第八项为"加快信息化时代教育变革"，订立了"建设智能化校园，统筹建设一体化智能化教学、管理与服务平台"的总体目标，并进一步提出在人才培养模式改革层面，充分"利用现代化技术加快推动""实现规模化教育与个性化培养的有机结合"，同时在创新教育服务业态层面，要"建立数字教育资源共建共享机制"。② 同月，中共中央办公厅、国务院办公厅印发的《加快推进教育现代化实施方案（2018—2022)》明确了推进教育现代化的十项重点任务，其中第六项为"大力推进教育信息化"，明确要求"着力构建基于信息技术的新型教育教学模式"，致力于"促进信息技术与教育教学深度融合"。③ 其实施的重要途径是"深入推进'三通两平台'④ 建设"，"利用信息技术开展人才培

---

①中国政府网：《国务院关于积极推进"互联网+"行动的指导意见》，http://www.gov.cn/gongbao/content/2015/content_2897187.htm。

②中国政府网：《中共中央、国务院印发〈中国教育现代化2035〉》，http://www.gov.cn/xinwen/2019-02/23/content_5367987.htm。

③中国政府网：《中共中央办公厅、国务院办公厅印发〈加快推进教育现代化实施方案（2018—2022)〉》，http://www.gov.cn/xinwen/2019-02/23/content_5367988.htm。

④"三通两平台"："三通"指宽带网络校校通、优质资源班班通、网络学习空间人人通；"两平台"指教育资源公共服务平台、教育管理公共服务平台。

养模式和教学方法改革",以"逐步实现信息化教与学应用师生全覆盖","推动以互联网等信息化手段服务教育教学全过程",最终"构建'互联网+教育'支撑服务平台"。[①]

2. 中华优秀传统文化大发展趋势助推高等教育的改革与创新

党的十九大郑重提出:"坚持中国特色社会主义文化发展道路,激发全民族文化创新创造活力,建设社会主义文化强国。"[②] 这是党和国家首次明确建设社会主义文化强国的宏伟目标。2020年,党的十九届五中全会通过《中共中央关于制定国民经济和社会发展第十四个五年规划和2035年远景目标的建议》,明确提出到2035年建成文化强国。建设社会主义文化强国成为新时代中国特色社会主义现代化建设的重要组成。

文化强国指的是能较好承继并传播中华优秀传统文化,进而整合并创造出优秀文化的国家。"求木之长者,必固其根本;欲流之远者,必浚其泉源。"要建成社会主义文化强国,必须要抓住中华优秀传统文化这一根本,"中华优秀传统文化是中华民族的精神命脉,是涵养社会主义核心价值观的重要源泉,也是我们在世界文化激荡中站稳脚跟的坚实根基"[③]。因此,为了更好地传承与创新中华优秀传统文化,2017年中共中央办公厅、国务院办公厅印发《关于实施中华优秀传统文化传承发展工程的意见》,强调传承发展中华优秀传统文化的重要性,指出:"实施中华优秀传统文化传承发展工程,是建设社会主义文化强国的重大战略任务,对于传承中华文脉、全面提升人民群众文化素养、维护国家文化安全、增强国家文化软实力、推进国家治理体系和治理能力现代化,具有重要意义。"同时,该意见还提出具体的建设目标:到2025年,在总体上要基本建成"中华优秀传统文化传承发展体系",具体要协同推进"研究阐发、教育普及、保护传承、创新发展、传播交流"等各个方面,以期提供更丰富的"具有中国特色、中国风格、中国气派的文化产品",增强国民的文化自觉和文化自信,实现夯实国家文化软实力的根基、提升中华文化的国际影响力的最终目标。[④]

---

①中国政府网:《中共中央办公厅 国务院办公厅印发〈加快推进教育现代化实施方案(2018—2022)〉》,http://www.gov.cn/xinwen/2019-02/23/content_5367988.htm。

②习近平:《决胜全面建成小康社会 夺取新时代中国特色社会主义伟大胜利——在中国共产党第十九次全国代表大会上的报告》,人民出版社,2017年版,第41页。

③习近平:《在文艺工作座谈会上的讲话》,人民出版社,2015年版,第25页。

④中国政府网:《中共中央办公厅 国务院办公厅印发〈关于实施中华优秀传统文化传承发展工程的意见〉》,http://www.gov.cn/zhengce/2017-01/25/content_5163472.htm。

从四川本省发展战略来看，传承创新中华优秀传统文化是文化建设的重中之重。四川省委省政府2019年5月公布的《建设文化强省中长期规划纲要（2019—2025年）》提出要从总体上准确把握新时代人民群众对美好生活的文化需要，并强调要"准确把握新一轮科技革命带来的深刻变革"，同时要"坚持在中华优秀传统文化传承发展中固本培元"，为此，要着力打造中华优秀传统文化传承发展示范地，以文化强省建设助推治蜀兴川再上新台阶。同时，该规划纲要计划部署"八大工程"来具体助推四川建成文化强省，其中，关于传统文化的传承是重要组成，中华优秀传统文化传承发展工程位列"八大工程"之一。①

3. 高校中华优秀传统文化教育迎来大发展

要促进中华优秀传统文化的传承与创新，高等教育的作用至关重要。2014年教育部颁布《完善中华优秀传统文化教育指导纲要》，明确规定："大学阶段，以提高学生对中华优秀传统文化的自主学习和探究能力为重点，培养学生的文化创新意识，增强学生传承弘扬中华优秀传统文化的责任感和使命感。"②2017年，中共中央办公厅、国务院办公厅印发的《关于实施中华优秀传统文化传承发展工程的意见》进一步部署了七大重点任务，其中的"贯穿国民教育始终"与"加大宣传教育力度"两大任务都与高等教育密切相关。党和国家明确规定围绕立德树人根本任务，把中华优秀传统文化全方位融入思想道德教育、文化知识教育、艺术体育教育、社会实践教育各环节，贯穿于高等教育等各领域，建议"综合运用报纸、书刊、电台、电视台、互联网站等各类载体，融通多媒体资源，统筹宣传、文化、文物等各方力量，创新表达方式，大力彰显中华文化魅力"，并进一步要求"推动高校开设中华优秀传统文化必修课，在哲学社会科学及相关学科专业和课程中增加中华优秀传统文化的内容"，同时还要"加强中华优秀传统文化相关学科建设"。值得一提的是，该意见特别强调了保护"冷门学科"的必要性，指出要"重视保护和发展具有重要文化价值和传承意义的'绝学'、冷门学科"③。

为"深入推进中华优秀传统文化全方位融入高校教育，不断创新新时代高

---

① 中国新闻网：《四川印发〈建设文化强省中长期规划纲要（2019—2025年）〉》，http://www.sc.chinanews.com.cn/scxw/2019-05-07/104657.html。

② 中国政府网：《〈完善中华优秀传统文化教育指导纲要〉印发》，http://www.gov.cn/xinwen/2014-04/01/content_2651154.htm。

③ 中国政府网：《中共中央办公厅　国务院办公厅印发〈关于实施中华优秀传统文化传承发展工程的意见〉》，http://www.gov.cn/zhengce/2017-01/25/content_5163472.htm。

校传承中华优秀传统文化的理念、形式与方法，充分发挥高校文化传承创新的优势与作用"，教育部在2018年5月发布《关于开展中华优秀传统文化传承基地建设的通知》，提出"计划到2020年在全国范围内建设100个左右中华优秀传统文化传承基地，探索构建具有高校特色和特点的中华优秀传统文化传承发展体系"。[①] 同时，以弘扬中华优秀传统文化为主题的"礼敬中华优秀传统文化"活动这一项长期的高校校园文化建设工作已纳入中宣部《培育和践行社会主义核心价值观行动方案》，至2021年已成功举办了六届。一系列政策的出台与落地，充分表明党和国家在统筹中华优秀传统文化传承发展事业的战略布局中，作为人才培养高地的高等院校的重要地位。

综上所述，进入中国特色社会主义新时代，建设中国特色社会主义文化强国是党和国家的重点发展战略，传承并创新中华优秀传统文化是增强国家文化软实力、建设文化强国的重要途径。"互联网＋"时代的到来，给中华优秀传统文化的传承与创新带来了新的机遇，高等教育在促进互联网技术与中华优秀传统文化的传承与创新实现深度融合的过程中扮演着重要角色。高等教育应主动搭乘时代之势，积极把握战略机遇，充分发挥互联网技术所衍生的优势，更好地实现中华优秀传统文化的传承与创新。

二、互联网时代高等教育传承与创新中华优秀传统文化面临的挑战

（一）互联网时代高等教育传承与创新中华优秀传统文化面临的认同挑战

1. 部分大学生对传承传统文化意识不清态度淡薄

大学生思维活跃、求新求异，容易因思想不成熟、易冲动而导致认知偏差。对于传承上千年之久的中华优秀传统文化，在部分未形成正确文化认知的学生看来早已"老掉牙"了，是陈腐落伍的，甚至对中华优秀传统文化倡导的美德观念与价值认知嗤之以鼻。

同时，当前社会中存在急功近利的情况，精致利己主义之风也刮进了校园，令小部分大学生形成了"唯分数论""唯工作论"的错误认知，对中华优

[①]中华人民共和国教育部：《教育部关于开展中华优秀传统文化传承基地建设的通知》，http://www.moe.gov.cn/srcsite/A17/moe_794/moe_628/201805/t20180523_336874.html。

秀传统文化的学习也持有过强的功利心，认为中华优秀传统文化"华而不实"，无助于赢得专业课的高分或找份高薪的工作，因此对于中华优秀传统文化教育淡漠处之。

2. 部分大学生对传统文化的认知模糊

由于中华优秀传统文化教育在部分地区的缺失与不完善，部分大学生对中华优秀传统文化缺乏系统认知。例如，某项针对河北四所高等院校学生的问卷调查显示，仅有15%的被调查者非常了解中国传统节日习俗，并能遵循节日习俗。[①] 部分学生不了解中华优秀传统文化涵盖范围、特点为何、精髓所在；部分学生对中华优秀传统文化的认识不明，不能对传统文化中的精华与糟粕做出明确甄别，或盲目地崇古好古，对传统文化中的不良部分甘之如饴，或一味崇洋媚外，将中华优秀传统文化等同于封建迷信；部分学生对中华优秀传统文化的认识过于表面、狭隘，仅仅局限于唐诗、宋诗、明清小说，对涵盖了艺术、建筑、民俗、医理、价值观念等的中华传统文化体系的整体性认识欠缺。

3. 部分大学生关于中华优秀传统文化的认知与价值选择遭遇网络舆论冲击

互联网时代技术的发展所创造出的物质产品极大地丰富了世界，五光十色的娱乐方式令人眼花缭乱，快节奏的快餐式文化的泛滥令人心浮气躁，经济的快速发展令多元生活所需唾手可得。这与需要精耕细作，一点一滴地去积攒生活所需的传统社会有着极大的不同。

传统文化成长于那个"日长睡起无情思，闲看儿童捉柳花"的慢节奏的农耕社会，那些习惯了刷抖音快手、沉浸于快餐文化、拥有"瞬时性审美"的年轻一代，很难去静下心来细细品味从前那种"且就洞庭赊月色，将船买酒白云边"的乐趣所在。作为年轻一代的大学生，也是在这种快节奏生活中成长起来的，习惯于过眼云烟式的瞬时体会，难以沉静下来与内心对话，很可能无法正确把握中华优秀传统文化的价值内核，也难以形成关于中华优秀传统文化的正确认知。

---

① 来自河北师范大学、河北科技大学、河北经贸大学经济管理学院以及河北师范大学汇华学院的学生调查数据。参见史玉娜：《大学生传统文化教育研究》，河北师范大学硕士论文，2018年，第21页。

4. 部分大学生对中华优秀传统文化的正解把握面临西方社会思潮消解危险

进入 21 世纪，随着互联网传播技术的快速发展，加之经济全球化浪潮席卷世界，各国各地区联系日益密切，以欧美文化为首的西方文化蜂拥而至。部分西方传媒开始别有用心地鼓吹文化"全球化"，公然将美国打造为文明世界的"灯塔"。这种文化上的强势为许多观察家所察觉，菲利普·G. 阿特巴赫便指出："传统的学术中心变得更加强大，并且越来越集中于北方的英语国家（美国、英国、加拿大）和澳大利亚以及欧盟中的大国（主要是德国和法国，某种程度上还包括意大利和西班牙）。中心国家的准则、价值观、语言、科学革命和知识产品主宰、挤压着其他观念和实践。"[①] 这种倾向很容易造成大学生对文化多元化发展的非理性认识。

东西方文化的差异性自古以来就有。中国文化的意向结构是生成式的，其所感知的外部现象被视作"自我"，"外部"与"我"本身便整合了，"世界"呈现出"一本"结构——天人合一，敬天保民，人与天是和谐统一的，人与外界的关系表现为相互包容、共同成长。西方则与之相反，其意向结构则是聚集式的，其所感知的外部现象被视作"对象"，"外部"与"我"是分开的，"世界"呈现出"二元"结构——主体与客体、精神与物质，人与外界的关系表现为彼此对立、相互对抗。[②]

在如此背景之下，两大文化在大规模的遭遇途中，倘若对双方文化理解不够透彻深入，信息交流与获取不对等，再加上西方文化的强势扩张，某些非理性的滤镜便可能出现。部分大学生无法做出客观性的鉴别与判断，可能出现一味迷恋西方文化的情况，想当然地认为我国若要融入经济全球化，那么就应该主动敞开心胸多多习得西方文化，错误地认为继承中华优秀传统文化就是重新陷入了近代时期"天朝上国"的迷梦，沉醉在孤芳自赏中不愿醒来。这种对西方文化的盲目迷恋与对中华传统文化的妄自菲薄，制约了某些大学生形成关于中华优秀传统文化的正确认知。

---

①〔美〕菲利普·G. 阿特巴赫：《传统与过渡高等教育的国际规则》，中国海洋大学出版社，2008年版，第 142 页。

②崔宜明：《中华优秀传统文化的实质》，《船山学刊》2017 年第 2 期。

（二）互联网时代高校传承与创新中华优秀传统文化教育面临的挑战

与互联网时代相伴而来的是海量的文化知识资源、文化传播主体的多元化、文化传播方式的多样化等，也为中华优秀传统文化的传承与创新的方式与内容带来了挑战。

1. 学生的课堂注意力被分散

随着手机的普及，部分学生在课堂上的注意力被手机分散。出现了学生成了"低头一族""老师与手机抢学生"的怪象。在这般屡见不鲜的怪象背后，是让学生可轻易进入千里之外花花世界的发达的网络传输技术，也存在一个显而易见的"对比"。一方面，在课堂上，部分高校中华优秀传统文化教育仍然沿用传统的"满堂灌""一言堂"的线性输出形式，形式单调，内容刻板；另一方面，在网络上，网络资源丰富有趣，获取资源、知识的渠道极其便捷。学生甚至感觉听课不及上网获得的信息量、知识量大，加之缺乏自律约束，自然成了"低头一族"。

2. 教师的话语权威被削弱

自媒体平台的兴起很大程度上增强了社会普通民众的话语权，关于中华优秀传统文化解读的话语权也由过去的专家、学者、教师等精英群体向普罗大众转移。阐释中华优秀传统文化的主体日趋多元化，呈非规范性、不稳定性发展的态势。如此一来，学生于普通生活场景中参与中华传统文化解读的热情得到大幅度提高的同时，传统教育场景中教师的中心地位被明显地撼动，教师话语的单向输出的方式遭到冲击。一定程度上，教师的话语权威面临解构的危险，学生的向师性减弱，让教学的实效性也受到了影响。

3. 教学过程中学生参与度不够

尽管近年来高等教育在教学理念上不断强调实践教学，但由于实际操作难度较大，关于中华优秀传统文化的实践教学推进较为缓慢，较多高校关于中华优秀传统文化的实践教学流于形式。

目前，从总体来看，高等教育体系所开展的中华优秀传统文化教育形式过于单一，主要为课堂授课，以教师个人演讲为主的"一言堂"不在少数。在河北四所高校学生关于"你的学校开展的关于传统文化的教育形式有哪些？"的问卷调查中,有高达93.75%的被调查者选择了"传统文化教学课程"。[①] 在缺少学生声音的课堂,以教师为本位的教学似乎成了一场独角戏,教师在卖力地演,学生在静静地看,教师演得口干舌燥,一旁观看的学生却兴致缺缺,无甚参与感与获得感。

4. 教学话语吸引力弱化

在传统时代,在以文献为文化主要内容载体与传播途径的岁月里,正如尼尔·波兹曼所分析指出的,那些印刷文字是"有语义的,可释义的,有逻辑命题的内容"。文字的阅读可以促进逻辑思考,助力理性思维的形成与发展,增强知识的分析与处理能力。波兹曼把那样的年代称作"阐释时代"[②]。自十八九世纪始,人类社会开始进入"娱乐时代","娱乐价值观念以前所未有的方式占据了主导地位"[③],其间盛行的图像视听是"抛弃逻辑、理性和秩序的"[④]。

因此,在基于图像视听的信息传播过程中,接收端无需逻辑分析与理性处理,便可获得信息,正如布尔迪厄所断言,"电视是一种极少有独立自主性的交流工具",只"赋予了部分的快思手(fast-thinker)以特权,让他们去提供文化快餐,提供事先已形成的思想"[⑤]。而在图像视听产品的制作过程中,其生产逻辑和在资本市场上生存所必需的流量产生模式,淡化了思维塑造所要求的严谨与缜密。长此以往,对于在此运营模式下的媒介受众来说,逻辑思维将大受影响。这种模式所传达的更多是浮于表面的趣味性知识信息,也会极大地影响到将中华优秀文化的传承与创新落到实处,让中华优秀传统文化的逻辑与思维难以入脑入心。

(三)互联网时代高等教育传承与创新中华优秀传统文化面临的管控挑战

部分高校的中华优秀传统文化教育存在着管控不力的问题。互联网时代,随着新式传播媒体的发展与崛起,庞大的信息资源库与强大的搜索引擎让我们能快速获取所需信息,海量信息可以透过各种花式渠道进入高校校园。不过,因为诸如搜索引擎的商业化背景、网络知识科普平台的个人编撰等问题,我们在获取大量便利的同时,也需要冷静下来理性地对这些未经证实的信息进行真

[①] 史玉娜:《大学生传统文化教育研究》,河北师范大学硕士论文,2018年,第23页。
[②] 〔美〕尼尔·波兹曼:《娱乐至死》,广西师范大学出版社,2009年版,第47—58页。
[③] 〔美〕尼尔·波兹曼:《娱乐至死》,广西师范大学出版社,2009年版,第136页。
[④] 〔英〕R. W. 费夫尔:《西方文化的终结》,江苏人民出版社,2004年版,第125页。
[⑤] 李伟明,陈力丹:《教授走进电视直播间的学理追问》,《当代传播》2004年第2期。

伪与优劣上的甄别判断，尤其是具体到中华优秀传统文化的解读与认知上。涉及的问题可能包括：传统文化中的哪些内容符合社会主义核心价值观，哪些内容具有真正的现代价值？哪些是精华，应该为当代大学生所用并进行弘扬及创新，哪些又是糟粕，应该批判之、弃之？谁有资格对传统文化的优劣做出判断？谁做出的判断理性客观且符合主流意识形态？高校相关职能部门面临着信息鉴别与网络安全管控方面的极大挑战。

1. 阻断有害和不良信息传播的技术难题

互联网时代，网络成为继报纸、广播、电视之后的"第四媒介"，不仅仅是一种全新传播方式与内容载体，还打破了传统媒介自上而下的控制模式，为信息的传播与交流带来了颠覆性的变化。"网状的节点传播方式决定了其信息传播渠道的多途径性，即使切断一条通道，信息仍然可以通过别的路径继续传递。"[①] 在网络传播的模式下，各种信息可以在瞬间被传送至网络所覆盖的全球每一角落，很大程度上加大了阻断不良和有害信息传播的难度。

有害和不良信息也极有可能借助各式传媒技术与传播渠道在无声无息中悄然渗入大学校园。因此，高校网络监管部门势必随时更新网络安全技术，以杜绝各种有害和不良信息的校内传播。

2. 甄别有害和不良信息的知识结构难题

在信息化时代，要在海量信息中去捕捉有害和不良信息的踪迹，进而将其隔离删除，涉及技术处理及内容甄别，对知识结构的要求很高。负责网络监管的技术人员基本都是理工科出身，大多数传统文化知识基础较为薄弱，但往往是筛选海量信息的一线人员。因此，要迅速识别出各种五花八门的有害和不良信息，需要有具有传统文化素养的学者提供咨询支持。

借助于互联网时代发达的信息传播能力，许多流入大学校园的网络信息在还未来得及澄清真相便被稀里糊涂地放大，被断章取义，被打扮成言说者想要的"小姑娘"。如此一来，很容易令高校陷入舆情被动。因此，完善校园文化建设的监管程序，加大对职能部门相关工作人员关于中华优秀传统文化的培训力度，提升其信息甄别判断能力及舆情管理效能势在必行。只有管理得当的校园文化建设才能为中华优秀传统文化的传承与创新营造积极健康的氛围。

[①] 袁其波：《互联网时代我国意识形态面临的挑战与对策》，《社会科学论坛》（学术研究卷）2018年第10期。

第三节　互联网时代高等教育传承与创新中华优秀传统文化的重点与难点

"秉纲而目自张，执本而末自从。"高等教育要真正达成传承并创新中华优秀传统文化的目标，必须得抓住重点难点带动全局工作。在"互联网+"时代，高等教育在传承与创新中华优秀传统文化的漫漫长路上，任重而道远。本节重点阐明在高等教育承担履行传承与创新中华优秀传统文化重任的过程中，于现代价值的挖掘、与现代科技的结合、初始的概念与内涵的界定、实施过程中的可操作性考量、社会价值与经济价值的平衡等方面所存有的诸多重点与难点。

一、互联网时代高等教育传承与创新中华优秀传统文化的重点

（一）挖掘中华优秀传统文化的现代价值是关键

1. 传统文化的现代价值

传承与创新中华优秀传统文化的重点是确保中华优秀传统文化的生命力，挖掘其现代价值令中华优秀传统文化历久弥新。文化很大程度上体现了形成时期的上层建筑，刻有强烈的时代印记。传统文化的创造者有一个"初始的视界"，是由当时的历史情境所赋予的。中华优秀传统文化在长达几千年的形成过程中，经历了尊神事鬼的殷商时代，走过了男尊女卑的封建社会，伴随着国家主流意识形态的演变而不断发展变化。对于这个包罗万象的文化复合体，我们习惯于以"现在的视界"去解读。伽达默尔主张应该把这两种视界整合起来，在超越"初始的视界"与"现在的视界"的过程中，达至更理性客观的视界——"历史的视界"。[①] 我们应该通过整合"初始的视界"与"现在的视界"，赋予传统文化全新的生命力，走向"历史的视界"，从而推进中华优秀传统文化的创新性发展。

[①] 韩卫东：《论中国传统文化的现代价值》，《理论前沿》2007 年第 2 期。

2. 中华优秀传统文化的现代价值内涵

中华传统文化在延续千年的历史中已形成了一整套成熟的协调机制，其内在结构与运行系统随着时间的推演，因时、因事、因情、因境而调整，以适应时代的变化。中华优秀传统文化的现代价值内涵是丰富且立体的：国家治理方面，从"民惟邦本"的国家治理理念，发展出中国共产党"全心全意为人民服务"的根本宗旨与初心；外交政策方面，从儒家核心思想"仁"为基点，延伸出"以和为贵""和而不同"的理念，发展至今日，形成了"和平共处五项基本原则"的外交政策；生态环境建设方面，"天人合一"的传统思想追求的是人与自然的和谐统一，超越了西方近代以来的主客二分的思维方式，以此为基点习近平总书记发展出"人与自然是生命共同体"的理念，进而创造性地构建社会主义的生态文明观；国际观方面，从"天下大同"的社会责任发展出人类命运共同体的中国理念。

3. 挖掘中华优秀传统文化的现代价值意义重大

习近平总书记一直很重视挖掘中华优秀传统文化的现代内涵。他强调："要加强对中华传统文化的挖掘和阐发，努力实现中华传统美德的创造性转化、创新性发展，把跨越时空、超越国度、富有永恒的魅力、具有当代价值的文化精神弘扬起来，把继承传统优秀文化又弘扬时代精神、立足本国又面向世界的当代文化创新成果传播出去。"[1]

中华优秀传统文化的强大生命力在于其应时而发展的现代价值。一方面，构建中国特色社会主义文化需要从中华优秀传统文化的精髓中去汲取养分，传承基因，彰显中国气派、中国风格；另一方面，中国特色社会主义文化的重要特点便是现代性，是相对于国家现代化而言，是具有重要价值的文化要素。过去关于现代化的解读基本集中在经济与政治层面，但"现代化"所涵盖的应该是"以经济、政治为基础，以思想文化、价值观念为重心的文明形态"[2]。因此，构建中国特色社会主义文化的重要步骤即是挖掘中华优秀传统文化的现代价值。

（二）充分结合现代科技实现中华优秀传统文化传承与创新是关键

在当今娱乐化的时代里，快节奏的工作与生活导致快餐式的娱乐形式大行

---

[1] 习近平：《习近平谈治国理政》，外文出版社，2014年版，第106页。
[2] 王学伟：《现代价值观念：优秀传统文化的评价标准》，《中州学刊》2016年第7期。

第四章　互联网时代高等教育传承与创新中华优秀传统文化研究

其道，慢节奏的传统文化似乎"过时"了；在当今信息化的时代里，呈爆炸式增长的海量信息可以利用网络犹如探囊取物般轻易获得，中华优秀传统文化知识似乎不再"稀缺"，相关教育也似乎不再有"门槛"；在当今移动媒体的时代里，一部小小的手机可集合办公、学习、娱乐、理财、讯息查询等诸多功能于一体，成为拥有多种功能、方便携带、易于操作的复合载体，中华优秀传统文化的"课堂"随之发生了根本性"变化"。

"互联网+"时代的到来，给中华优秀传统文化的传承与创新带来了诸多变化。其中蕴藏着诸多的"危机"，有"危险"亦有"机遇"，在"危"与"机"的转化中，要确保从"危"向"机"，将"危险"转化为"机遇"，临"危"不乱，主动利用现代科技推进互联网与传统文化事业的深度融合。

1. 与现代科学精神的结合

近代以来发展起来的现代科学精神所蕴含的科学思维、科学方法、科学理念、科学思想与传统文化的核心是同构兼容的。现代科学精神与传统文化同属于上层建筑，都受到特定的经济基础与生产方式的制约与影响。

而文化一旦形成，就有着自身演进的规律，并逐渐形成自我的进化法则。在演进的过程中，既有渐进式的积累，如绵延两千多年的封建文化；亦有突变式的爆发，如近代旗帜鲜明的新文化运动。文化就在这样或渐进或突变的演化中不断地发展，"在冲突中发展的人类文化已经构成了一个有机成长的开放系统"[1]。

中华传统文化成长于农耕社会，现代科学文化则成长于工业社会。二者自近代相遇以来便在冲突中不断地融合成长。传统文化在漫长的封建社会巩固了中央集权的政治体制，维护了以家长制为内核的传统社会的稳定，促进了传统农业经济的发展。进入现代社会，中华优秀传统文化仍然具备丰富且重要的当代价值，当然，其中也存在与工业社会不相适应的部分。因此，需要结合现代科学的异化与重构精神，与现实相融合，推进中华优秀传统文化的传承与创新。

2. 与现代科学技术的结合

进入20世纪，现代科技成为生产力的第一要素，成为现代经济发展的强劲推手。现代科技可以在许多方面与中华优秀传统文化的传承与创新相结合。例如，在保护非物质文化遗产方面，借助拍摄技术记录传统工艺的制作生产过

---

[1] 徐飞，卜晓勇：《试论传统文化与现代科学的同构兼容》，《科技进步与对策》2005年第10期。

程，确保传统工艺的制作流程的准确传承；在博物馆展厅的设计方面，利用人工智能及光影技术，模拟传统时代的生活场景，让参观者身临其境，对传统生活建立起更为直观形象的感受；在复原或分析传统工艺时，与现代制作工艺相类比，结合现代科技的实证工具与研究途径，实现更精确的技术还原。因此，高等院校作为现代科学技术的培育、集聚高地，应主动、有意识地结合现代科技来传承与创新中华优秀传统文化，助力中华优秀传统文化在时间的长河中始终闪耀着万丈光芒。

二、互联网时代高等教育传承与创新中华优秀传统文化的难点

互联网时代，面对时代发展所带来的种种挑战，中华优秀传统文化的传承与创新要持续深入地推进下去，在内涵界定、融通现实、社会价值与经济价值平衡等方面存有诸多难点，需要一一解决。

（一）注意鉴别中华优秀传统文化的内涵

目前，大学生对中华优秀传统文化存在着认知笼统、不清的问题，缺乏系统化的科学认知。尤其是在中华优秀传统文化的内涵界定上，甚至有学生想当然地认为只要是存在于故纸堆上的统统都是传统，统统应该传承吸收。传承优秀传统文化可不是照单全收，也"不是简单延续我国历史文化的母版"①。

何为中华优秀传统文化？这是个看似简单却又颇为复杂的问题。要传承并创新中华优秀传统文化，势必要对实施对象进行明确且清晰的界定。中华文明经历了千年之久，积累了无数先人的睿智与经验，但任何文明都并非完美，有精华亦有糟粕。面对多元化的文化世界，我们既要"理解"，亦要"选择"，要秉持"各美其美，美人之美，美美与共"的态度。因此，明晰优秀传统文化之概念，是必须完成的第一步。

中华优秀传统文化这一概念，其关键词是"优秀"，但需要注意的是，"优秀"并非指其卓越于其他文化（文化多元性表明文化不应有优劣之分）。恩格斯曾言，经济上落后的国家在哲学上仍然能够演奏第一提琴。因此，"优秀"之义是其在现代化进程中所具有的价值与意义。

势必需要考虑的是，中华传统文化在以血缘宗法为上、以小农经济为主的封建社会大背景中诞生并发展，其核心思想与封建社会的自然经济、专制统

---

① 习近平：《习近平谈治国理政》（第二卷），外文出版社，2017年版，第344页。

治、人治社会、农耕文明等主流意识形态保持一致。故而，其内涵不可避免地含有封建落后元素。这是与当今社会主义核心价值观不相符合的内容。

中华优秀传统文化的界定需要以"现代意识"为标准，应置于现代化的时代语境中来展开研判。所谓的现代意识，是指处于现代化阶段的人们对于发展现代化的一种自觉意识，并确定通过现代化的路径来实现国家的富强、民族的独立以及社会的发展。①

接下来，何谓现代化，我们还需要进一步界定。现代化的内涵是全方位的，除经济与政治两大基础性构成外，还应涵盖思想文化与价值观念的文明形态。故而，以此理念为基础，民族现代化的追寻是致力于民族自身的存续发展的，其中包括经济上的富足、政治上的强大以及文化上的深刻。具体到中华民族，中华优秀传统文化旨在体现蕴含在中华民族精神中的积极基因，鼓舞人们健康向上，激发民族自信，强化民族认同，并且具有一定的历史承继性与稳定性，直至今日仍具强大的生命力。

进一步来看，社会主义核心价值观正是以积极主动的态度从国家、社会、公民三大层面来推进现代化的实现，以此激发民族自信，强化民族认同。故而，社会主义核心价值观正是符合中华优秀传统文化的判定基准，我们在评判并筛选传统文化的过程中应以社会主义核心价值观为基准。②

因此，对于传统文化，我们应该秉持着有鉴别地予以对待、有扬弃地加以传承的原则，基于时代的趋势与社会的需要，以现代化为标准和参照系，充分挖掘和诠释中华优秀传统文化的合理内核，对具有现代价值且符合社会主义核心价值观的传统文化要素加以转化，在传承其内涵精髓的同时加以创新，赋予其新的现代形式，激活其新的时代生命力。

（二）推动传统文化与现实相融相通

在当今的高校校园，部分学生之所以会对传统文化存有落伍过时的刻板印象，除学生自身认知意识淡薄的原因外，也跟某些传统文化教育形式主义过浓有关。文化的真正生命力是植根于现实生活。在千百年的发展历史中，中华传统文化正是因为一直保持与现实相融相通，才能闪耀千年、延绵至今。

因此，推动中华优秀传统文化与现实的相融相通，是实现中华优秀传统文化传承和创新的重要途径。其要点有三：其一，要在历史层面清晰地勾勒出传

---

① 王学伟：《现代价值观念：优秀传统文化的评价标准》，《中州学刊》2016年第7期。
② 同上。

统文化的发展脉络，要"讲清楚中华文化的历史渊源、发展脉络、基本走向"，确保传统文化的传承现实。只有理清楚中华传统文化的来龙去脉，才能在历史的发展轨迹中找到今日现实的传承源头由来与现代价值。其二，要在文化层面概括整理出中华传统文化的独特性，要"讲清楚中华文化的独特创造、价值理念、鲜明特色"，实现传统文化的现实价值。理清中国传统文化的内涵与外延，特别是搞清楚中华传统文化的特点，即不同于他国、独秀于世界之林的特色所在，铸就对中华文化的自信心与自豪感。其三，要在现实层面深入挖掘中华优秀文化的现代价值，要阐释"讲仁爱、重民本、守诚信、崇正义、尚和合、求大同的时代价值"[①]，从而提高国民的文化自信与价值观自信，增强我国的文化软实力。

（三）搭建切实可行的路径实现传承与创新的落实与落地

党和国家一直很重视中华优秀传统文化的传承与创新，教育管理部门历年来也一直把中华优秀传统文化的教育摆在各教育阶段的重要位置上并给予政策引导和条件支持。不过，就目前的高等教育现状来看，中华优秀传统文化的传承与创新还有很大上升空间。事实上，高校学生对传承与创新中华优秀传统文化是具备一定使命感的。据针对河北四所高等院校的学生的问卷调查，60.5%的被调查者认为自己应该主动承担传承中华优秀传统文化的历史重任，做中华优秀传统文化的传播者和传承者。值得注意的是，有32.75%的被调查者虽然知道自身肩负着传承传统文化的责任，但是不知道怎么做；有5%的被调查者表示学习中华优秀传统文化就是传承传统文化，无需再做其他。[②] 这32.75%与5%的存在深刻地反映了当前高等院校所开展的中华优秀传统文化教育所存在的可操作性不强、实效性不够、形式主义的问题。

要在高等教育体系中构建一套完整科学的系统去实现中华优秀传统文化的传承与创新，要具有可操作性，不会流于形式，不是在课堂上走走过场，而是真正地入脑入心，必须做到以下两点。其一，坚持内容与形式并重。当前部分传统文化教育存在着一种认知——以形式掩盖内容的本末倒置，一味地认为着汉服、行跪拜之礼便是传统文化的复兴。当然，讲求形式、追求仪式感并没有错，这会让参与者建立起深刻的印象，产生更强的获得感。但文化要实现真正的传承还是需要形式与内容并重。在构建的场景中从形式上体验了传统，从内

[①] 习近平：《习近平谈治国理政》，外文出版社，2014年版，第164页。
[②] 史玉娜：《大学生传统文化教育研究》，河北师范大学硕士论文，2018年。

容上习得了文化的精髓,理解文化的理念,文化才能得以真正地传承。其二,坚持传承与创新的落地。坚持对传统文化的传承并不仅仅是把文化当作文物放在博物馆里去展出,当作知识记载入书籍里去诵读,而是要将传统的观念、传统的道德融于自我的意识中,并积极践行。此外,创新并非颠覆,也不完全只能是另造一全新事物。事实上,在现代社会用现代思维去完成对过往时代传统文化的理解,也是一种创新。

(四)促进社会价值与经济价值的平衡

高等教育体系并非象牙塔,仅仅只是少数精英的你唱我答,其产品更多的是需要走出大学的院墙,走向普罗大众,走入寻常百姓家。实现这一突破的途径则是与文化产业的结合。高等教育要更好地完成传承与创新中华优秀传统文化的任务,需要与文化产业相结合,获得更广泛的社会影响与更丰厚的社会效益。

文化产业是一种特殊产业,兼具社会属性与经济属性。在与资本结合的过程中,文化的发展方向易受到资本趋利性的影响与控制。倘若传统文化的发展一味受到资本影响,去随大流完全迎合市场的需求,那么生产出来的文化产品将极有可能沦为经济的附庸,失去传统文化的独立性。这极有可能给中华优秀传统文化的发展带来致命打击。因此,文化产业的特殊性决定了,高等教育在与其合作开展中华优秀传统文化的传承与创新时,社会效益是首要考虑。

高等教育体系中拥有大量的知识精英与严谨的学术传承与科学伦理,在与文化产业合作的过程中,面对趋利资本的强势影响,具有很强的定力与鉴别力,可以稳妥地实现社会效益与经济效益的平衡。因此,高等教育体系在完成传统文化传承创新并与市场经济融合的过程中,既要遵循市场的规律与逻辑,又要坚守文化的实质与根本,以此为前提,全面提升中华优秀传统文化的传承与创新的社会效益与经济效益。

第四节 互联网时代高等教育传承与创新中华优秀传统文化工程

近年来,汉服在青年一代中大热。在今日的大学校园里,不乏身着精致汉服的男男女女在课堂上挥洒自如振振有词,在图书馆里孜孜以求奋笔疾书,在舞台上巧笑倩兮引吭高歌,足见高校学生对传统文化的浓厚兴趣。如今,我国已正式迈入中国特色社会主义新时代。在这个美好的时代，充分激发并利用青年一代对传统文化的热情与兴致，深入推进中华优秀传统文化的传承与创新，是一项复杂、长期的系统性工程。本节将从实施主体、运行设计、监管机制等方面全方位构建起互联网时代高等教育传承与创新中华优秀传统文化系统工程。

一、互联网时代高等教育传承与创新中华优秀传统文化系统工程的实施主体

在互联网时代的高等教育体系中，开展中华优秀传统文化的传承与创新的实施主体，大体包括高等教育工作者与高校学生两大群体。

（一）高等教育工作者

高等教育工作者是高级知识分子。他们在很大程度上掌握着解读优秀传统文化的话语权，是传承与创新优秀传统文化的重要实施主体。他们在承担传承与创新任务的过程中要重点做好以下两方面的工作。

1. 具备中华优秀传统文化中所倡导的一些优良品质

高等教育工作者责任重大，要完成教书育人的教育责任，往往需要寒暑不易的毅力，需要持之以恒的耐心，需要锲而不舍的决心。这些宝贵的精神品质都可以从中华优秀传统文化中去汲取。透过中华优秀传统文化，我们看到了"头悬梁，锥刺股"的努力与坚持，感受到了"天生我材必有用，千金散尽还复来"的乐观与豁达，体会到了"先天下之忧而忧，后天下之乐而乐"的家国情怀，理解了"苟利国家生死以，岂因祸福避趋之"的国家至上……这诸多优秀品质，为今日的高等教育工作者所汲取、炼化为教育道路上的一件件制胜法器，助力攻克一道道教育难题。因此，高等教育工作者要担负起对中华优秀传统文化的传承与创新之责，首先需要成为中华优秀传统文化的践行者，成为传承与创新中华优秀传统文化的最佳代言人。

2. 时刻铭记传承与创新中华优秀传统文化的责任与担当

（1）教学环节

高等教育工作者肩负着中华优秀传统文化传承与创新的时代责任，在从事教育教学工作时，不仅自己要当好中华优秀传统文化的传承人和践行者，而且还要把中华优秀传统文化传承与创新贯穿在大学生培养教育的实践中，用科学的培养体系、专业的课程设置、丰富的教学内容、先进的教学手段等切实履行

好培养一代又一代中华优秀传统文化传承人的重要职责。

第一，在专业教育方面，要注重融入中华优秀传统文化。传统文化本身就有跨专业的复合属性，文学、传播学、历史学、文化学等大量人文专业学科皆与传统文化有关。因此，高校在设计上述专业的专业课程时，需要增加中华优秀传统文化课程的安排，从两方面入手。首先，与传统文化相关人文专业学科在制订人才培养方案时，需要找到专业方向与传统文化的契合点，特别是要主动结合互联网时代带来的新变化，从中华优秀传统文化的传承深度与创新高度上下功夫。例如，新闻传播专业人才的培养目标应包括让学生具备在互联网时代探寻并应用新方式与新路径宣传推广中华优秀传统文化的基本素质；历史学专业的人才培养应聚焦于让学生清晰地知道在数据化时代如何更好地利用数据库搜集资料，如何从浩如烟海的历史资料中整理挖掘出中华优秀传统文化的现代价值；对外汉语专业的人才培养则重点关注培养学生在信息化时代鉴别与筛选准确的文化信息、理性开展文化交流的能力，在异质文化的冲突与融合中引导学生塑造对中华优秀传统文化的文化自觉与文化自信。其次，在非文化类的文科专业以及理工类专业的课程设计中，要加强专业课程与中华优秀传统文化的融合。尽管这类专业与中华优秀传统文化并不直接相关，但此类专业的专业课程设计仍需有意识地融入传统文化教育。比如，经济学专业，可以通过讲授中国第一位经济管理大师管仲的名篇《管子》，透过宣讲其"菁茅谋"主张，在解析经济学原理的同时融入中华优秀传统文化的思考与理念。再比如，化学专业，可以透过传统道家的炼制丹药去探寻中国早期对化学的理解。因此，在专业教育中，要主动将中华优秀传统文化融入专业知识中，在深入钻研专业知识的基础上寻求中华优秀传统文化素质教育与专业教育的结合点，推进中华优秀传统文化在知识领域的全面渗透。

第二，从通识教育来看，要加大中华优秀传统文化相关通识类的课程建设力度。当前的高等教育兼备大众教育及精英培育的使命，所培养的人才是复合型人才。高校学生群体要完成真正的高等教育，成长为名副其实的复合型人才，必要的人文素质是不可或缺的，尤其需要具备传承中华优秀传统文化的基本素质。因此，高等院校在通识教育的课程设计上，应适当安排研习中华优秀传统文化的通识性课程，着力通过阐释中华优秀传统文化的精神内核，去赢得广大学生的共鸣，帮助学生构建文化认同与民族认同。同时，在设计传统文化的通识性课程时，应扩大传播范围。主动利用慕课等网络化学习平台，打造适应现代传播规律的精品课程，在全网范围内面向所有高校甚至面向全社会推出，以期将课程的辐射范围最大化。

(2) 科研环节

教学更多是属于知识输出的过程，借助于现代传播技术将知识与所得向学生与社会输出。科研则更多是属于知识输入的过程。高等教育工作者于工作阶段的知识与所得的由来主要是科研。在一定程度上可以说，科研是高等教育工作者的生命。唯有持之以恒地做科研，高等教育工作者才能维持学术活力。

高等教育工作者要达成传承与创新中华优秀传统文化的目标，势必需要以深入扎实的科学研究为基础，注重科研与中华优秀传统文化的融合。融合主要从内容与精神两方面展开。

高等教育工作者在开展科研的过程中，要有意识地选取弘扬与创新中华优秀传统文化的选题。当然这亦有专业之分，从事与传统文化相关专业的学者当然可以在深挖传统文化的精髓上下功夫，重点从资料挖掘、文本分析、路径探寻等方面展开持续性深入研究。对于非相关专业的学者，可以尝试提炼蕴含在传统文化中可与本专业某一理念相契合的要点展开探讨与研究，如前述管仲的"箐茅谋"案例，可在研究土地财政时以此为例，进行古今对比。

（二）高校学生

青年人思维活跃、精力充沛，是推进社会发展进步的重要力量。正如毛泽东同志所感慨的，他们"朝气蓬勃，正在兴旺时期，好像早晨八九点钟的太阳"。因此，"希望寄托在你们身上。世界是属于你们的。中国的前途是属于你们的。"[1] 高校学生作为青年一代的佼佼者，接受并完成高等教育，具备了较高的文化素质与良好的思考能力，健康积极的高等教育将引领他们发展为社会的精英，成长为国家的栋梁。

而高校学生要真正成长为国家的栋梁，基本的传统文化素质不可或缺。习近平总书记在出席纪念孔子诞辰 2565 周年国际学术研讨会暨国际儒学联合会第五届大会开幕式会上发表重要讲话："不忘本来才能开辟未来，善于继承才能更好创新。"[2] 因此，高校学生不仅是中华优秀传统文化的重要载体与传承者，同时亦是中华优秀传统文化重要的创新主体。高校学生要实现对中华优秀传统文化的传承与创新应从知识结构与主观意识两大层面着力。

从知识结构来看，高校学生要有意识地主动学习并吸收中华优秀传统文

---

[1]毛泽东：《毛泽东年谱（一九四九——一九七六）》（第三卷），中央文献出版社，2013 年版，第 248—250 页。

[2]习近平：《习近平谈治国理政》，外文出版社，2014 年版，第 164 页。

化。其一，面对传统文化类的必修课，要在完成课程修读的基础上，去理解并领会传统文化的精神与要旨，将之融入生活。其二，面对传统文化类的选修课，不论是专业选修还是公共选修都要尽量主动选择，让自己在具备优秀的专业素养的基础上，铸就良好的人文素质。其三，在平时的业余学习中，广泛涉猎传统文化相关内容，发展出身为中华儿女的文化自觉与价值自觉，有意识且非功利性地去探寻中华优秀传统文化的精髓。其四，在掌握中华优秀传统文化精髓的基础上，实现创新性学习。高校学生作为高素质人才，是中华优秀传统文化的重要传承者与创新者，在汲取传统文化知识的过程中，在融会贯通的基础上，要有意识地承担起传承与创新的责任，结合时代大势去具体推进创新。

从主观意识来看，高校学生要积极主动地将中华优秀传统文化精髓融入日常生活中。真正的文化传承并非单纯地将传统文化承载物静止地陈列展示被动地等待他人驻足观赏，而是主动地将传统文化元素融入日常生活的各个角落，让它活灵活现地在现实生活中跳跃。犹如春分芒种，惊蛰小满……二十四节气不单单可以指导农业社会的耕种农事，在现代社会，它仍然在告诉今人与自然共生，顺势而行。

秉持中华优秀传统文化的精神要义是规范日常言行。人生修养，以"八目"为上，格物、致知、诚意、正心、修身、齐家、治国、平天下；人生态度，铭记"天行健，君子以自强不息；地势坤，君子以厚德载物"；为人处世，倡导"言必信，行必果"；与朋友相交，应恪守承诺，遵行"结交一言重，相期千里至"；与他人的意见出现分歧，应了解"美美与共"，做到"和而不同"；在个人名利的追求上，主张"不义而富且贵，于我如浮云"；遭遇困难之际，回想"宝剑锋从磨砺出，梅花香自苦寒来"的甘苦，怀抱"千磨万击还坚劲，任尔东西南北风"的坚定；处于逆境之时，遥望王勃的"穷且益坚，不坠青云之志"；人生变化无常，秉持"达则兼济天下，穷则独善其身"的信念；与他国相交，奉行"协和万邦"的原则，坚持"以和为贵""亲仁善邻""兼容并包"的理念。坚持中华优秀传统文化的核心要义去助力自己成长为中国特色社会主义新时代的谦谦君子。

二、互联网时代高等教育传承与创新中华优秀传统文化系统工程的运行设计

当前，部分高等院校开设中华优秀传统文化相关课程的目标是：其一，借助于传统文化课堂，向学生传授传统文化知识，促进学生建构起对中华优秀传统文化的理性认知，铸就中华民族的精神之魂；其二，培养传承与创新中华优

秀传统文化的社会精英。中华传统文化之所以延续千年生生不息，源于其在时间长河中不断地应时而变、创新发展。高校的中华优秀传统文化教育不能只是于课堂中传授传统文化知识，更重要的是去吸引有志于推动中华优秀传统文化创新性发展的人才加入中华优秀传统文化传承与创新的队伍，成为中华优秀传统文化传承者与创新者，为推动社会文明进步做出贡献。

高等教育体系要真正构建起传承与创新中华优秀传统文化系统工程，需要搭建起操作便捷、施行有效的运行平台以作为整项工程的框架。在互联网时代，高等教育体系内推进中华优秀传统文化的传承与创新，大致可以从课堂教育、科学研究、图书馆馆藏资源、校园文化建设四大方向推进。

（一）高等教育传承与创新中华优秀传统文化的课堂教育

课堂教育一直以来都是高等教育传承与创新中华优秀传统文化的主阵地。最关键的是持之以恒、扎实深入地推进传统文化相关的理论教育，从公共选修课到专业必修课，从普及性通识教育到研究性专业培养，在主题选用、课程设计、教学形式等方面结合新时代特点与现代科技成果进行不断创新。

1. 主题选用

在不同历史时期，针对"传统文化"有着不同的表达形式。文艺复兴时期所提倡的美好时代并非泛泛而谈的"古代"，而是特指倡导并重视人之价值的古希腊时期；孔子怀古也并非怀念那个茹毛饮血的原始时期，而是感慨于过度的欲望膨胀导致的"周室微而礼乐废"的当下乱世，唯愿世人放下欲望，故而感念"唯天为大，唯尧则之"。因此，要保持传统文化的生命活力，需要做出新的诠释与解读。

中华优秀传统文化虽然属于历史性概念的范畴，但发展了数千年早已积累起博大精深的内涵。因此，在关于中华优秀传统文化的课堂教育中，要结合时代趋势与专业特点，精选具有现代价值且符合社会主义核心价值观的主题，展开专题式的深入阐释与探讨，同时课程内容也没有必要囊括中华优秀传统文化所有方面，面面俱到只能是蜻蜓点水般的浅尝辄止。在选择主题的过程中，还可以进一步利用互联网技术关照学生的需求。首先，充分搜集互联网中的相关讯息，了解当下青年学生的关注热点；其次，除了传统的面对面讨论、书面研讨、线下问卷调查等，善于通过智能算法对相关数据进行处理分析，充分发挥大数据所具备的交互性强、信息多元化的特点获取高校学生对传统文化的切实观感与体会，以此作为科学的决策依据精准筛选出学生心之所向的主题。

教材的选用势必要以社会主义核心价值观为基准，结合当前中国特色社主义的发展建设所需，与所选主题高度契合。此外，中华传统文化绵延千年博大精深，涵括了大量晦涩难懂的内容，尤其是对于非人文学科的学生来说，把握起来存有难度。因此，要尽可能选择使用通俗易懂的语言解读传统文化的教材（有条件者可编写），还要贴近现实生活，以此来降低教学难度，并借助于语言的魅力去吸引学生。

2. 课程设计

在课程设计和课程标准修订过程中，坚持强化中华优秀传统文化内容的基本态度，且在教学过程中需要从课程导入、讲授内容、授课艺术、课堂掌控、教学反馈等环节充分考虑互联网时代的背景，利用各式现代教学手段进行科学设计，合理调节并有效控制教学活动，以期最大限度地实现传承与创新中华优秀传统文化的目的。

首先是课程导入环节。选取中华优秀传统文化某些实践操作性较强的元素，适当应用包括多媒体在内的现代技术，设计传统文化的体验性场景来导入课程，增强课程的体验感。或者，充分利用网络平台，如 MOOC、超星、钉钉等，在课前发起投票、讨论等互动活动，预先了解学生的喜好与需求，结合互动信息再有针对性地设计学生喜闻乐见的导入形式，为课堂注入活力，提高教学的时代性与感染性。

其次是讲授内容。互联网时代，信息高度透明化，且伴随着网络教学平台的引入、自媒体的兴起、手机应用的发展，高校学生有了更多的渠道去获取传统文化的知识性信息。因此，在授课内容的安排上，要避免简单的重复性的基础性知识输出，传授的重点要倾向于理解性、阐释性内容。课堂教育应从静态知识的传授走向智能教育，给予学生的应该是启发性研读，引导学生去思考传统文化精髓，以建构起基于自身知识基础的对中华优秀传统文化的自我认知。

再次是授课艺术。要提高中华优秀传统文化相关课程的教学实效，最大程度提升传承创新中华优秀传统文化任务的完成度，优化授课艺术乃重要途径。在互联网时代，多媒体技术被广泛应用，出现了 MOOC、雨课堂、学习通等网络教学平台，很大程度上丰富了教学手段。授课艺术的优化，可增强学生在课堂上的参与感与获得感，从而促进教学实效的提升。

最后是课堂掌控与教学反馈。教育是一个不断调整、不断完善的过程，是一个输出与输入循环的过程，基于学生所需的输入设计教学内容，开展教学输出，在反馈过程中获得学生学习实效的反馈输出，再据此调整教学输出。在这一过程中，构建起完整的师生互动、信息共享、反馈及时的教学体系，使教师之"教"与学生之"习"的成效呈螺旋上升式的提高。

课堂教学调整的重要依据之一是学生的习得反应。过往的学情分析很多是基于大量的调查性工作，如课下调查（个别谈话、问卷调查等）、课堂小测、成绩分析等，工作量巨大且存在个别被调查者不客观、取样不完整、数据不全面、反映不准确等问题。随着互联网时代的到来，数据化的网上教学平台获得跨越式的大发展，带来了便捷全面的学情数据。在课程进行的同时，后台就可以即时获取学生的习题得分率、登录学习时长等数据，教师根据学生学习的大数据分析能有针对性地优化课程设计。

3. 教学形式

传统文化教育要走出流于形式、照本宣科的困境，势必得结合学生的需求与喜好来设计教学形式。其一，尽可能采用学生喜爱的展示形式，努力争取获得学生的认同，引发学生共鸣。近年来，短视频因其精炼简洁、传播便捷的优势，深受学生喜爱。同时，短视频的制作较简单，就算没有视频拍摄的专业基础也易于上手操作。因此，在教学过程中可适当穿插短视频的片段，去提升学生的学习兴趣。尤其是针对中华传统文化中比较晦涩的知识点，结合现代传媒技术，通过更具体直观的形式去阐述理论难点。其二，借助于线上教学平台，提高课堂的交互性，增强学生的参与感。一定程度上可以说，手机已成为当代高校学生一种快速获取知识以及缓解学习压力的重要辅助工具。虽然如今的大学课堂，存在着"老师与手机抢学生"的怪象，但我们可以将劣势转化为优势，主动利用手机强大的应用功能把学生"拽回"课堂上来。

当前手机线上教学功能的开发与应用正进行得如火如荼。在此次抗击新冠肺炎疫情的过程中，钉钉、雨课堂、学习通、MOOC等网上教学平台得到了跨越式发展。这些日益成熟的网上教学平台的用途不单单是线上教学，其丰富的教学资源、多彩的教学活动以及学生习惯的操作方式都可以让它们成为线下课堂教学的重要抓手。线上线下形成有机结合，以更为丰富的形式、更为便捷的途径、更为活跃的氛围推动课程教学的有效展开。

（二）高等教育传承与创新中华优秀传统文化的科学研究

高等院校是研究中华优秀传统文化的重要力量，为传承与创新中华优秀传统文化提供有力的理论支撑。进入中国特色社会主义新时代，关于中华优秀传统文化的学术研究，其科研导向、研究范式、交流平台等都应植入现代运作方式，与时俱进。

1. 结合新时代特点，确立科研导向

关于中华优秀传统文化的研究，高校科研人员在规划研究方向与研究内容时应侧重于阐释性内容，首要确保以社会主义核心价值观为基准，建设中华优秀传统文化研究选题库。基于时代趋势与现实需求，在2017年中共中央办公厅、国务院办公厅印发的《关于实施中华优秀传统文化传承发展工程的意见》与2014年教育部印发的《完善中华优秀传统文化教育指导纲要》的指导下，挖掘具有现代意义的中华优秀传统文化内涵，结合新时代的特点开展学术研究，在确保准确释读的基础上，去赋予中华优秀传统文化以现代的表达形式，做好开展高等教育传承与创新中华优秀传统文化科学研究的顶层规划。

在国家社会科学基金项目2022年度课题指南中，有包括"中国特色社会主义政治制度的传统文化基因研究""中华优秀传统政治文化中的治国理念研究""老龄化社会与传统孝文化研究"等在内的十余个选题以中华优秀传统文化为核心，集中在充分挖掘其现代价值，推动其创造性转化和创新性发展的主题研讨上。因此，高校科研工作者在从事中华优秀传统文化的相关研究时，应以此为科研导向开展研究。

2. 整合全网资源，合理布局科研资源

我国一直较重视对中华优秀传统文化的研究，各地相继成立了大量关于中华优秀传统文化的研究机构与学术团体。过往的人文学科研究，尤其是关于传统文化的研究，多见"自娱自乐"的情况，在自己的一方园地里浇水施肥尽心耕耘，开花结果后再著书立说。如此一来，在这种"两耳不闻窗外事"潜心向学式的科研过程中，未能及时跟踪热点、与其他学者进行交流沟通，可能会出现与他人研究选题的重叠交叉、研究资料与范式的落伍、研究成果过时等问题。

要解决上述问题，可以利用互联网的高连接性，组织各高校传统文化相关学科、相关研究所定期召开视频会议、直播讲座，或在集合性较高的公共研究平台上公布研究选题及研究进展。根据随时更新的研究数据，从微观上，研究者个人要合理安排自己的研究方向，做好研究规划，确保了解最新研究范式，及时跟进社会热点；从宏观上，高校的科研管理部门结合科研的现状科学统筹本校的科研力量，避免出现科研资源集中在某一热点问题研究的不理性状况。

3. 广开渠道，搭建互联网学术交流平台

在这个全球化、多元化、信息化的移动互联网时代，中华优秀传统文化研究应突破过往仅囿于小范围、本专业群体探讨的局限，打破以往闭门造车的科研状态，借助于现代技术与交流手段建构起更宏大更广阔的交流平台，让各高校的科研人员"走出来"，一同讨论研究心得、分享研究范式、共享文献资源。

这样能有效整合全国甚至全世界的研究力量，更有利中华优秀传统文化研究工作的开展。

（三）以图书馆馆藏资源助力传承与创新中华优秀传统文化

在数字化逐渐成为资源表现及延续趋势的背景下，"现代图书馆正从传统的书籍和书架主导的物理图书馆过渡到拥有广泛丰富文化的知识承载空间"[1]，成为泛在的公共文化空间，其文化传播、文化引导的功能日益受到重视。

互联网时代，各种文献的电子载体形式，令大量过往需要去往千里才能获得的珍贵资料唾手可得。如今各大高校图书馆已基本普及了电子图书阅览的功能，高校的数字资源库也引入了大量的文献资源库，其中也包括各类型传统文化资源库，例如，北京大学图书馆电子资源库收录了雕龙古籍数据库（正统道藏、中国民间文学、永乐大典、雕龙四库全书、清代史料、古今图书集成）、籍合网中华石刻数据库（三晋石刻大全、宋代墓志铭、唐代墓志铭、汉魏六朝碑刻）等；复旦大学图书馆电子资源库收录了爱如生典海数字平台（里面包括中国基本古籍库、四库系列数据库、中国方志库、中国谱牒库、中国金石库、中国丛书库、中国类书库、中国辞书库、中国儒学库、中国史学库、中国俗文库、佛教经典库、道教经典库、中国医学库、敦煌文献库、明清档案库等）；武汉大学图书馆电子资源库收录了书同文古籍数据库；四川大学图书馆电子资源库收录了爱如生典海数字平台、中华经典古籍库、大成故纸堆数据库等；南京大学图书馆电子资源库收录了鼎秀古籍全文检索平台，还自建了"南雍撷珍"古籍与特藏文献平台，除本身馆藏的古籍目录外，同时还发布古籍全文的图片，成为高校自建传统典籍数据库的先行者。这些平台，使得传统文化典籍的查阅得到了极大的便利。

各高校图书馆还加强了资源传递与馆际互借服务，促进电子资源的全网共享。目前，比较具有代表性是"学苑汲古——高校古文献资源库"的出现。这是一个汇集高校古文献资源的数字图书馆，已成为世界上最大的中文古文献资源库之一，参建单位包括北京大学、北京师范大学、南京大学、四川大学等二十余所高校的图书馆。内容不仅涵盖了各参建馆所藏古文献资源的书目记录，而且还配有部分书影或全文图像。目前，该资源库囊括了各参建馆馆藏善本古籍和普通古籍，计划也将增加金石拓片、舆图等多种古文献资源。如此一来，将在很大程度上改善各高校古籍文献资源不均衡的现状。同时，珍贵文献的数

---

[1] 曹海霞，刘蕾：《数字环境下图书馆空间功能设计》，《中华医学图书情报杂志》2015年第7期。

据化处理也解决了古籍保存不易、易翻阅损耗的问题，在降低折损率的同时极大提高了使用率，为深入开展传统文化研究提供重要的文献资源。

除高校图书馆收录大量传统文化数据库资源外，各级政府管理的公共图书馆还主动承担起优秀传统文化数据库的建设责任。其中，"中华古籍资源库"极具代表性。这是国家图书馆所属的国家古籍保护中心建设的综合性古籍特藏数字资源发布共享平台，目前在线发布的资源包括国家图书馆藏善本和普通古籍、甲骨、敦煌文献、碑帖拓片、西夏文献、赵城金藏、地方志、家谱、年画、老照片等，当前的典籍总量约10万部（件）。

同时，图书馆还应承担起中华优秀传统文化的推介与宣传责任，主动收录以传承与创新中华优秀传统文化为主题的相关文献与研究著作，引进传统文化相关的电子资源。在图书馆的网站上推介中华优秀传统文化的相关书籍，让学生第一时间获知传统文化书籍的信息；充分利用二维码技术让学生通过他们习惯的便捷方式快速获取传统文化类图书的信息，有意识地去引导学生阅读传统文献，激发学生对中华优秀传统文化的兴趣。

（四）以传承与创新中华优秀传统文化为核心开展校园文化建设

校园文化指的是学校所具有的特定的文化氛围与精神环境。要真正地推进中华优秀传统文化在高校的传承与创新，以其为核心开展校园文化建设是重要的一环。

1. 利用新媒体扩大中华优秀传统文化的校园影响

互联网时代，新兴媒体具备强大的即时性、交互性、个性化的特点，突破了传统媒体于时间空间上的局限，成为在中国特色社会主义新时代宣传和弘扬中华优秀传统文化的重要载体。

高等教育体系在进行中华优秀传统文化教育的过程中，应在深刻了解时下流行且最为有效的传播路径的前提下，充分利用多元载体来宣传中华优秀传统文化，最大程度引发并调动学生对此的兴趣。

如今的高校学生是成长在网络时代的一代，这些"数字原住民"习惯且喜爱通过网络去习得知识。因此，要赢得高校学生对中华优秀传统文化的关注，不仅要从内容上下功夫，还要着眼于形式。贴近年轻人需求，用好短视频、直播等新兴传播方式，进行短视频推介、直播互动、慕课分享等，实现对传统文化信息的媒介化处理，借助多元化、接地气的表达去吸引年轻人的关注，积极营造适合于中华优秀传统文化传承与创新的校园文化氛围，去赢得让中华优秀传统文化融入校园文化的更多可能。

此外，如今也是自媒体时代，每个人都可将资源与信息分享给他人，传播空间不断延伸、扩大。因此，可有意识地在学生中挑选意见领袖进行重点培养，利用其强大的个人影响力进一步增强传播效能、扩大辐射范围。此外，引导学生多进行围绕中华优秀传统文化展开的线上交流，在表达自我的同时进一步加深对中华优秀传统文化的内容理解与阐释。

2. 激发学生参与热情

教师与学生并非独自延展、永不交汇的平行线，教学相长乃古训。高校学生作为"新新人类"，有着敏锐的时势触角、活跃的创新思维，从生物个体的发展规律来看，这些特质是大多数年长的教育工作者很难比拟的。因此，在传承与弘扬中华优秀传统文化系统工程的运行设计过程中，高校应当有机整合教师与学生两大群体，充分发挥其各自的优势与特点。有着深厚传统文化素养的教师群体负责方案的框架轮廓与主体内容，有着天马行空想象力并充分了解流行趋势的学生群体负责表达形式、路径与平台设计。同时，学生作为方案的主要受众，在方案的设计与完善过程中，应全方位调查并充分考量其观感与获得感，及时根据反馈的信息去修缮调整，以期达到最佳的效果。

在探索中华优秀传统文化的传承与创新方式的过程中，务必考虑新时代高校学生"数字原住民"的认知、学习及接受的特点。针对青年人愿意尝试各类新手机应用软件的特点，可尝试开发适合高校学生"口味"的手机应用程序用以宣传推广中华优秀传统文化。

高校学生作为年轻一代的主力军，更希望成为站在舞台的中央成为闪光的主角，张扬的青春需要更多主体性的发挥渠道。因此，要更大程度上激发高校学生参与中华优秀传统文化传承与创新的热情，增强其主动性与参与感。学校可以从政策与资金上支持学生创立关于传统文化的社团，引导学生利用新媒体宣传平台去吸引更多的同好者加入团队，乘上互联网时代吹来的东风，搭载着中华优秀传统文化走向更多年轻一代，让民族文化生生不息历久弥新。

三、互联网时代高等教育传承与创新中华优秀传统文化系统工程的监管机制

网络化时代，新媒体的出现极大地丰富了中华优秀传统文化的传播途径，提高了传播信息的可读性与实效性，但在其井喷式的大发展过程中所衍生的问题也不容忽视。目前，新媒体运营的入门门槛较低，新媒体企业资质良莠不齐，如若监管不到位，主流价值观引导缺失或不足，部分素质不高、理论功底

不扎实的运营者将可能趁机推出粗制滥造之物。内容创造一味着眼于吸引眼球、博得粉丝、获取流量，导致本末倒置，推送的内容过于偏向娱乐化、低俗化而忽略了教育意义，杂乱无章甚至错漏百出等问题将层出不穷。当然，我们也不能因噎废食，完全否定甚至阻断这一在青年学生中广受欢迎的传播路径。因此，完善网络监管机制势在必行。

（一）坚持价值观底线，严格自我管理

在高等教育体系内传承与创新中华优秀传统文化的各实施主体，不论是高校行政管理人员、教师还是学生，都应高举习近平新时代中国特色社会主义思想的理论大旗，坚持社会主义核心价值观，在传承与创新中华优秀传统文化的过程中坚持正确的意识形态。2019年12月国家互联网信息办公室颁布的《网络信息内容生态治理规定》的第五条明确提出：鼓励网络信息内容生产者制作、复制、发布"弘扬社会主义核心价值观，宣传优秀道德文化和时代精神，充分展现中华民族昂扬向上精神风貌的"以及"有助于提高中华文化国际影响力，向世界展现真实立体全面的中国的"的内容。因此，在这个信息呈爆炸性增长态势的时代，在这个手指轻轻一触就能将消息在分秒之间传至万里之外的时代，实施主体需要严格地自我管理，对传承什么、如何传播要有明确的底线，明辨是非，站稳立场，弘扬正气。

（二）监督管控到位，营造清朗的网络空间

要确保中华优秀传统文化传承与创新正确的意识形态，在坚持实施主体严格自我管理的基础上，还应完善管控监督机制，补漏堵缺。《网络信息内容生态治理规定》的第八条规定"网络信息内容服务平台应当履行信息内容管理主体责任，加强本平台网络信息内容生态治理，培育积极健康、向上向善的网络文化"。据此导向，高校相关职能部门应对涉及传播中华优秀传统文化的各类网络平台建立全面监管体系，全面提高高校网络治理能力。从推送模型、内容巡查、投诉举报等方面完善对网络信息内容服务平台的全方位监管，有效地抵制不良与有害信息，营造清朗的网络空间，维护良好的网络生态，打造安全的网络环境。

（三）建立社团公众号导师制，确保合理合法合规

需要注意的是，要确保前述为调动学生的积极性而支持成立的关于中华优秀传统文化的社团、公众号的意识形态安全。学生社团及新媒体运营常常跟社

会发生诸多接触与联系。当前社会各种思想纷繁复杂，其中不乏披着中华优秀传统文化外衣的不良与有害思想。高校学生生活实践阅历不足，文化根基不够扎实，不一定能够敏锐甄别、清除。因此，需要建立社团公众号导师制，邀请有新媒体运作经验且具备扎实传统文化根底的教师担任导师，做好把关、督导的工作，确保学生社团及公众号在合理合法合规的轨道上稳定运行。

第五章　互联网时代中华优秀传统文化的传播研究

导读：中华优秀传统文化经过五千年的悠长发展史，直至今日依然有着旺盛的生命力。在当今世界，全人类都面临着环境保护、贫困、恐怖主义、种族冲突等问题，我们需要在包括中华优秀传统文化在内的世界古老文明中寻求智慧，找到解决方案。对中华优秀传统文化的传承与发展，正是题中之义。而在人类进入互联网时代之后，人类的生活方式被改变了，文化传承与发展的形式和内容也都被深刻改变了。如何使互联网成为中华优秀传统文化在当今世界传播、发展的助力，如何通过互联网将中华优秀传统文化传播给更多的人，使其中蕴含着的中华文明的智慧和价值观越来越多地获得世界的理解与认同，已经成为摆在我们面前的重大任务。

第一节　互联网时代中华优秀传统文化传播的价值

每一种文化自诞生之日起，复制、延续意义便是它与生俱来的使命，因为在自有人类社会以来的林林总总的诸多文化中，我们看不到有哪一种文化不承载意义。无论是作为一种生活方式的文化，还是以器具形式展现的文化，总是深蕴着意义。这些意义包含着对人类与自然的关系、人类与社会的关系以及人与人之间关系的种种理解。这些理解解释了"我们是谁？""我们来自何处？""我们将往哪里去？"等与人生在世、生命处境密切相关的问题，能给予让生活在这些文化中从一开始便会追寻意义的人们一颗安定的心，也由此成为他们行动发展乃至创造新的文化（或意义）的起点。互联网时代中华优秀传统文化的传播价值即是实现意义的复制、延续。

一、文化传播与意义建构

在浩瀚的宇宙中，人是如此微小，微小如尘埃。生命的意义对于有觉知的人来说，如果不能被感知到，不能被理解到，将很难产生对生命应有景观的理解。最近几年，受日本某部电影的影响，我们身边有些年轻人常常会在微博或朋友圈中发出"生命不值得"的感慨。这样的感慨看上去似乎只是应景地表达对某种不如意的现实的不满，但我们认为，这背后其实表达的是他们对于生命意义理解的无力感。

生命到底有没有意义？人的生命是不是真的如尘埃、朝露一般，须臾存在片刻，转眼便消散，毫无痕迹？人类进入现代社会以来，唯物主义的兴盛促成的对宗教的反思和批判，使原有的生命价值问题再次被提出，成为哲学家们不得不面对、不得不做出解释的问题。在诸多的哲学流派中，存在主义哲学对生命的存在进行了深刻的思辨。海德格尔对人之境况的理解是"被抛在世"，认为人一出生，即进入一种人无法掌控的存在状态。生命随着降生而展开，在起源处就是这样一种看上去无可奈何、不得不为之的存在。因此，在这种境况下的人是没有自由可言的。用"被抛在世"来描述人出生的状态，将其视为生命的最初设定，这本来就是一种悲观的腔调。而在这样的一种设定下，海德格尔自然而然地引出了人的"无家可归"。这是一种人在强大的存在面前一片茫然、不知所措的状态，是人的身心如风中落叶，随生命飘荡，无所依托的状态。虽然海德格尔在《存在与时间》这本书中对如何解决这种"无家可归"的问题进行了分辨，提出了方案，但进入现代社会以来，从整个人类社会来看，这种状态开始变成全球各国不得不重视的社会议题。

作为海德格尔的学生，阿伦特对这种"被抛在世"做出了不同的阐释。她看到人的生命虽然不能永恒，但生命是一个整体，看上去似乎是个体的生命，其实包含着生活在整个世界的、古往今来的所有生命。每一个生命来到世间，都是复制、延续过去的和现实的生命，复制、延续在他们身上承载的时间，以及充盈于这些时间之中的意义。其中，最重要或者更准确地说最能复制、延续的是意义。

意义通过文化得以复制、延续，同样，意义也伴随着文化的传播而推而广之、重新建构。文化作为一种信息，其意义的建构是人的认知和外部环境共同作用的结果。根据意义建构理论，信息的意义建构是人的内部行为（认知）和外部行为（过程）共同作用的结果。在这一过程中，"人"从观察者变成行动者，即使最基础的信息查询行为，其实质也是一种主观的意义建构，更何况信息。可被视为信息的文化也是通过个体建构而成的主观产物。从人的角度看，文化作为现实的产物，每个人看到、感受或体会到的可能并不一致，因为个体的建构是不同的。与此同时，沟通的本质就是信息的交流与共享，只有当人与人之间的信息实现一定程度的同步才能趋向或完成沟通目标。而作为人类社会的黏合剂，文化需要统整、归化意义，这一目标需要通过文化的交流与共享来实现，而后者需要经由文化传播来实现。因此可以说，文化不能独立于传播而存在，个体通过文化传播不仅接受文化，也参与到意义建构的过程中，并在这一过程中与他人共享文化及其蕴含的意义。

二、中华优秀传统文化与中国人精神世界的建构

文化是人的精神世界的基底，既支撑起人对世界的理解，也极力锻造出人的生命最有可能达成的愿景。每一种文化中意义的不同导致人的精神世界各不相同。当然，这些形态各异的精神世界是世界的人文图像中不可缺失的一部分，没有对错之分，而是"各美其美，美美与共"。

对中国人而言，精神世界的建构是从一开始来到世间便启动的过程。台湾学者方东美先生长期研究中国先哲（主要指孔孟、老庄和墨子为代表的儒家、道家、墨家三个哲学流派）的思想及中国优秀传统文化，他的《中国人生哲学》一书汇集了他多年的研究成果，其中关于中西方对宇宙的看法分辨尤有深度。方东美先生认为，中国与西方在关于宇宙的看法中，最大的分别是中国人并不像西方人那样将宇宙看作"冥顽的物质系统"[1]，并认为"宇宙根本是普遍生命之变化流行，其中物质条件与精神现象融会贯通，而毫无隔绝"[2]。也就是说，在中国人看来，生命所在的宇宙并不只是时间和空间上的限制，而是在此之内存在着的诸多的生命变化、创造流动，正所谓"宇宙是一个包罗万象的大生机，无一刻不发育创造，而生生不已，无一地不流动贯通，而亹亹无穷"[3]。

中国人的精神世界可谓是中国人对整个宇宙的理解，对于生命的理解。在这样的精神世界里，对内对外已毫无分别，物质与精神不是两重天，内圣即可外王，故修身修的不只是身心安顿，也是整个世界的安顿。这样的精神世界正是中国人的精神世界。它通过在历史中沉淀，在持续不断、世世代代传递的中

---

[1] 李春娟：《方东美美学思想研究》，黄山书社，2016年版，第59页。
[2] 李春娟：《方东美美学思想研究》，黄山书社，2016年版，第59页。
[3] 方东美：《武汉大学百年名典　方东美文集》，武汉大学出版社，2013年版，第234页。

华优秀传统文化中完成,其中有"天地四方""山河之祭",有"万物有灵",也有"天地君亲师",这些无一不在传递和塑造精神与物质不可分、万物生生不息的世界观。显然,这样的精神世界与西方专注于物质世界的文化有着天壤之别。

三、中华优秀传统文化中蕴含的共同价值

习近平主席在2015年9月28日第七十届联合国大会一般性辩论时的演讲中提出:"和平、发展、公平、正义、民主、自由,是全人类的共同价值。"[①]这是习近平主席在"人类命运共同体"立场上提出的,立足于维护全人类共同利益的价值观。它事关人类社会的繁衍、发展和繁荣,从哲学上讲是规范层面的,是"应当如此",是为了人类社会的发展非得这样不可的那些价值观,在某种程度上可以说是人们要努力去实现的理想状态。这样的一种理想状态具有两个特点:其一,它不是人类轻松容易就可以得到,更不是已经达到的状态,而是人类出于社会现实而对想达致的未来状态的一种美好想象;其二,它是人类社会要继续发展下去必须被大多数人认可的价值观,这种价值观如果缺失,会给人类社会带来巨大的影响。

虽然西方社会普遍在口头上认同"和平、发展、公平、正义、民主、自由"的共同价值,但由于其发展的基底是自古代希腊发展而来的机械唯物主义,又最早进入工业社会,受资本主义影响极深,故而他们在现实中的所作所为其实是偏离了共同价值的。关于这个问题,西方的思想家们也在不断进行反思。如自工业社会出现以来,不少学者就质疑自古代希腊一路发展而来的机械唯物主义,认为它虽然是促成工业社会出现的主要原因,虽然在短时间内极大地促进了科学技术的发展,但资本主义掠夺式发展的价值观加重了机械唯物主义的问题,人类社会开始把金钱至上、个人利益至上作为个人信仰或人生信条,在这种世俗化的社会中,几乎没有什么神圣的价值可以继续存留下去,整个世界因此面临传统社会被颠覆、资源被无限度使用、人类的欲望被无限放大等问题。许多学者对这样的局面表示悲观,认为如果按照这样的趋势发展下去,现代社会毫无疑问会走上绝路,而人类将没有多少时间。当时,不仅是部分哲学社会科学学者存在这类对人类社会前景的看法,而且一些从事自然科学的学者在经过精密计算后也得出相同的结论,其中最具有代表性的论述成果是1972年由罗马俱乐部的四位年轻学者发表的《增长的极限》一书。该书由系

[①] 习近平:《习近平谈治国理政》(第二卷),外文出版社,2017年版,第522页。

统科学家丹尼斯·米都斯（Dennis L. Meadows）主笔，用 World3 模型对地球和人类系统的互动作用进行仿真，得出了人口爆炸、粮食生产的限制、不可再生资源的消耗、工业化及环境污染这五大问题将遵循着指数增长的模式发展，若按照人类目前的发展趋势进行下去，人类社会将有一天会达到发展的极限，并由此陷入崩溃。该书为解决这个问题提出了建议，那就是确立一种可以长期保持的生态稳定和经济稳定的条件，达到全球均衡的状态。同样作为系统科学家的布达佩斯俱乐部创始人匈牙利人欧文·拉兹洛（Ervin László）在《巨变》一书中进一步指出，正是西方唯物主义机械论（科学主义）的世界观最终会毁灭人类。[①]

  熟悉中国社会历史的人都知道，中国开始进入真正意义上的工业社会实际上是在鸦片战争时被西方的坚船利炮打开国门之后。中国传统社会在此之前，经历了长达两千多年的一个价值体系非常稳定的时期，这一时期中国社会没有大的动荡，原因在于有着从老庄、孔孟延续下来的未曾断绝的中华优秀传统文化。这些中华优秀传统文化建构起中国人的精神世界，蕴含着"天下大同"的和平观，节制欲望、与自然和谐相处的发展观，"天下为公"的公正观，等等，因而使中国社会在长期的发展过程中，人口虽然增长不少，但土地及其他自然资源并没有受到掠夺式发展的侵害。中华优秀传统文化中蕴含的这些共同价值对于人类社会的发展非常重要，早已声名在外的英国著名历史学家汤因比（Arnold Joseph Toynbee）很早就认识到了这一点。1973 年，汤因比开始与日本社会活动家池田大作进行长达两年的对话，在对话中池田大作曾经问汤因比如果有下辈子愿意生在哪个国家，汤因比毫不犹豫地回答"中国"，因为他一直认为在 21 世纪中华文明将对世界产生最深远的影响，认为中国能为人类进步做更多的事情。汤因比看到未来若要避免战争，避免文化的冲突，要使人类社会能真正融为一体，必须要有一种包容性的文明主导，这种文明必须能调和不同文明或意识形态的矛盾冲突。在这一对话中，汤因比毫不怀疑地指出，世界的未来在中国，人类的出路在于中国文明。就这一论断，他提出了八个论点支持，而其中最有力的四个论点分别是中华文明的"天下主义"能杜绝狭隘的民族主义，儒家的人文主义价值观符合新时代人类社会整合的需求，道家为人类文明提供了节制性与合理性发展观的哲学基础，以及我们的宗教与哲学思想

[①]〔美〕欧文·拉兹洛：《巨变》，中信出版社，2002 年出版，第 3 页。

中对于人与自然和谐的追求等，这些均来自中华优秀传统文化。[①]它们分别对治了西方工业社会在资本主义生产方式的催发下，愈演愈烈的民族/种族主义问题、贫富差距问题、掠夺式发展的问题、人类社会与自然成为对立面的问题，可谓是正以极快的速度肆虐发展中国家的资本主义生产方式所带来的环境问题的解毒剂，是在种族主义问题面前束手无策、缴械投降的老牌资本主义国家走出困境的福音，更是处于不同文明冲突下的当今世界走向和谐统一的不二路径。

第二节　互联网时代中华优秀传统文化传播面临的机遇与挑战

毫无疑问，互联网时代给予了中华优秀传统文化一个传播的新机遇。在数字技术的帮助下，原本静止的绘画作品变得像动画一样生动活泼，"吴带当风"不再只存在于人们的想象之中，而是变成了眼前的事实；青瓷的色彩之美、温润之美，可以通过小视频全方位地记录下来，并能够马上利用互联网传送给远在千里之外的人……技术的进步使原本需要耗费大量时间、人力和物力的文化传播变得轻而易举。但与此同时，由于时代的变迁和发展，人类的社会心理产生了与以往不同的变化，价值观、世界观、人生观发生了改变，人们对于美的感受也与以往不同，这为我们传播中华优秀传统文化带来了不少挑战。对我们来说，如何在抓住时代发展机遇的同时，很好地应对这些挑战，实现中华优秀传统文化的有效传播，是当下传播中华优秀传统文化的工作中需要不断思考、努力解决的问题。

一、互联网时代给予中华优秀传统文化传播的新机遇

即使是对互联网产生做出了卓越贡献的几位著名人物也各有各的说法，坊间就互联网诞生的时间这一问题仍有争议。但无论如何，互联网总得有一个诞生日期，而目前最被接受的说法是1969年10月29日，即阿帕网诞生日为互联网诞生日。若按此计算，互联网已经诞生了50多年。这50多年以来，互联网以有史以来人类发明的所有技术中最为罕见的速度改变着全世界人民的生

[①]〔英〕汤因比，〔日〕池田大作：《选择生命——汤因比与池田大作对谈录》，商务印书馆，2017年版。

活。在这一改变中，没有被席卷到互联网浪潮中，没有参与全球互联网进程的国家或地区都错失了最好的发展机会，被远远地抛在了网络世界之外。时至今日，互联网已然成为世界人民进行沟通、交流、学习和生活的场所。生活在21世纪的人，如果没有使用过互联网，也没有听说过互联网，那人们一定会感觉不可思议，觉得他（或者她）来自另一个世界。

互联网给全世界人民带来了一个人人都可以参与的网络世界，在这一世界里没有国界，没有交流障碍。本着"自由、开放、合作、共享"的互联网精神，全世界联结在了网络上，世界真的变成了"地球村"。在现今的网络世界里，人们不仅可以将视频、音频、图片等资源上传到"云"里存储起来，还可以传播到世界各地。随着5G技术的发展，互联网传输数据的速度越来越快，而与此同时，互联网全球化浪潮已经席卷全球，根据国际电信联盟的数据，2018年发达国家中每100人中就有约81人会使用互联网[1]；Internetworldstats.com的数据统计资料表明，截至2019年3月31日，全球网民数量已达43.46亿，其中亚洲网民21.9亿（占50.4%），欧洲网民7.18亿（占16.5%），包括美国在内的北美网民3.26亿（占7.5%）[2]。而根据中国互联网络信息中心的数据，截至2019年6月，中国的网民数量已达到了8.54亿，其中手机网民8.47亿，网民使用手机上网的比例达99.1%，互联网普及率超过六成[3]。2020年这一数字更为可观，《中国互联网发展报告（2021）》显示，截至2020年年底，中国网民规模为9.89亿人，互联网普及率达到70.4%，特别是移动互联网用户总数超过16亿……这个数字已经远远超过了互联网发源地的美国。

众多的中国网民成就了中国几大互联网公司的崛起。阿里巴巴、淘宝、腾讯等享誉世界的互联网巨头之所以能够取得今天的业绩，不仅是因为中国近30年以来在互联网硬件、软件技术方面有长足发展，更是这些公司的背后站着数量庞大的中国网民。曾任美国著名财经杂志《连线》（WIRED）主编的克里斯·安德森（Chris Anderson）在2004年提出"长尾"（the Long Tail）理论，以此概括细分市场汇集了众多客户需求的产品可能比销售量大的主流产

---

[1] 联合国网站：《国际电信联盟：全球超过半数人口接入因特网 移动互联渐成主流》，https://news.un.org/zh/story/2018/12/1024461。

[2] 安全内参网站：《全球互联网50年：发展阶段与演进逻辑》，https://www.secrss.com/articles/11938。

[3] 中国网信网：《第44次〈中国互联网络发展状况统计报告〉》，http://www.cac.gov.cn/2019zt/44/index.htm。

品能取得更大的利益的情况。长尾理论认为，商品在被无限地细分，用户越来越追求个性化的需求，互联网的兴起和电子商务的发展不仅能够聚集起这些分散的用户，同时还能降低交易成本。以美国知名的互联网公司谷歌为例，这家公司有一半的生意来自数以百万的小网站，是它们掏钱购买了谷歌一半的广告服务，而且这个份额还在不断增长中。另一家美国公司亚马逊也是这样。该公司的员工坦言："现在我们所卖的那些过去根本卖不动的书比我们现在所卖的那些过去可以卖得动的书多得多。"长尾理论概括的经济模式与原来商业界普遍认可的"二八"定律截然相反，后者主张一个公司80%的利润来自20%的顾客或者20%的产品，而前者则把目光聚集在无数的之前被"二八"定律忽视的顾客或产品身上，通过互联网来聚集顾客，降低成本，通过满足数量巨大的不同顾客的小需求来实现营利。中国目前盈利丰厚的互联网公司也是长尾理论的直接受益者，其中最典型的就是淘宝网。当年淘宝网就是凭借免费政策吸引了大量的中小型卖家入驻，不断扩大电商市场规模，直到后来打败国际知名购物网站eBay，迫使对方最后灰头土脸地彻底退出了中国市场。

与商业世界的逻辑相同，中国庞大的网民数量使中华优秀传统文化在全世界的传播有了先天的绝对优势，这是互联网时代给予我们的新机遇。另外，中国互联网技术近三十年的高度发展，也为中华优秀传统文化在全世界的传播提供了强大的技术支持。人力支持、技术支持两者结合，成为互联网时代中华优秀传统文化抓住机遇在当今世界进行传播的巨大动力和坚固保障。

近十年来，不少内容生产者通过微博、视频网站等表达他们对中华优秀传统文化的理解。最开始，这些内容生产者大都没有意识到他们是在传播中华优秀传统文化，而只是单纯地表达自己对传统文化的热爱。后来他们的关注者越来越多，有粉丝又将他们的作品传到了国外的微博或视频网站上。我们可以看到，中华优秀传统文化在互联网时代非但不会失去对人们的吸引力，反而还会焕发出新的生命力。这充分证明了中华优秀传统文化在当今的互联网时代仍然有着一种其他文化难以企及的魅力，证明了中华优秀传统文化虽历时弥久仍熠熠生辉，对中华民族乃至人类世界始终具有强大的生命力和深刻的影响力，是对人类文明、社会发展、人与自然和谐、家风民风及个人道德修身等具有时代价值的优秀文化。当然，当看到中华优秀传统文化在互联网时代迎来新的传播机遇时，当为中华优秀传统文化在全球范围内再次引起关注而感到自豪时，我们也需思考互联网时代传播中华优秀传统文化会遇到什么样的挑战？我们应该如何应对这些挑战？

二、中华优秀传统文化传播遇到的巨大挑战

互联网时代中华优秀传统文化传播将会遇到不少挑战，以下我们将从人力支持、物力保障和内容建设三个方面讨论这一问题。

（一）互联网时代中华优秀传统文化传播的人力支持

互联网时代进行中华优秀传统文化的传播，涉及两个方面的人力支持——传播者和受众，两者缺一不可。

首先，从传播者的角度来看，中华优秀传统文化的传播人才无论是数量还是质量，目前均尚有不足。众所周知，21世纪是人才的世纪，人才在这个世纪的重要性胜于以往的任何时代。人类历史上大概没有哪一个时代像今天这个时代这样如此重视人才的作用和力量。"人力资源"此类概念的提出，反映出整个社会对人才认识的变化：人才成为一种资源，而不是资本的消耗品。传播中华优秀传统文化，必然需要依靠一支有一定素质的人才队伍。这支人才队伍是我们传播中华优秀传统文化的中坚力量，必备的素质核心是对中华优秀传统文化的理解、接受、继承和创新。

不过，从目前的情况来看，传播中华优秀传统文化的人力资源还需要我们从现在起下功夫培养，这也是我国的教育系统需要在将来花力气补足的功课。众所周知，改革开放以来，作为全球头号经济大国的美国已经在经济、科技、文化上引领世界，不仅在科技上有相当的影响力，制定了"全球标准"，还由于对于文化输出有着强烈的意识以及雄厚的人力资源，在全球文化输出上做了"用心"布局，也占据了全球文化强势地位。美国在科技和文化上的成功，使得全球教育不可避免地深受其影响。许多国家的培养人才的标准向美国看齐，在一定程度上忽视了自身的文化特点和优势。"外国的月亮就是比中国的圆"的观念在相当长的时间里也是被部分中国人接受和认可的。这部分人盲目地认为中国的一切都是落后的，美国的一切都是先进的，因此急匆匆地想把中国旧有的东西抛弃掉，想把老祖宗从自己家里请出去，这样就可以敞开大门，把美国的文化"请"进来。在这样的心态下，过去，我们在自己的教育体系设计中缺少让受教育者广泛、深入地接触中华优秀传统文化的教育布局，在"崇洋"的氛围下也少有机会接触到中华优秀传统文化的精华，自然对中华传统优秀文化的理解只能是浮光掠影，似乎能背几首课本上的唐诗宋词就已经不错了。要真正肩负起传承中华优秀传统文化的重任，显然需要一大批有文化素质、对优秀传统文化有热情的青年人。要培养出这样的人，我们需要通过转变观念，继

续深化教育教学改革,将系统性的中华优秀传统文化教育融入学校教育教学之中,对青少年一代普遍进行专门的、系统的中华优秀传统文化教育。

其次,从受众的角度看,需要有意识地营造社会整体氛围,引导受众主动认识、了解和热爱中华优秀传统文化,成为潜在的传播者。第一,要紧紧抓住年轻受众,对他们进行教育和引导。目前"90后""00后"是中华优秀传统文化传播的主要对象,他们对中华优秀传统文化的热情随着我国整体实力和国际影响力的增强而日益提升。这一代人从日漫、韩剧转向汉服、国风的主要原因是他们逐渐认识到中华优秀传统文化的别具一格、与众不同,这与年轻一代崇尚个性、追求自我的社会心理有着密切关系。正因如此,需要通过更加系统、更加深入的教育,有意识地引导他们,使他们真正理解并热爱中华优秀传统文化,从内心深处建立起对中华优秀传统文化的信心。第二,要营造社会整体氛围,破除对西方科技、文化的盲目崇拜。从历史渊源来看,在中国的文化发展进程中,五四运动这一重要转折点扭转了人们对传统文化的看法。那时,人们对"德先生"和"赛先生"的理解较为偏颇,只将此二者等同于西方先进的科学技术,再加上当时的中国在科学技术上的落后,所以人们普遍向往西方的科学技术,很容易就建立起对西方科技的认可和信心。与此同时,中国的知识分子"臆想借着思想文化的改变来达到救亡图存的目的,在全国掀起了整体性反传统文化的浪潮"[1]。传统文化被斥之以"不科学""封建"或"迷信",国人转而投向对西方科技的迷信,以及对包括西方文化在内的一切来自西方之物的盲目崇拜。"文化大革命"对传统文化从实物层面到价值层面的否定更为强烈,体制转型期"我国公众对西方信息理想化误读带来的对传统文化的疏离,构成中华民族传统文化价值体系传播的结构性断裂"[2]。我们必须正视这些问题,在社会整体层面认识到对西方科技、文化的盲目崇拜带来的弊端,破除对西方的迷信。第三,要进一步提升中华优秀传统文化传播受众的素质。受众的素质不仅决定了他们能够接受多少中华优秀传统文化的影响,更决定了在此过程中中华优秀传统文化会不会走形,也就是说,任何文化在继承和传播过程中必然会发生变化,而变化成什么样子多数情况下取决于受众,这也正是我们眼下需要特别注意的问题。

---

[1] 马振江,刘怀玉:《传统文化的断裂与继承——以新中国成立前新儒家与中国化马克思主义者为视角》,《学习论坛》2012年第6期。

[2] 高卫华:《中华民族传统文化三个传播断层反思》,《现代传播(中国传媒大学学报)》2012年第11期。

（二）互联网时代中华优秀传统文化传播的物力保障

互联网的发源地在美国。美国掌握了先进的互联网技术，到目前为止，美国仍然是全世界公认的信息技术大国，有着强大的半导体、微处理器、计算机和通信设备的制造能力。这些构成了美国信息技术产业的基础架构。以微处理器为例，美国英特尔公司的技术全球领先，早在20世纪70年代末，它就已经成为存储器芯片的绝对霸主，几乎享有90%的市场占有率。

早在互联网建立初期，美国就通过根服务器（Root Server）控制了整个互联网。美国的根服务器是全球互联网最重要的战略基础设施之一，负责互联网顶级的域名解析（如".com"".net"".org"".cn"等）。按照第四版互联网协议（Ipv4）的技术限制，全世界的所有域名要被解析，都必须首先经过根服务器的解析。这样做的直接后果就是美国牢牢把握了全球互联网的掌控权，也就是网络世界的管理权，想让谁消失，谁就会从互联网上消失。

当然，任何时候霸权都是会受到挑战的。进入21世纪以后，美国通过根服务器"独霸"全球互联网的局面被一些欧洲国家和日本挑战。英国、瑞典和日本也分别有了一台根服务器，这样，全球根服务器的数量增加到了13台。不仅如此，我国还部署了".cn"这样的域名，并从2015年起牵头发起"雪人计划"，在原来13台根服务器的基础上增加了25台IPv6根服务器，除了我国部署了4台（1台主根，3台辅根）根服务器外，其他新增的根服务器分别部署在美国、日本、印度、俄罗斯、德国、法国等16个国家。也就是说，由于我国目前已经有了根服务器，因此美国无法再对我国使用曾经对伊拉克、利比亚使用过的手段——断网。但是，这并不意味着美国在互联网世界领先的技术优势不复存在了。实际上，美国政府在2011年已经发布了一份《网络空间国际战略》。从这一战略文件中可以看到，美国政府对后冷战时代全球互联网的领导权毫不放松，并从价值观和技术两个层面制定了控制国际互联网的政治及价值观传播策略。[1] 这表明美国政府非但根本不可能主动放弃在网络世界的霸权，反而会加大力度实现更大的野心，不像原来一样仅仅局限于技术方面的发展，还更加重视互联网上的价值传播。这样一来，在美国政府这一新的互联网战略里，先进的互联网技术只是价值观传播的载体。美国政府明确知晓这些技术带来的价值观传播上的优势且必然会处心积虑地充分利用这些优势。如果

---

[1] 观察者网站：《深度解析：美国最新"网络自由"的战略与技术》，https://www.guancha.cn/ZuoDaoYuan/2011_09_25_123936.shtml。

说在《网络空间国际战略》出台前，美国政府对互联网的认识还仅仅停留在科技发展、信息交流、商业贸易这样浅层次的阶段，那么毫无疑问的是，《网络空间国际战略》的出台强有力地传递出这样一个信息：美国政府对互联网的认识已经发生了重大转变，已将互联网视为价值输出之地，而所有的互联网技术都在为价值输出提供物力保障。在这样的认识下，美国政府当然会利用他们已经取得的科技发展优势进一步加强对价值观输出的技术支持/物力保障，同时也更能利用技术/物力方面的优势对其他国家的价值观输出进行狙击、攻击。因此，我国中华优秀传统文化要在互联网上传播得更远更广，如果没有能与美国抗衡的技术支持/物力保障，那是很难实现的。

（三）互联网时代中华优秀传统文化传播的内容建设

2020年6月，上海著名景点豫园的保安们在晚上换上了锦衣卫的飞鱼服，一边巡查豫园，履行工作职责，也成为游客手机、相机中的独特风景，凸显出上海这座国际化都市与众不同的魅力。[1] 在此之前，豫园曾多次举办汉服巡游等活动，尤其是在2019年的一次活动中，多位青年身着宋、明时期的服装巡游，被不少游客拍下传到网上，引起了较大的轰动。[2] 部分网友在惊叹汉服之美的同时，也提出要重新着汉服，要让人们穿上正宗的汉服，从穿戴的顺序开始校正穿汉服时的不正确做法。持这种观点的网友不在少数。他们认为对中华传统文化的点点滴滴都分外谨慎，一丝一毫都不能有偏差，这样才能称得上是恢复中华传统文化。另据相关数据显示，2019年在淘宝平台上汉服市场规模已经超过20亿元，并且保持着每年150%左右的增速。[3] 近几年来，汉服似乎已经成为中华传统优秀文化的象征，似乎人们穿上了汉服，就是继承了中华优秀传统文化。

但是，汉服就等于中华优秀传统文化吗？肯定不是。中华优秀传统文化在形式上的表现不能与其内涵画等号。在互联网时代，面对传播中华优秀传统文化的使命，除了人力支持、物力保障这些外部因素外，我们更应该思考的一个重要问题是什么样的内容能够代表中华优秀传统文化。我们要传播的中华优秀

---

[1] 什么值得买网站：《继汉服、甲胄巡游后，上海豫园又迎来了"锦衣卫"》，https://post.smzdm.com/p/awx0wozg/。

[2] 哔哩哔哩网站：《这应该是上海最壮观的一次汉服、甲胄巡游了吧？》，https://www.bilibili.com/video/BV1J4411T7Bf/?spm_id_from=333.788.videocard。

[3] 每经网：《汉服年成交额超20亿！356万人追捧，有年轻人竟不惜为它花费近十万》，http://www.nbd.com.cn/articles/2020—01—08/1398995.html。

传统文化不仅仅是一些文化的外在表现，更重要的是深藏在这些外在表现背后的精神层面的价值体系。这才是传播中华优秀传统文化应当强烈关注的主题。

1. 中华优秀传统文化传播内容建设的基本原则

我们认为，中华优秀传统文化的传播需要在创新中进行，创新与传播是一体化、不可分的。内容建设是中华优秀传统文化传播需要着力解决的问题，需要遵守以下原则：

第一，坚持守正，不忘初心。"守正"意味着要在马克思主义的指导下，牢牢把握中华优秀传统文化的内涵和核心，清晰认识文化与意识形态的关系，坚持马克思主义意识形态的指导地位，坚持中国共产党对中华优秀传统文化传播工作的绝对领导，坚决贯彻党制定的文化政策。

第二，善于利用文化创新的规律进行新的创造。毛泽东同志曾提出关于文化创新的规律，主要是继承、借鉴和创造。可见，文化创新必须经历继承和借鉴才能有创新和发展。中华优秀传统文化有着深厚的历史渊源和思想沉淀，我们在对其进行创新的过程中，应当首先要继承其丰富内涵，传承其内在核心思想，在此基础上才可能进行创新。创新绝不是生造一个新的东西，而必须在原来的基础上进行发展。

第三，要学会依靠人民群众。人民群众是文化的创造者、参与者与传播者。中华文明在漫长的发展过程中留下了诸多精美的文化艺术作品，如我们引以为豪的龙门石窟、敦煌石窟和江南园林等，其建造者都是普通的劳动群众。中华优秀传统文化的传播是一项伟大的事业，不是政府或相关部门、企业单打独斗就能完成的，只有发动人民群众积极参与，充分依靠他们的力量，才有可能完成。

2. 中华优秀传统文化传播内容建设的难点

我们应该建立这样的观念：中华优秀传统文化在人们心中应该是"苟日新，日日新，又日新"的状态，而不应被简单地等同为僵化呆板的图画、音乐、雕塑、建筑或某些外在表现形式。五千年的中华文化历史长河中我们有太多的东西需要去挖掘，有太多的东西需要以新的形式讲述和表达。因此，从这个角度来看，中华优秀传统文化的内容建设是一个动态的长期的过程，非一日之功。如何在互联网时代使这些优秀文化重新焕发生命力是一个巨大的挑战，我们可能会遇到以下两个难题：

第一，中华优秀传统文化博大精深，如何取其有益于传播社会主义核心价值观的内容，结合时代和技术发展的趋势，利用互联网的优势进行传播，这是我们在中华优秀传统文化传播的内容建设上首先会遇到的问题。具体包括：什么样的内容能吸引中华优秀传统文化传播的目标受众？什么样的内容能自然融入社会主义核心价值观，使两者无缝对接，又不会剑走偏锋、流于形式。这些内容必然能够符合时代发展的趋势，能够与社会主义制度相结合，能够为共产主义的伟大理想服务。有学者认为："中华优秀传统文化不仅是社会主义核心价值观的肥沃土壤、思想资源和源头活水，而且也蕴含着社会主义核心价值观的精神要素。社会主义核心价值观是中华优秀传统文化的创造性转化和超越性升华。"[1] 因此，中华优秀传统文化与社会主义核心价值观不但没有分歧，从本质上来说，两者反而有着紧密的联系。如前文所述，在中华优秀传统文化中有不少直接体现社会主义核心价值观的内容，如"先天下之忧而忧，后天下之乐而乐"的爱国情怀，"老吾老以及人之老，幼吾幼以及人之幼"的和谐友善，倡导诚信守约的"季布无二诺，侯嬴重一言"……凡此种种，都体现出了与社会主义核心价值观一脉相承的伦理道德观。然而，尽管社会主义核心价值观和中华优秀传统文化之间有这种密不可分的关系，但我们仍然需要在社会主义核心价值观的指引下，对中华优秀传统文化进行有目的的、系统性的继承和创新。

第二，如何根据时代发展的趋势，准确把握受众的社会心理状态，在继承中创新，这是我们在中华优秀传统文化传播的内容建设上会遇到的第二个难题。现代社会是一个快速发展的社会。在这样的社会里，人与人的关系以及由此带来的群体的社会心理状态，都会产生与传统社会不同的变化。马克思主义经典作家已经详细论述过现代社会所带来的各种问题，其中人的异化就是一个他们非常关注的重要问题。"异化"的表现之一，就是不仅个体出现了很多心理问题，而且从整个社会层面上来看，群体的社会心理也发生了重大的变化，现代社会娱乐化倾向就是其中之一。中华优秀传统文化想要在新的时代获得新的生命力，那么必然需要在内容建设上能够有与现代社会的群体社会心理状态相适应的元素，否则不容易被受众所接受。因此，准确把握受众的社会心理状态，在继承中创新中华优秀传统文化，就成为中华优秀传统文化传播于内容建设过程中不可回避的难题。

要解决这两个难题，需要我们在实践中坚定共产主义信仰，坚定文化自信，始终以社会主义核心价值观为中华优秀传统文化传播内容建设的精神内

---

[1] 王泽应：《论承继中华优秀传统文化与践行社会主义核心价值观》，《伦理学研究》2015年第1期。

涵。总体来看，中华优秀传统文化的传播效果取决于两个因素：一是中华优秀传统文化本身的优秀性，二是我们身处的这个社会的需要和对中华优秀传统文化的可接受性。诚如著名哲学家陈先达先生所言："社会需要是文化吸收的过滤器，不经过社会这个过滤器，文化的传播只能是暂时的，更不用说生根发芽。"[①] 也就是说，只有那些经过社会过滤的文化内容才可能得到广泛传播，并且在人们心中生根发芽。因此，中华优秀传统文化传播的内容建设是一个需要经过时间和实践检验的工作，是一个一直在路上、只有起点没有终点的过程。这个过程随我国国力的强大而兴起，也必将伴随着我国所处的时代和世界的局势变化而发生改变。因此，中华优秀传统文化传播的内容建设范围广阔，我们在不同的时代条件下只能"弱水三千，只取一瓢饮"。而只要牢牢坚守前述的原则，在对技术的力量和局限有清醒认识、对时代和世界局势的变化有敏锐觉察的基础上，不惧困难，充分把握中华优秀传统文化精髓，始终以社会需要为过滤器，才能不断发展、不断进步、一直向前，很好地完成不同时期中华优秀传统文化传播的内容建设工作。

第三节 互联网时代中华优秀传统文化传播的策略分析

互联网时代，需要在对网络技术充分了解的基础上，运用网络技术的优势进行中华优秀传统文化的传播。就文化传播的策略而言，我们首先需要的是对中华优秀传统文化能够在互联网时代重新焕发光彩的信心，认识到它能够在中华民族于互联网时代的伟大复兴过程中为我们建设精神家园提供重要资源。在此基础上，我们要不断地创新文化载体，善于利用互联网时代文化载体与传统文化载体的不同点进行文化传播。同时，我们更要强调中华优秀传统文化的人文价值核心。这一核心与西方文明倡导的人文主义有着根本的不同，可能会为当今世界的文明冲突等问题带来好的解决方案。总之，中华优秀传统文化的传播策略就是要立足于文化自信，根据技术的发展不断创新文化载体，并始终以中华优秀传统文化的人文价值为核心。

[①] 陈先达：《马克思主义哲学是大智慧》，人民出版社，2019年版，第146页。

一、互联网时代更加需要文化自信

在党的十九大报告中，习近平总书记这样说道："文化是一个国家、一个民族的灵魂。文化兴国运兴，文化强民族强。没有高度的文化自信，没有文化的繁荣兴盛，就没有中华民族伟大复兴。"[①] 在关于坚持社会主义核心价值体系问题的论述中，习近平总书记再次强调："文化自信是一个国家、一个民族发展中更基本、更深沉、更持久的力量。必须坚持马克思主义，牢固树立共产主义远大理想和中国特色社会主义共同理想，培育和践行社会主义核心价值观，不断增强意识形态领域主导权和话语权，推动中华优秀传统文化创造性转化、创新性发展，继承革命文化，发展社会主义先进文化，不忘本来、吸收外来、面向未来，更好构筑中国精神、中国价值、中国力量，为人民提供精神指引。"[②]

从习近平总书记的这些论述中，我们可以看到文化自信对于我们坚持社会主义核心价值体系有着非常重要的意义，对于中华民族伟大复兴有着不可替代的重要作用。在现实生活中，人们对于文化自信的理解有时过于"高大上"，认为只有身居庙堂或象牙塔内的人才需要文化自信，而埋头于汲汲营生的普通百姓不需要文化自信。这样的认识显然是低估了中华优秀传统文化和文化自信对于广大民众的价值作用，也是非常不正确的。举个例子来说，在中国，无论是一线城市还是二三线城市，甚至只是一个小小的县城，我们只要随便在街上转一圈，总能碰上几个"洋味"十足的小区名、酒店名或者是店铺名，如"香榭丽小区""曼哈顿洋房""爱琴海购物广场"等，甚至你还会看到街边理发店的师傅也会起个"迈克"或者"托尼"的洋名……我们对国外的地名这么熟悉，以至于有外国友人曾对此评论说，他们到中国看到这么多带"洋名"的建筑，感到似乎来到的不是中国，而是欧洲的某个国家。我们会发现，在这样的崇洋文化的渲染下，老百姓们很难从骨子里真正建立起对自己本土文化的自信。真正的文化自信根植于五千年来的中华文明，来自中华民族传承的共同记忆和一代代延续下来的社会心理。因此，它绝不是离老百姓的日常生活非常遥远的东西，绝不是来自庙堂和象牙塔的阳春白雪，而一定有着普遍而广泛的群众基础。这个基础存在于、渗透在普通人的衣食住行中，是一点一滴的文化感

[①] 习近平：《决胜全面建成小康社会 夺取新时代中国特色社会主义伟大胜利——在中国共产党第十九次全国代表大会上的报告》，人民出版社，2017年版，第40-41页。

[②] 习近平：《决胜全面建成小康社会 夺取新时代中国特色社会主义伟大胜利——在中国共产党第十九次全国代表大会上的报告》，人民出版社，2017年版，第23页。

染、文化传承和文化创新,是人们通过真切感受到"外国的月亮并不比中国的月亮更圆"而建立起来的自信。

文化自信不仅对于我们国家坚持社会主义核心价值体系极其重要,而且对于传播中华优秀传统文化也有着不可忽视的重要价值。可以说,互联网时代中华优秀传统文化传播的关键就在于文化自信,原因主要有以下几点:

第一,文化自信是中华优秀传统文化得到传播的首要前提。文化自信即是在心理上建立起的对中华优秀传统文化的认同。没有这样的文化认同作为前提,可想而知文化传播这一行为就不可能产生。文化认同如此重要,还因为对于人类而言,社会性是人类与动物相区别的关键属性,而在社会性的养成和传递中,最为重要的就是文化认同和传承。可以说,文化认同就是我们的身份认同,是我们作为社会性的人类的身份认同,是对"我们从哪里来?""我们要到哪里去?""我们的人生有什么的意义?"这些人生在世必然会问到的基本问题的解答。没有社会性的动物是不会思考这些问题的,只有具有社会性的人才会对这些问题进行思考和解答,并且在文化中将其一以贯之地加以体现并一代代地传递下去。确定了自己的文化身份,就等于确定了在人类社会中的身份,只有这一点得到确认,才有可能出现文化传播的行为。

第二,文化自信是中华优秀传统文化得到广泛传播的最佳推动力。我们都知道,对于一些事物,如果我们不热爱它,那么我们就不会去主动关注它,更遑论主动去传播它。对中华优秀传统文化有自信,意味着我们对它有着深切的热爱、完整的理解和深刻的认同,因为理解、认同所以更加热爱。在这样的情况下,我们自然而然就会用很大的热情去传播它。比如,很多热爱中华武术的国外友人从世界各地不远万里来到少林寺学习中华武术后,往往会回到自己的国家开设武馆或者从事与武术相关的事业。他们都是因为真心热爱中华武术才会这样做。也正是因为热爱他们都成为中华武术的传播者,也成为中华文化的传播者。

第三,文化自信是中华优秀传统文化在文化冲突中可以取得一席之地,得到持久传播的保证。当今世界,文化冲突已经成为一个屡见不鲜的现象。英国学者亨廷顿早在20世纪就借《文明的冲突与世界秩序的重建》提出了"世界变小,文化的接触会产生摩擦"的观点,认为未来世界的冲突很大程度上是文化/文明的冲突。[1] 既然文化/文明的冲突不可避免,那么当中华优秀传统文化

---

[1]〔美〕塞缪尔·亨廷顿:《文明的冲突与世界秩序的重建》,第3版,新华出版社,2002年版,第3页。

与来自其他国家的文化发生冲突的时候,我们选择站在哪一边就会成为一个问题。当然,站队的问题不只是表面上看起来那么简单。严格来说,是站在中华优秀传统文化这边,还是站在其他国家的文化那一边,就意味着我们选择了什么样的价值观。从这个角度说,文化自信其实是对我们延绵五千年的中华优秀传统文化所承载的价值体系的自信。而倘若我们没有文化自信,那么当我们面对文化冲突时所做出的选择无非就是"缴械投降",全然投入别的国家的文化之中。

第四,互联网时代更加需要中华优秀传统文化。尼葛洛庞蒂在《数字化生存》一书中描述了这样一个数字化时代的景象:"我们经由电脑网络相连时,民族国家的许多价值观将会改变,让位于大大小小的电子社区的价值观。"[1]在数字化时代,人和人之间的关系会更加小社群化,会存在大大小小的不同社群,人们各自持有不同的价值观。这些价值观不可避免地会存在冲突,因此必须要有一种可以涵容各种不同价值观在内的,以和谐包容为主题的,出于对人的终极关怀,以全人类的共同发展和福祉为目标的文化来统一、调和。中华优秀传统文化正是这样一种文化,其中有"大同社会"的崇高理想,在对待不同的思想观念时有"和而不同""求同存异"的包容境界,还有在解决人与人、团体与团体之间的各种矛盾和冲突时"叩其两端而执其中"的中庸精神……这些深藏在中华优秀传统文化中的价值观和思维方式深深地影响了中国人,让中华民族历经上下五千年仍然挺立于世界民族之林,让中华文明成为世界四大文明中唯一一个延续至今的文明。在比任何时候都更加需要人类团结的数字时代,中华优秀传统文化中这些有利于人类团结的价值观和思维方式,能够帮助我们从人类文明的更高层次调和不同群体之间的价值观冲突,能够从以社会为导向的人文精神出发,以人为本,使人和人之间的关系更加和谐、紧密,而不是随着技术的发展而变得越来越疏远。

二、互联网时代更加需要创新文化载体

文化具有历史性,更具有时代性,"不变亦变"。钱穆先生将"绵历性"作为文化的一个首重之义,直指文化的历史性。[2]中华文化一路传承,不仅影响了生长在中国大地上的人们,更影响了其他一些国家和地区的人们,这就是文化的历史性。同时,我们要看到,文化历久弥新的要诀并不是守成拒变,而是

---

[1]〔美〕尼古拉·尼葛洛庞蒂:《数字化生存》,海南出版社,1997年版,第16页。
[2]钱穆:《文化与教育》,广西师范大学出版社,2004年版,第1页。

随着时代的进步而有新的含义和形式。当今世界，随着全球一体化进程的加快，我们所接触到的世界各国的文化形式早已是百花齐放、各美其美。在这样一个文化繁盛的时代，我们需要注意的是，文化的形式与内容仍然是有密切关系的，因为所谓的"形酷质美"正是优秀传统文化在当今时代能够得到广泛传播的一个基础，毕竟现代人的审美与古代人是不同的，现代人追求的形式上的美感较古人更甚。因此，在中华优秀传统文化的传播中，如何创新文化的形式，如何用一些大家喜闻乐见的方式来进行传播，以实现习近平总书记在十九大报告中倡导的"推动中华优秀传统文化创造性转化、创新性发展"，确实是我们需要面对的一个重大的课题。

近年来，一些官方媒体响应党中央的号召，将新的形式与优秀传统文化结合起来，进行了一些有益的尝试，创造出新的文化产品来吸引年轻人的注意，取得了非常好的效果。"国家宝藏""经典咏流传""诗词大会"等都是比较好的传承中华优秀传统文化、创新文化表达形式的例子。这些节目的成功，不仅充分说明了中华优秀传统文化只要与新的文化表达形式相结合，就能紧紧抓住国人的眼球，就能焕发出勃勃生机，更证明了中华优秀传统文化在当今时代并未过时。因此，我们绝不可以忽视表达形式在中华优秀传统文化传播中的作用。

除了官方媒体的尝试，民间也有不少人因为热爱中华优秀传统文化，想让它在今日重现生机而通过不断创新形式来让更多的人了解它。比如，1992年出生于浙江衢州、在中国美术学院工作的叶露盈将中国传统画技艺与现代漫画技艺结合，画出了一组新的《洛神赋》。这一作品继承了中国传统绘画的技法和风格，同时又符合现代人的审美观，尽情展现了《洛神赋》这一千古绝唱之美，使每一位看到它的观众都为之惊叹不已。这一作品不仅得到了业内的广泛好评，获得了金龙奖、金风车等国内外知名奖项，还深得观众喜爱。人们通过欣赏《洛神赋》，感受并体验了中华优秀传统文化中经由长年累月的积累沉淀下来的属于中国人独有的审美品格和艺术情趣。再比如，"80后"的张书嘉是中国非物质文化遗产"面人（828 Ⅶ—52）"的第三代传承人，10岁起师从"面人赵"之女赵凤林学习面塑艺术，作品屡获国际大奖。2007年，她用从真人秀节目"创智赢家"获得的百万奖金开创书嘉手艺中心，推出了一系列的面塑公益微课及公众号文章，致力于面塑手艺的传播和创新。在2020年初，张书嘉还为上海童谣唱作人王渊超的最新童谣《病毒我不怕》制作了一部面人动画MV，其中的面人全部出自她和长宁区愚园路第一小学面塑社团之手。不仅如此，我们还可以在国际知名的民宿预订应用Airbnb上找到张书嘉的面人体验门店，通过手机就可以方便地预订面塑手艺体验服务。

我国有丰富多彩的优秀传统文化资源，这些文化资源历经岁月洗礼，已经沉淀到人们的日常生活中，深深融入了人们的一席一茶一瓢一饮之中。从叶露盈与张书嘉的事例可以看到，我们完全可以将优秀传统文化与随着互联网技术发展出现的各种新的现代形式相结合，一只脚站在互联网时代带来的五花八门的文化形式中，一只脚牢牢站在中华优秀传统文化之根里，从中寻找力量。只要找准了载体，做到"形质相符"，我们就一定能在对中华优秀传统文化的不断发展和创新中，将它更加广泛地传播开去。在互联网时代，现代和传统的结合，才能真正推动中华优秀传统文化焕发生命力，才能使她无论面对什么样的技术变革，都能在保持原有的价值核心基础上青春永驻、历久弥新。

三、互联网时代需要回归中华优秀传统文化的人文价值核心

"人文"一词最早出现在《易经》贲卦的象辞上，原文为："刚柔交错，天文也。文明以止，人文也。观乎天文，以察时变。观乎人文，以化成天下。"这段话的意思是说，人们通过观察天体的运行，可以知道四时的变迁，依时节生活，同时也应当法天而行，创造人类社会的伦理纲常，并通过推行这些伦理纲常，教化天下众人，使人类成为文明之人，这就是人文。因此，"人文"可以被理解为人类社会的伦理价值，标志着人类与动物的区分，是人的社会性的体现。不过，我们需要进一步说明的是，这样的一种社会性不是只有伦理规范，还应有促使人为群的价值体系，如孟子所说的人与禽兽相区别之四端（恻隐之心、羞恶之心、辞让之心/恭敬之心、是非之心），又如钱穆先生曾说的"非仁无以群，非群无以久，非久无以化，非化无以成文"[1]。这些都是在说"人文"的价值体系是促成人与禽兽相区别、促成人类社会的原因，同时，也都需要外化，进一步推广出去。

在汉语中，"文化"与"人文"这两个词的意思非常接近，因为都蕴含了人之所以为人、区别于禽兽的关键——价值体系，都蕴含了对人作为生在天地间的一种生物具有的社会性这一独特属性的肯定。这样的价值体系的核心正如新儒家学派代表人物之一唐君毅所说，即在指出人的尊严，维持人的尊严[2]。而这也正可说是中华优秀传统文化的人文价值所在，也是与西方文化强调的人

---

[1] 钱穆：《文化与教育》，广西师范大学出版社，2004年版，第2页。
[2] 文礼书院：《唐君毅：中国之人文精神》，https://www.wenli.ac.cn/h-nd-37.html。

第五章 互联网时代中华优秀传统文化的传播研究

文价值不同之处所在。众所周知，西方文化有着浓厚的人文主义传统，按照曾担任英国牛津大学校长的历史学家阿伦·布洛克（Alan Bullock）在《西方人文主义传统》一书中所说，人文主义传统即"每个人在他或她自己的身上都是有价值的——我们仍用文艺复兴时期的话，叫做人的尊严——其他一切价值的源泉和人权的根源就是对此的尊重"[1]。这样一种对人的尊严的重视来自文艺复兴时期对神学观点的反思，因为在神学观点里，人是神所造秩序中的一个部分。为了要从这样的神学观点中挣脱出来，人文主义需要聚焦在个体身上，聚焦在个体的经验上，以个体的经验来重新定义人在神造的秩序中的位置。这样做的结果自然是将个体从神学观点中解放出来，还个体以自由，但同时也带来了走向另一种极端的可能性，即脱离神的秩序的完全的个人自由。这在后来哲学家尼采宣布"上帝死了"，要求重新定义人的价值时得到了淋漓尽致的体现。同时，我们也看到，西方的人文主义是西方自由主义的重要来源。人文主义认为人类必须从自己的内在体验中找出生命的意义，而人类自己就是意义的本源，人的自由意志则是最高权威。自由主义在此基础上进一步拓展了"自由"的含义，认为每个人的感受是独一无二的，强调每个人都应听从自己内心的声音，表达自己内心最真实的想法。[2] 在这样一种自由主义的宣扬下，个人的感受成为判断事物的唯一标准，"你认为是美的，那就是美的"成了自由主义的口号，人类个体被抬高到一个从未有过的高度。在自由主义的影响下的西方社会也出现了一些不可思议的社会现象。比如，奥巴马当政时，美国联邦政府甚至向全美公立学校发出通知，要求各公立学校对心理上无法认同自己与生俱来性别的跨性别学生权利给予保护，卫生间和更衣室要按照他们的"心理性别"而非"生理性别"来使用。可见，西方人文主义发展的方向是朝向个人的，站在个人与集体、与社会完全对立的立场。这样做的结果是将个人主义推向了一个极端，只会破坏人类社会赖以存在的人的社会性的基础，因为"人类社会的历史就是人的社会关系不断生产和再生产的历史，是合乎规律地演化和发展着的社会关系体系"[3]。而人的本质在马克思看来，"不是单个人所固有的抽象物，在其现实性上，它是一切社会关系的总和。"[4] 因此，这样一种极端强调

---

[1]〔英〕阿伦·布洛克：《西方人文主义传统》，生活·读书·新知三联书店，1997年版，第234页。

[2]〔以〕尤瓦尔·赫拉利：《未来简史》，中信出版社，2017年版，第3页。

[3]褚凤英：《对马克思社会关系理论的再认识——以人的生成为视角》，《理论探索》2011年第2期。

[4]《马克思恩格斯选集》（第一卷），人民出版社，2012年版，第135页。

个体性的所谓的人文主义绝对不是解决世界未来面临问题的良方。

中华优秀传统文化同样蕴含着深厚的人文价值,但是这种人文价值与西方人文主义有着根本的区别。中华优秀传统文化强调社会性的人文价值,正如国学大家钱穆先生所说:我们是以崇拜历史崇拜古代圣贤代替了崇拜上帝的宗教崇拜,可说是一种人文教,崇拜天国上帝可说是一种神道教。[1] 因此可以说,中华优秀传统文化蕴含的人文价值是来自凡世的对俗世生活的追求,是人在平凡生活中需要遵守的伦理规范和价值体系。它来自凡俗,服务于凡俗,更为真切,更加血肉丰满。[2] 因为发轫于与天之道相应的人类社会之规范,出于"人禽相异"的立场,与伦理道德紧紧绑在一起,故中华优秀传统文化强调的人文价值不可能走向个人主义的极端。也正因为此,这样的人文价值才有可能给西方个人主义泛滥造成的社会问题带来解决的方案。从这个角度我们认为,中华优秀传统文化独有的人文价值正是我们传播它的核心所在。

数字时代在强化了人们的自主意识、平等意识、权利意识和自由民主精神的同时,也不可避免地造成了由于过分张扬人的主体性的后果。[3] 当互联网时代的人们打着民主、平等、共享的网络精神的旗号,把每一个个体都提到相同的高度,而使没有受过专门训练的大众代替了专业从业者的声音,使流量成了评判真实与虚假、正确与错误的标准时,人的主体性被过度张扬,其结果反而是使网络时代所倡导的平等、民主的人文精神走向了个人主义的极端,任何一个个体只要得到了网络上足够多的民众的支持,都有机会成为真理的判断者、善恶的仲裁者。于是,由个人主义主导的人文精神,就不可避免地堕落到以维护个人利益为目标而忽视了社会中大多数人利益的境地。由此可见,要解决互联网时代人类不可避免地遭遇到的道德困境、心理困境、文化困境、人的自身发展困境以及人类的安全困境,需要中华优秀传统文化的力量,需要在中华优秀传统文化中蕴含着的、以集体主义为主导、强调社会性的人文主义的力量。

第四节　互联网时代中华优秀传统文化传播的主体培养

按照香农的经典传播理论,传播就是信息从信息源到达信息接收者的过

---

[1] 钱穆:《文化与教育》,广西师范大学出版社,2004年版,第23—24页。
[2] 〔美〕赫伯特·芬格莱特:《孔子:即凡而圣》,江苏人民出版社,2002年版,第3—5页。
[3] 陈志良,高鸿:《数字化时代人文精神悖论之反思》,《南京社会科学》2004年第2期。

程。如果我们将人类社会的文化传播视为一种信息传播，在此过程中传播的信息源和信息接收者都是人。一些传播学理论据此将信息接收者视为被动的传播客体，而把信息源作为传播主体，强调传播主体的主动性。实际上，文化的传播不可能像普通信息的传播那样简单。在文化的传播中，因为受到认知方式、理解能力、情绪情感等因素的影响，即便接收到的文化内容一模一样，那些看上去似乎只是在被动接受文化信息的受众也会产生不同的理解、感受或领悟。这可以说是他们对文化的第二次创造。因此，受众并不是被动的，而应该被视为与文化传播者相同的传播主体，在文化传播中具有同样的主体价值。就中华优秀传统文化的传播而言，传播的受众和传播的人才这两类主体均是我们需要特别关注并着力培养的对象，因为在某种程度上可以说，是他们共同影响着中华优秀传统文化传播的效果。

一、互联网时代中华优秀传统文化传播的受众培养

（一）文化传播从青少年抓起

2000年以后出生被称为"00后"的这一代，成长于一个物质丰富的年代，绝大部分都没有感受过物资匮乏、生活贫困、日子艰难。他们生活的时代，是我国获得极大发展，GDP总量紧跟美国，逐渐成为世界第二大经济体的时代。与此同时，他们也经历着互联网飞速发展，以及随之兴起的电商、物流等行业极大地方便了人们的生活的时代。这一代人不仅深受来自全世界各地多元文化的巨大冲击和影响，也更多地主动走出国门去见识不同的文化。相较于其他时代的人，他们更加追求个性鲜明的文化，也更愿意参与到这些文化的创造中去。二次元、弹幕视频网站等都是表达"00后"一代个性追求的文化标签或载体。显而易见的是，这些文化标签、载体并不被"80后""70后""60后"等群体所认同。在他们看来，"00后"这一代没有吃过苦，物质生活过于丰富，因此喜欢的大都是提倡娱乐享受、碎片化、缺少文化内涵的文化。因此，中华优秀传统文化教育更应该从娃娃抓起，更要注重在他们心灵中播下中华优秀传统文化的种子，并让它生根发芽成长，使青年一代逐步建立起对中华优秀传统文化的认知、理解和热爱，建立起中华文化自信。

如何向在互联网时代成长起来的"00后"传播中华优秀传统文化呢？我们认为，需要从以下四个方面着手：

第一，利用好互联网时代的各种新媒体平台。凭借互联网传播信息的平台都可以被称为新媒体平台，如微信、微博、播客、抖音等，因为这些平台与传

统媒体在传播的速度、内容、形式和与受众的互动性上都有显著的差异，且受众面、传播速率、影响力、波及率等远超传统媒体。因此，利用好新媒体平台进行中华优秀传统文化广泛而深入的传播，是传承与创新中华优秀传统文化的极好途径。当然，能否利用好新媒体平台，主要还是取决于文化传播者本身对于中华优秀传统文化的深刻理解、诠释水平、文化表达方式、载体创作能力以及对新媒体平台的技术掌握与应用能力，而与新媒体平台本身的特点没什么关系。比如，在中央电视台中文国际频道开播的节目"中华医药"是一档向海内外传播中国传统医药文化的大型电视健康节目，在微信出现后，节目组及时申请了微信公众号，并通过该平台，及时将囿于电视节目时长而不能详细讲解的中医药知识或"八段锦""易筋经"之类的强身健体操的视频输送给海内外的广大观众。同时，在电视节目中主持人还会根据节目的内容，不时提示观众关注"中华医药"的微信公众号，以方便观看各类养生保健的视频或接收中医药保健知识。这样一来，"中华医药"这一微信公众号对"中华医药"这个电视节目就起到了很重要的辅助作用，了这一节目的很多观众都会关注他们的公众号，并从公众号上学习更多有关中国传统医药文化的知识。2017年故宫博物院运用现代数字技术，开发了一系列文创产品，通过新媒体平台，不仅把体现中华优秀传统文化鲜明特征的闻名于世的中华瑰宝传向了全世界，同时也为故宫博物院带来了超过10亿元的电商营收。再例如，今日头条、东家APP与中国手艺发展研究中心进行合作，通过邀请匠人入驻头条并提供海量曝光支持、拍摄传统文化系列大型短纪录片等方式把蕴含中华传统手艺精华的作品传向世界各地……这些方式均是有效利用互联网时代的各种新媒体平台传播中华优秀传统文化的极佳范例。

第二，要在深刻了解青年一代的审美心理的基础上，对中华优秀传统文化的内容和形式进行再创造。举个例子来说，由于受互联网的影响颇深，"00后"审美心理的最大特点就是参与性。"00后"已不是静静地欣赏美，还具有参与美的创造冲动，并以自己参与的创造为美。在"00后"看来，万物皆可被颠覆、被改造，且他们都可以参与到这一过程中去。不论是2012年涂鸦语文课本插图"杜甫像"造成的网络热潮，还是如"普大喜奔""累觉不爱"等网络热词的出现，又或是各种自己制作的表情包在网上火速传播……这些现象的出现都离不开"00后"通过参与来得到表达和满足的审美心理。如果我们在中华优秀传统文化的传播中，忽视"00后"这种参与式的审美，要求他们对原著原图不得有任何创新或其他形式的参与，要求他们只能静静地观赏，那么可想而知，中华优秀传统文化恐怕很难被他们接纳进而广泛传播。需要说明的是，本处提及的参与式审美只是"00后"审美心理的一个突出特点，关于"00后"的审美心理还有很多亟待研究的问题需要我们努力去发现、解决。在本书中特别需要强调的是，只有在充分了解"00后"的审美心理的基础上，我们才有可能成功地实现中华优秀传统文化的传播，进而将"00后"变成中华优秀传统文化的传播者和拥护者。

第三，在互联网时代文化产业迅速发展的背景下，利用好"内容付费"等工具。"内容付费"的背后潜藏的是消费者愿意为什么买单的意愿。因此，将"内容付费"作为一个工具，能带动文化传播主体努力地进行新的创造，对内容进行迎合受众需求的修改，并努力开拓新的传播渠道。这种利用市场的规律来对内容优胜劣汰的做法完全适用于中华优秀传统文化的传播，因为这不仅会刺激和鼓励传播者，更能够调动人们对传播优秀传统文化的热情，更重要的是，这一过程如大浪淘沙，能自然地实现去粗取精、去芜存真的目标。我们相信，真正优秀的传统文化一定能够在互联网时代的传播中脱颖而出、获得新生。

第四，利用偶像效应，打造中华优秀传统文化"代言之星"。对偶像的追逐是"00后"一代绕不过去的话题。他们热爱偶像，热衷于追逐偶像，也梦想着自己成为偶像。在"00后"的积极推动下，偶像已经成为我们这个时代不可抹去的标签。在这种情况下，我们需要利用好偶像效应，打造出一批中华优秀传统文化"代言之星"，通过他们的一举一动、一言一行来影响、改变、鼓励、带动"00后"。这样的偶像不是以外貌取胜，而是以深厚的学识、独特的思维来吸引大家。类似的例子很多，比如最近在B站非常受欢迎的福建师范大学中文系教授孙绍振，他已年满86岁，是B站最年长的UP主[①]。他上传的视频有分析热剧《庆余年》中的杜甫诗文的，有教大家高考作文怎么写的……他已然是一位拥有数万粉丝的中华优秀传统文化"代言之星"。像孙绍振教授这样被粉丝喜爱的"星"就是我们需要塑造的、可以影响"00后"青年的偶像。这样的偶像越多越好。

（二）文化传播要关注的重点人群

美国学者伊莱休·卡茨（Elihu Katz）在20世纪中期提出了一个可谓是

[①] UP主（日语：うp主/うぷぬし）是源自日本的网络用语，意指在视频网站、资源网站等地上传视频、音频或其他资源的人（上传者，日语：投稿者）。在哔哩哔哩网站UP主的意思即是指视频上传者。

颠覆传播学传统研究的理论——"传播与使用理论"。① 卡茨将传播学传统研究的问题"媒介对人们做了什么?"改成"人们用媒介做了什么?"将对传播的研究由媒介转移到人身上，开启了传播学领域的"人的发现"。这一理论指出，人对媒介的接触行为是一个"社会因素+心理因素—媒介期待—媒介接触—需求满足"的因果过程，人们接触传媒的目的是满足他们的特定需求，这些需求具有一定的社会因素和个人心理起源。这个理论告诉我们，研究传播的机制，应该从人的心理着手，要找到人接触媒介、使用媒介的原动力——他们为什么使用媒介？他们想从媒介得到什么？

在互联网时代，各种媒介唾手可得，人们可以自己制作视频、音频，甚至可以自己拍电影。不仅如此，互联网上的各大平台提供了最方便快捷的传播通道，使这些制作能够很快地传播开去。在这样的时代，传播与使用理论对人的关注变得更为重要。在优秀传统文化的传播中，我们也需要借助传播与使用理论的视角，将媒介使用者提到前台，去追问这样一个问题：互联网时代人们想要通过各种媒介得到什么？

根据传播与使用理论，互联网时代人们使用各种媒介的目的无非是满足自己的社会心理需求。这提示我们，对互联网时代中华优秀传统文化传播的研究中有一个重点是关注人们在使用互联网进行中华优秀传统文化的传播时他们想要满足的社会心理需求。同时，更为重要的是，我们要关注那些主动进行传播的主体以及关注他们的人。这些人就是我们所说的中华优秀传统文化传播的"重点人群"。

在互联网上这样的人不少，其中年轻人占了很大的比例。以国内知名弹幕网站B站提供的数据为例，近年来在B站投稿国风相关视频的UP主中，70%的年龄是18—24岁。2019年，B站组织的"2019最美的夜"跨年晚会中国风类节目受到极大追捧，不仅收获了高口碑，还得到很多用户的自动转发。其中琵琶演奏家方锦龙与虚拟偶像洛天依合作的《茉莉花》更是让人拍案称奇，被称为"冲破次元壁"的合作。B站有不少知名的以传播中华优秀传统文化为主的UP主，如擅长古代女子妆容的"我是真的蓁蓁"、热爱汉服穿搭的"小豆蔻儿"、能用手工制作还原经典国画的"雁鸿"，甚至还有喜爱国风的外国人入驻，如肖恩Shaun—Gibson等。B站首席执行官陈睿认为，这些都是B站的主流用户，他们对于传统文化、对于中国自有的文化，有着更客观的理解，同

---

① 林雅萍:《"使用与满足"理论与互联网环境下的文献接受》,《上海师范大学学报》(哲学社会科学版),2009年第6期。

时对中华优秀传统文化有自信和自豪感。

可见，年轻人已经成为最热衷于中华优秀传统文化传承与复兴的群体，也自然当仁不让地成为互联网时代优秀传统文化传播的"易感人群"——容易被中华优秀传统文化感染以及容易感染别人的人。这类人群通常具有以下几个特点：第一，热爱中华优秀传统文化；第二，对中华优秀传统文化有一定了解；第三，以中华优秀传统文化为傲并乐意传播中华优秀传统文化。从 B 站的经验来看，这样的年轻人往往是从最开始对中华优秀传统文化感兴趣的受众转变为传播中华优秀传统文化的主力担当的。

二、互联网时代中华优秀传统文化传播人才培养的机制建设

互联网时代中华优秀传统文化传播人才培养有两个重点：一是着重机制建设，规范发展；二是要创造环境，激发民间力量。简单来说，前者是有规划地进行规范建设，后者是创造一个能够激发更多的人进行中华优秀传统文化传播的环境。此二者虽是不同性质的工作，工作的范围、对象、方式等均不相同，但有着同样的目标——为互联网时代中华优秀传统文化传播培养人才。二者互相补充，缺一不可。

（一）以先进的理念引导中华优秀传统文化传播人才培养的机制建设

互联网时代，信息的传播非常快速，信息社会的发展进步也因之瞬息而变。这样的时代特征使我们在中华优秀传统文化传播人才培养的机制建设方面特别需要有明确的指导思想，这样才能在快速、广泛的传播中牢牢把握住中华优秀传统文化的精髓，使其不至于在传播中走样、变形。其中尤其重要的是要以先进的理念为先导，培养中华优秀传统文化传播人才。

这里所说的先进理念，指的是能够引领大多数人民群众的认识，更贴近中华优秀传统文化内涵和本质的认识。这些认识涵盖多个方面的问题，如对中华优秀传统文化本身的认识，对什么是中华优秀传统文化、评价优秀传统文化应该用什么标准、中华优秀传统文化承载了哪些价值观的认识等。其中，首先应该确立的是对中华优秀传统文化价值定位的先进认识，因为如果我们不能正确认识中华优秀传统文化的价值，不能对其有一个深刻、清晰的价值定位，那么我们很难在对中华优秀传统文化传播人才的培养工作中建立良好的机制，使这些人才真正从思想上认识到、把握住中华优秀传统文化的重要价值。如此一

来，他们就可能对优秀传统文化的重要价值认识不足、不到位，自然而然他们的行动效果就可能大打折扣。自党的十八大以来，习近平总书记对这个问题曾有多次重要论述。2016年，学者高长武总结了习近平总书记关于中华优秀传统文化价值的相关论述并在《光明日报》上发表文章指出，习近平总书记的这些论述中主要包含着对中华优秀传统文化如下几个方面的价值定位：中华优秀传统文化是中华民族的"根"和"魂"，是中华民族的文化基因和精神家园，是中华民族生生不息、发展壮大的丰厚滋养，是中华民族在世界文化激荡中站稳脚跟、坚定文化自信的坚实根基和突出优势。[①] 这些价值定位深刻体现出中华优秀传统文化的历史作用和时代价值，同时又通俗易懂，让每一个中国人都能一眼明了、心领神会。

（二）以完备的政策制度来保障中华优秀传统文化传播人才培养机制运行有序

中华优秀传统文化传播人才的培养是一个需要政府、学校、媒体以及其他相关机构共同参与的工作。各类机构因特点、目标、资源等的不同，会有不同的人才培养机制；机构之间也会通过互相协调，建立联动运行的培养机制。不论这些人才培养机制的执行机构是谁，都要建立相应的政策制度来保障人才培养机制运行有序，简单地说就是"人才培养，制度先行"。

就政府而言，要从长远目标着手，制定关于培养中华优秀传统文化传播人才的政策，建立推动中华优秀传统文化传播人才培养的机制以及协调各类机构的联合运行机制。这一机制需要国家层面出台相关的指导性政策、建设发展规划，以及与此政策相配套、可以将政策落地的保障性制度。中共中央办公厅、国务院办公厅就曾在2017年1月印发《关于实施中华优秀传统文化传承发展工程的意见》，要求各地区各部门结合实际认真贯彻落实。该意见指出，要加强政策保障，建立健全中华优秀传统文化传承发展重大项目首席专家制度，培养造就一批人民喜爱、有国际影响的中华文化代表人物；完善中华优秀传统文化传承发展的激励表彰制度，对为中华优秀传统文化传承发展和传播交流作出贡献、建立功勋、享有盛誉的杰出海内外人士按规定授予功勋荣誉或进行表彰奖励。此外，该意见还指出，要充分尊重工人、农民、知识分子的主体地位，发挥领导干部的带头作用，发挥公众人物的示范作用，发挥青少年的生力军作用，发挥先进模范的表率作用等，为调动中华优秀传统文化传播人才的主动

---

① 高长武：《中国优秀传统文化的价值定位》，《光明日报》2016年9月5日。

性、积极性提供了指导性的意见。①

就学校和各类媒体而言，需要在政府的统一指挥下，建立适合自身实际情况的中华优秀传统文化传播人才培养机制。这个机制要有一定的弹性和纠错的可能性，可以通过实施后的反馈来进行调整。在这个机制的基础上，以保障人才培养机制的运行为目标，制定相应的政策制度，以及具体落实的办法、细则等。

我们要看到，中华优秀传统文化传播人才的培养是一个长期的过程，这个过程中我们可以通过人才培养的效果反馈、培养过程的细节监控等各种方式来调整人才培养机制以及相应的政策制度保障，使不同的人才培养机制能真正发挥出它们的作用，培养出不同类别（如歌剧、舞蹈、绘画等类别）、不同层次（如省级、国家级或世界级等）的中华优秀传统文化传播人才。

（三）将精神层面的价值作为中华优秀传统文化传播人才培养的激励核心

任何类型的人才培养，总会面临一个绕不开的核心问题，就是如何使培养出来的人才能够心甘情愿地留在本领域内、本行业内、本体系内，奉献自己的力量。简单来说，就是如何使我们用心、耗资源培养出来的人才用得上、留得住。"用得上、留得住"这两个问题具有密切的关联，因为如果人才没有用武之地，那么根本谈不上"留得住"，再优秀的人才如果没有舞台，迟迟不能展现自己的才华和能力，早晚都会离开。

在中华优秀传统文化传播这一伟大事业上，人才能否"用得上、留得住"有与现实社会中其他行业人才培养不同的特点。文化传播事业不是以贩卖文化为目标，它的主要目标不是追求利益，而是传播价值理念。在文化传播上，我们往往不能立竿见影地看到效果，不能从受众数量、讲座场次等量化指标来衡量文化传播的效果如何，因为受众本身的接受度、认同度才是文化传播关心的目标。但是，我们无法在一个较短的时间内通过一些有形的指标来评价受众从优秀传统文化中得到的教益或滋养究竟如何。比如现实生活中，有一些人在年轻的时候听了一个中华优秀传统文化的讲座，或者看了一部关于中华传统美德的电影，却是在中年时期经历一些人和事之后，才真正认识到当年这个讲座或这部电影带给他们的价值观是多么了不起，对他们的人生多么有帮助……可

---

① 中国政府网：《中共中央办公厅　国务院办公厅印发〈关于实施中华优秀传统文化传承发展工程的意见〉》，http://www.gov.cn/zhengce/2017-01/25/content_5163472.htm。

见，文化传播的效果可能经年累月才得以体现，这是与实业或商务这类生产、交易的事业完全不同的。

因此，我们想要使中华优秀传统文化传播人才"用得上、留得住"，就必须明确从事中华优秀传统文化事业能够给人才带来的激励效果更多的是精神层面的感悟或提升而非仅物质层面的消费或享受，将精神层面的价值作为中华优秀传统文化传播人才培养的激励核心。此处所说的精神层面的价值主要是指人才能够在传播中华优秀传统文化的过程中实现自己的人生价值，感受到人生境界的提升，以及对中华优秀传统文化产生的发自内心的审美愉悦。我们要在中华优秀传统文化传播人才培养的过程中特别着重于中华优秀传统文化给人的精神方面创造的价值，要帮助传播人才构建更高的人生格局，培养他们对中华优秀传统文化发自内心的欣赏原动力。与此相对应，在中华优秀传统文化传播人才培养过程中需要注意和回避的是，对物质层面价值的强调。比如，在传播过程中个人可以得到多少粉丝，从而获取什么样的经济利益……凡此种种，都是在无形中引导传播人才向"钱"看，而不是向更深层次的文化所承载的价值看齐，这样做极有可能会损害传播人才对于中华优秀传统文化原有的价值认同，将其精神层面的东西低俗化，长远来看，不仅对中华优秀传统文化的传播不利，还极有可能损害大众对优秀传统文化价值的认识，可谓是贻害无穷。

三、互联网时代中华优秀传统文化传播的民间力量培育

随着我国经济实力的增长，我国人民对于中华优秀传统文化的认识愈加深刻，文化自信愈加浓烈。以汉服为例，在 20 年前，大学里的各类社团中几乎没有一个是以汉服为主题的社团，但现在几乎每所大学都至少有一个汉服社团，在"90 后""00 后"中，喜欢穿汉服的人越来越多。另据央视财经频道《经济信息联播》报道，至 2019 年全国汉服市场的消费人群已超过 200 万人，产业总规模约为 10.9 亿元。除了汉服市场的火爆外，我们还看到，近几年热播的影视剧中，以古言小说、仙侠小说改编的剧目占了一半以上，其中《琅琊榜》《花千骨》等爆款影视剧更是带动了人们对古代服装、乐器等的喜爱。人们也通过这些影视剧进一步了解中华传统文化，成为中华传统文化的粉丝。仅仅从这两个例子我们就可以清楚地看到，民间力量在中华优秀传统文化传播中所能做出的贡献不可小觑。只要能够营造出合宜的环境，那么他们就一定能在传播中华优秀传统文化的事业中发挥出更大的作用。通俗地讲，就是要"凿深井、放好水、养活鱼"，不断激发民间传播中华优秀传统文化的积极力量。

（一）凿深井：进一步完善传播中华优秀传统文化的体制机制建设

水深才好养鱼。第一步是凿出一个可以容纳更多水和鱼的深井。在中华优秀传统文化传播这一问题上，"深井"就是指相应的体制机制。众所周知，通过40多年的改革开放，中国共产党带领全国人民取得经济建设的巨大成就，制胜法宝之一就是一直强调要在正确处理党委、政府、市场、社会之间的关系的基础上，不断对现有体制机制进行改革。文化领域也在进行体制改革，比如《国家"十三五"时期文化发展改革规划纲要》就提出要全面深化文化体制改革，要建立健全党委领导、政府管理、行业自律、社会监督、企事业单位依法运营的文化体制机制。这样的文化体制机制就是一种能够使各类主体的积极性得到激发的环境，通俗地说，是能够蓄深水养鱼的环境。在整个深化文化体制改革的背景下，我们需要本着改革的精神对现有的中华优秀传统文化传播的体制机制进行完善。中共中央办公厅、国务院办公厅印发的《"十四五"文化发展规划》指出，要健全文化要素市场运行机制，促进劳动力、资本、技术、数据等合理流动。在这一思路的指导下，中华优秀传统文化传播体制机制的完善可以首先从制度改革入手。例如，推动公益性文化事业单位建立中华优秀传统文化传播的专门制度，集中资源、花大力气传播中华优秀传统文化；推动国有文化企业在中华优秀传统文化作品产出、评价、推广等环节建立完善配套制度，引导文化产品向传播中华优秀传统文化的方向积极靠拢，有意识地打造一大批传播中华优秀传统文化的小说、电影、电视、绘画等文化精品。此外，还可以参照政府和社会资本合作（PPP模式①）的做法，建立和完善中华优秀传统文化传播中引入社会资本、管理社会资本的体制机制。PPP模式引入社会力量参与公共服务供给，提升供给质量和效率，是党中央、国务院作出的一项重大决策部署。近年来，PPP模式得到了大力发展，财政部政府和社会资本合作中心的相关数据显示，截至2022年7月，累计储备PPP项目3626个、投资额4.1万亿元，新入库项目投资额前五位的行业分别是交通运输、市政工程、城镇综合开发、林业、生态建设和环境保护。② PPP模式在文化建设方面

---

① PPP模式（Public-Private-Partnership）指在公共服务领域，政府采取竞争性方式选择具有投资、运营管理能力的社会资本，双方按照平等协商原则订立合同，由社会资本提供公共服务，政府依据公共服务绩效评价结果向社会资本支付对价。

② 中国政府网：《今年1至7月PPP新入库项目338个》，http://www.gov.cn/xinwen/2022-09/13/content_5709524.htm。

的项目较少，但是并不意味着PPP模式在文化建设领域没有用武之地，实际上近年来以文化为导向的城市新规划建设中我们也常常看到PPP模式的身影。比如，2017年成都市政府就将位于成都市中心的面积约13.6平方公里的"二江环抱"区域规划为"成都文化中心"，将其定位为突出"文化+"导向、以天府文化为特质、以新型业态为载体、文商旅相融合的城市核心功能区，引入社会资本进行建设。成都市政府表示，"成都文化中心"核心区项目投资约100亿元。

（二）放好水：汇集传播中华优秀传统文化需要的各类民间资源

中华优秀传统文化传播中需要各类资源，这些资源从类型上看既包括实物、仪式、音乐、舞蹈、工艺等承载中华优秀传统文化的载体，也包括道路、展厅、活动场所以及资本、媒体等传播中华优秀传统文化所需要凭借的资源。从目前的情况看，在传播中华优秀传统文化中，我们往往依靠政府提供道路、展厅及活动场所等资源，因为政府在这些方面拥有的资源似乎是最多的，而且也负担着推广中华优秀传统文化的责任。然而，政府的力量毕竟还是有限的，况且在互联网时代，资本、媒体（尤其是新媒体）都是文化传播中不可忽视的重要资源。对于我们来说，只要是有利于中华优秀传统文化传播的资源我们都应该"拿"来用。同时，不仅要关注现有资源，还要不断发掘新的资源。

在如何汇集民间资源进行中华优秀传统文化传播的问题上，我们可以向一些文化传播的成功案例学习。建川博物馆聚落就是一个汇集民间资源进行文化传播的很好案例。民营企业家樊建川花了数十年时间，倾尽家财，修建了一个堪比公办博物馆的全国最大的民间博物馆群落。这一群落占地500亩，建筑面积10余万平方米，由20多个博物馆组成，拥有藏品一千余万件，其中国家珍贵文物4790件。最早，樊建川通过商业地产拍卖的方式，买下大邑县的500亩商业用地建造博物馆，在藏品收集的过程中也使用了很多方法。比如，他参加拍卖会花了十多万元购买到了著名的画虎大师张善子画的《飞虎图》；为了收集"文化大革命"时期使用的镜子，找了辆卡车安上喇叭走街串巷地喊"用新镜子换旧镜子喽"，一下子就收集到了五万面镜子。除了花钱购买、以物置换等方式，建川博物馆还通过接受捐赠等方式收集了不少藏品，如2018年湖南省抗战老兵就向建川博物馆捐赠了1207份手印……藏品是博物馆的灵魂，通过这些方法建川博物馆聚落汇集了大量的藏品资源，也因此成为中国民间博物馆中藏品数量最多的博物馆。而樊建川本人近年曾多次表示，将把建川博物馆聚落捐给国家。

建川博物馆聚落完全是通过汇集民间资源建成的,当然在这个过程中也得到了政府的支持和帮助。在传播中华优秀传统文化这一事业上,我们需要向樊建川学习,需要像他那样开动脑筋,用尽办法,将民间资源汇集起来。我们可以挖掘民间艺人的资源,可以利用网上"意见领袖"等开拓中华优秀传统文化传播的渠道,可以与民营博物馆、画廊等民间文化机构合作推广中华优秀传统文化,还可以与网络文化产业运营者合作,设计、生产、出售蕴含中华优秀传统文化精华的文创产品等。民间资源可谓是取之不尽、用之不竭,我们一定要转变观念,不要认为传播中华优秀传统文化只是政府的工作,更不要认为政府的资源才是最好的资源,什么事都要依赖政府,而是要看到民间资源可以在中华优秀传统文化传播中起到的作用,平时多留心,需要使用这些资源时才能精心规划,从而将各种资源汇集起来为我所用。

(三)养活鱼:精心培育传播中华优秀传统文化的各类民间主体力量

互联网时代,传播主体在传播过程中的作用仍然十分重要,因为它始终是信息的承载者和表达者,其目标是通过报纸、杂志、书籍、网站、微博、微信及各类应用程序等载体将信息传达至目标人群。尽管网站等互联网时代的信息传播载体比传统的报纸、杂志、书籍等信息传播载体的传播速度更快、传播信息的量更大更丰富,但无论是何种信息传播载体,都需要借助传播主体之手才能发挥作用,而传播主体如何使用这些信息传播载体则成为信息传播是否有成效的关键。中华优秀传统文化的传播也是这样。这一事业尤其需要各类民间主体力量参与其中,因为纵观历史,所有得到延续和发展的文化都经历了"从百姓中来,到百姓中去"的过程,故而如果我们想要中华优秀传统文化得到传承与创新,就必须取得最广泛的大众的认可和接受。而在这个问题上,生于百姓、长于百姓的民间主体显然比官方的文化推广、传播机构要更有力量,也更具活力。能够致力于中华优秀传统文化传播的民间主体非常多,除了对中华优秀传统文化有着浓厚兴趣的个人以外,还有网站、民营文化机构、民营媒体公司等组织机构,它们都可以利用自己手中的信息传播载体资源,成为中华优秀传统文化传播的民间力量。而如何培育好各类民间主体,使其在中华优秀传统文化传播的事业中发挥作用是必须回答的问题。我们认为可以从以下几个方面着手:

第一,要抓住时机,培育中华优秀传统文化传播的主体意识。参与中华优秀传统文化传播的各类民间主体一开始可能对传播中华优秀传统文化并没有清晰的意识，也没有确定的目标，但只要抓住了时机，就有可能改变原有的传播内容和目标，转而成为中华优秀传统文化传播的主体，并在这一过程中通过对中华优秀传统文化的深入了解主动担起传播的责任，慢慢地确立起传播主体意识。以下我们以创建于 2009 年的 B 站的发展历程为例，阐述传播主体的意识发生变化的过程。众所周知，B 站的特色是悬浮于视频上方的实时评论功能（弹幕），这种独特的视频体验构建出一种共时观看的氛围，颇受年轻人喜爱。而且，B 站的视频没有任何广告，年轻人在上面追日本的动画番剧、看游戏视频，观看体验完胜国内其他网站。不仅如此，B 站还支持用户上传自己创作的各种视频，由于用户上传的绝大多数是 ACG（动画、漫画、游戏）内容，因此早期 B 站被定义为 ACG 内容创作与分享的视频网站，也因此 B 站成为国内知名的二次元[①]网站，二次元一度成为 B 站的代名词。2016 年初，《我在故宫修文物》这一纪录片忽然成为朋友圈热捧的对象，在知名网站豆瓣上的评分高达 9.4 分。细究其走红的原因，竟然是它在 B 站上受到了追捧，成了 B 站的"爆款"。同时，B 站的 UP 主近年来也上传了大量国风类的视频。纪录片《我在故宫修文物》的走红和 UP 主对国风类内容的钟情使 B 站管理层敏锐地意识到网站用户对中华传统文化的兴趣在增加，应抓住时机为中华传统文化"站台"。2017 年，B 站董事长兼执行总裁陈睿在第五届网络视听大会上介绍中华传统文化在 B 站的复兴。自 2018 年起，B 站开始连年主办"中国华服日"。2019 年在 B 站主办的"2019 最美的夜"跨年晚会上推出由方锦龙、赵兆带来的《韵·界》国风音乐表演，实现方锦龙与洛天依的跨次元合作。凡此种种，B 站借力于年轻人对中华传统文化的热爱，又发挥了自身的亚文化传播优势，很快摆脱了原来的二次元网站标签，成为民间传播中华优秀传统文化的一个重要主体。

第二，要擦亮眼睛，寻找传播中华优秀传统文化的民间"好苗子"。民间主体在中华优秀传统文化传播中能发挥出政府及事业单位很难发挥出的力量，因为这类主体产生于民间，不仅理解广大人民群众的需要，还能够创造出满足广大人民群众需要的文化产品。但是，对待这类主体，我们往往有种先入为主的成见，认为他们的起点低、立意不高、对中华优秀传统文化的认识不深刻

[①]来自日语的"二次元（にじげん）"，意思是"二维"。日本早期的动画、漫画、游戏等作品都是以二维图像构成，其画面是一个平面，所以通过这些载体创造的虚拟世界被动漫爱好者称为"二次元世界"，简称"二次元"。同时，"二次元"也具有架空、假想、幻想、虚构之意。"二次元"发展至今，已形成一种独特的亚文化类型。

等。这类成见会蒙住我们的眼睛，让我们看不到这类主体的力量，当然也就不可能花力气去培育它们。实际上，"下里巴人"才是民间中华优秀传统文化传播的重要根基，如果在传播过程中我们一味强调"阳春白雪"，强调中华优秀传统文化的"正统""高雅"或"深刻"，必然会曲高和寡，最终使中华优秀传统文化无人问津。比如，一些学者对于小戏班颇有意见，觉得他们表演的东西虽然脱胎于传统文化，但还是太低俗。实际上，这些常年奔走在田间地头、送节目下乡的小戏班子才是老百姓喜爱的中华优秀传统文化的传播主体，他们那些看上去似乎很"俗气"的节目全是民众喜欢看、喜欢听的。因此，在传播中华优秀传统文化的过程中，我们一定要擦亮眼睛，不要用自己认为的高雅标准去评价一些民间主体，要看到他们在传播中华优秀传统文化过程中可能会起到的作用，要重视他们的主体力量，并有意识地培育、引导、发展这样的主体力量。

第三，要转变思路，学会借台唱戏。在这个问题上，2018年《国家宝藏》的走红或许能给我们提供一些思路。在《国家宝藏》开播前，央视有一个同类节目——《国宝档案》，制作精良，有厚重的历史感，却没有太多的关注度，很多人甚至都不知道有这样一个节目。《国家宝藏》仍由央视出品，与《国宝档案》相比，历史的厚重感一点不差，制作也更加精良。它最早在央视播出时也没有得到很多关注，后来是在B站受到热捧，经网友在微博、豆瓣等社交平台转发，引起各大视频网站点击量的激增，最终竟然影响到了央视的播出计划，《国家宝藏》的播出频道由原来的中央三套改成了中央一套，播出时间改为周六黄金档。毫无疑问，B站在《国家宝藏》走红的过程中起到了关键性的作用，可以说它是整个节目的引爆点。这就是借台唱戏，借B站的舞台，《国家宝藏》得到了很好的宣传，受到了年轻人的认可和赞赏。当然，很多人不知道的是，《国家宝藏》取得这样的成绩绝非偶然，节目组在编制前期就专门研究过年轻人的爱好，不仅邀请了在年轻人中有影响力的明星来演绎国宝故事，还从舞台、灯光、道具、台词、背景音乐等入手，精心设计，使其符合年轻人的审美。尤其是在背景音乐的选择上，《国家宝藏》在节目中播放了年轻人熟悉的古风动漫和游戏的背景音乐作品，赢得了B站年轻受众的强烈共鸣。与此同时，B站年轻受众对《国家宝藏》的弹幕解读也是这一节目在社交平台上被关注的重要原因。比如，B站用户对乾隆爱题字盖印的弹幕评论"以前不能给爱豆打电话，朕就疯狂盖戳""乾隆题的字不就是我们今天发的弹幕么""官方吐槽最为致命"等火到了各大社交平台，也带红了《国家宝藏》这一节目。可以说，《国家宝藏》的借台唱戏做得非常成功的原因就是它懂得面对什么样

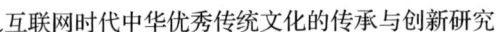

的受众去借什么舞台。借台唱戏的关键是要转变来自原有平台的惯性思路，要根据其他平台不同受众的心理状况、审美兴趣等调整自己的传播内容和传播形式，这样才能取得实实在在的传播效果。

第六章 "互联网+中华优秀传统文化"产业新业态融合创新研究

导读：从信息科学的观点来看，所有的文化都可以作为信息，通过一定的载体进行表达和传送。而文化作为一种社会信息，受限于人的社会性和心智特点，其表达、传送和接受不是一一对应的关系，在传播过程中可能会被损耗。简单地说，也就是文化的表达者和传送者（我们也可将其称为"传播主体"）想要表达和传送的东西未必是接收者（传播客体）真正接受的东西。在这一过程中，影响传播主体如何表达和传送、传播客体如何接收的因素很多，传播载体就是其中非常重要的一个。传播主体会根据不同传播载体改变其表达和传送方式，而传播客体对不同传播载体也会产生不同反应。在人类文明史上，曾有形形色色的传播载体，这些载体与文化相结合，产生出与传播载体不能割裂的文化形态。正是在这个意义上，英国人类学家马林诺夫斯基才将器物也包括在了文化之中，并将文化分为物质和精神两个部分。在互联网时代，作为一种新的文化传播载体，互联网不仅必然会影响中华优秀传统文化的传播主体的表达和传送方式，以及传播客体的接受方式，还必然会与中华优秀传统文化融合，发展出适合互联网行为的中华优秀文化，即"互联网+中华优秀传统文化"产业的新业态。

第一节 "互联网+中华优秀传统文化"产业新业态融合创新概述

一、互联网助力中华优秀传统文化发展进入新时代

（一）数字时代：人类社会发展和技术进步的全新阶段

互联网的出现，不仅使人类的科技在极短的时间内取得飞速的进步，还将世界联系起来，地球似乎变小了，国与国之间的联系变得愈加紧密，文化传播中原本难以突破的物理距离不再成为问题……但作为数字时代的入口，互联网时代出现的这些技术进步也不过是小小的前奏。毫不夸张地说，相对于可能是人类社会历史上技术进步最快速、成就最让人惊叹，会对整个人类社会带来翻天覆地的改变的数字时代来说，互联网带来的这些技术进步仅仅是一个相对简单的预演。也就是说，若我们提升视角从整个人类科技发展的历程来看，互联网时代的到来昭示了数字时代的曙光，我们通过它进入必将彻底改变人类社会的数字时代。

1. 互联网及相关技术成为主导后工业社会发展的核心力量

法国社会学家阿兰·图海纳于20世纪60年代提出"后工业社会"这一概念，认为第二次世界大战后的法国已逐渐由工业社会步入了"后工业社会"。美国学者丹尼尔·贝尔在此基础上于1973年出版了《后工业社会的来临》一书，将"后工业社会"从技术、社会结构的角度进行了定义。他认为，后工业社会是以信息和服务为基础的社会，在这个社会中，理论知识和技术（尤其是智能技术）都将成为社会的中枢。在贝尔之后，又出现"信息社会""科技社会""后资本主义社会"等不同提法，但都与"后工业社会"一样，指出了自20世纪70年代末以来在世界先进的资本主义国家出现的以信息科技为核心引领的产业革命和相应的社会结构发生改变的现象，而且都预测了未来人类社会的发展将被信息和知识所主导。

但是，后工业社会并不是凭空出现的，而是在工业社会的基础上建立起来的。因此，它不得不面对工业社会遗留下来的如环境污染、资源滥用等诸多问题。依靠收集、挖掘及运用更大范围的信息和知识使技术变得更智能等方式，

后工业社会通过互联网及其相关技术，在解决以上问题时得心应手，大显其能。而且，在这样一个围绕信息和知识组织起来的社会中，信息和知识就成为重要的资源，互联网及其相关技术很好地解决了信息和知识的传送问题，人们只要拥有了互联网的入口也就意味着进入了全球信息和知识的宝库。不仅如此，在此基础上，互联网还创造出了人们对信息和知识无限的需求，以及解决这些需求所需要的创新空间和技术。正是在这样的意义上，我们认为，互联网是主导后工业社会经济、社会发展的核心力量。

中国正在步入后工业社会，同样面临着两个主要问题：一是要解决工业社会遗留下来的诸多问题，比如环境污染、工业生产效率不高、产能低下等；二是要把握好机会，在互联网带来的全球信息和知识数量急剧增加的背景下做出适合中国的创新。在这两个问题上，互联网及相关技术的发展是关键。而从过去三十年的发展来看，中国在互联网及相关技术上的进步举世瞩目，不仅紧跟全球的发展步伐，还在在线教育、电子商务、互联网金融、社交平台等方面发展出具有中国特色的互联网产业。据中国互联网协会发布的《中国互联网发展报告（2022）》显示，2021年我国数字经济规模增至45.5万亿元，总量稳居世界第二。[1] 而在工业互联网方面，中国工业互联网研究院发布的《中国工业互联网产业经济发展白皮书》预计，2022年我国工业互联网产业增加值规模将达到4.45万亿元，占GDP比重3.64%。[2] 可见，互联网已经成为带动我国后工业时代经济和社会发展的主要力量，也必将影响中华优秀传统文化在当代的发展。

2. 互联网时代是数字时代序曲

早在20世纪90年代，尼葛洛庞蒂就在《数字化生存》一书中对数字时代做出预言，认为在数字时代数字化生存会成为现代社会的一种新的生存方式。这种生存方式以信息技术为基础，人们原有的生产方式、生活方式、交往方式、思维方式、行为方式都会因为数字化而呈现出全新的面貌，比如，生产关系会实现数字化重构，经济活动会全面数字化，还会出现数字化政治以及人类学习、交往、游戏、购物及医疗等的数字化……总的来说，尼葛洛庞蒂认为数字时代将会出现对模拟、延伸和超越现实世界的第二世界（虚拟世界），而人

---

[1] 人民政协网：《中国互联网发展报告（2022）》，https://mobile.rmzxb.com.cn/tranm/index/url/www.rmzxb.com.cn/c/2022-09-16/3203832.shtml。
[2] 央广网：《2022年我国工业互联网产业增加值规模将达到4.45万亿元》，https://www.cnr.cn/news/20221107/t20221107_526052809.shtml。

类将在由数字组成的第二世界中产生超越现实生存空间的新的另类生存体验。①

在我们步入互联网时代以来，尼葛洛庞蒂对数字时代的预言正在一步步实现。在线医疗、在线教育、电子商务、在线游戏等的发展无一不在重新构建我们这个社会原有的学习、工作、娱乐方式，重新构建我们的生活。作为数字时代的预演，互联网时代是通往人类实现完全的数字化生存的必经之路，而我们现在所经历的互联网时代的科技进步，感受到的数字化给生活带来的种种便利，都还只是数字时代这一人类历史上从未有过的鸿篇巨制的小小序幕而已。从这个角度可以说，真正的好戏还在后头呢！

（二）互联网推动中华优秀传统文化进入数字化发展的新时代

基于对互联网特点的片段认识，有观点认为互联网不利于中华优秀传统文化的传承，因为互联网传播的主要是碎片化的信息，而中华优秀传统文化自成一体、博大精深，如果对优秀传统文化进行适合互联网传播方式的创新，将它们裁切成小段的、片段化的信息，就会损害优秀传统文化本身的完整性，使其变得面目全非。而且，互联网时代人们的注意力会变得更短浅，思维方式也会发生变化，以至于只会进行短平快的阅读，不会花力气去了解中华优秀传统文化的深厚内涵……诸如此类的观点还有很多。有人甚至还发出"移动互联网或将中华文化导入灾难深渊"的警告，认为长期使用互联网，会导致汉字的消亡，从而毁灭中华文化。②

我们认为，互联网非但不会将中华优秀传统文化导入"灾难深渊"，反而会促使其孕育出数字时代的中华文明。原因有以下三点：

第一，文化的形态无论如何改变，其传递的意义都不会改变。从人类学家泰勒开始，文化就被认为是包括器物等物质在内的人类的生活方式，因而后来有学者将文化分为物质文化、制度文化和精神文化这三种形态。这些适应工业文明的文化形态在互联网技术发展的日新月异面前，已不得不做出改变，但这些形态上的改变并不意味着文化最重要的本质被改变，因为任何一种文化，其最重要的本质并非形态，而是隐藏其后的意义。正如人类学家格尔茨在《文化的解释》一书中所说："文化就是这样一些由人自己编织的意义之网"③，"文

---

① 〔美〕尼古拉·尼葛洛庞蒂：《数字化生存》，海南出版社，1997年版。
② 刘东凯：《深析：移动互联网或将中华文化导入灾难深渊？》，https://www.iimedia.cn/c460/6866.html。
③ 〔美〕克利福德·格尔茨：《文化的解释》，译林出版社，2014年版，第5页。

化是公众所有的,因为意义是公众所有的"①。文化就是公众共有的意义,而只要这些意义能被公众共同所有,那么文化本身的价值也就实现了。同时,文化的形态也不能代表文化的完整意义,任何一种文化形态都像拼图的一角,人们找到它们、了解它们,在其中去解释和寻找意义,再一步步地拼织出它们背后的意义之网。我们知道,对于人类任何一种文化的传承来说,重要的都是整个意义之网,而不是拼图的一个角。

第二,互联网时代中华优秀传统文化的形态必须做出顺应社会发展方向的改变。在互联网时代,文化形态的改变已成为不可回避的现实。任何一种文化如果不做出顺应社会发展方向的改变,必然会在历史长河中消失。这样的例子在人类历史上发生过很多次,如近百年来随着工业文明和都市的兴起,乡村中的一些像榨油、榨糖、纺织等世界非物质文化遗产已经难觅踪迹。互联网时代,技术的发展对中华民族的优秀传统文化的传承提出的挑战较以往的任何一个时代更甚,我们如果不能顺应社会发展的方向对其做出创新和改变,那么中华优秀传统文化的消失就是显而易见的了。而无论是抖音上用粤语吟诵唐诗的短视频,还是B站的UP主"老八"发布的灵感来源于《山海经》的角龙妆视频,又或是穿着汉服游览故宫的衣袂飘飘的年轻女孩……这些虽然都没有展现出一种完整的中华文化,但在文化片段之中传递的意义是我们中国人都知晓的,我们可以通过讨论、探求这些意义来更进一步地了解我们祖先传递下来的优秀传统文化。而在这一过程中,我们对它的热爱会更进一步,那么传承与创新中华优秀传统文化也就顺理成章。

第三,在工业文明向数字文明进化的进程中,迫切需要中华优秀传统文化作为文明核心和指导思想。工业文明向数字文明进化是人类科技发展必经的历程,而在这一过程中,机器会在智能层面越来越与人接近,甚至在某些方面还胜过人。在数字时代人类将在生产力上获得有史以来最大限度的解放,但这样的解放并不必然意味着人类社会将更加和谐、更加团结。因为源自古代希腊的二元对立思想已主导西方社会两千多年,在它的支配及近代资本主义制度的影响下,原本是为人类更美好的生活服务的进步科技不可避免地造成了自然环境被大肆破坏、人类社会贫富分化和文化冲突加剧的结果。虽然有包括马克思在内的多位西方思想家对此进行了深刻反思,并提出了新的思想理论来解决这一问题,但二元对立至今仍是对西方文化影响至深的思想观念,可谓是西方文化发展的指导思想。在这种情况下,西方文化很难担负起解决人类社会矛盾的文

---

① 〔美〕克利福德·格尔茨:《文化的解释》,译林出版社,2014年版,第15页。

化责任。而中华优秀传统文化有着五千年的悠久历史，与西方文化有着本质差异，"天人合一"的思想能克服工业革命以来人与自然的矛盾，"老有所终，壮有所用，幼有所长，鳏寡孤独废疾者皆有所养"的大同理想能够解决人类社会贫富分化问题，"老吾老以及人之老，幼吾幼以及人之幼"的人文原则以及"君子和而不同"的思想能够很好地处理不同文化的冲突……凡此种种都为人类提供了在获得生产力的巨大解放之后，在数字文明时代能够和谐发展所需要的核心意义和指导思想。

二、"互联网＋中华优秀传统文化"产业创新发展的初步思路

我们认为，伴随互联网时代向数字时代的演变，"互联网＋中华优秀传统文化"产业将会经过不断发展，推动中华优秀传统文化顺应互联网带来的技术进步趋势，结合社会发展的方向，不断向前推进，其间必将融合各种文化，并在此基础上最终在文化层面形成数字时代别具一格的中华优秀文化。在此我们结合我国"十四五"期间数字创意产业发展的规划，对"互联网＋中华优秀传统文化"产业的发展思路提出一些初步构想。

（一）构建发达的创新内容生产体系

众所周知，内容是"互联网＋中华优秀传统文化"产业发展的最重要的内在驱动力，只有内容的不断创新，才能够保证在互联网时代中华优秀传统文化能顺应时代发展的趋势，不会被技术的潮流所淹没。因此，我们需要构建发达的创新内容生产体系，为此，需要从以下几个方面着手。

第一，花大力气培养创新内容生产者。没有创新内容的生产者就不可能出现创新内容，而创新内容的生产者需要具备对"互联网＋中华优秀传统文化"的深刻理解，同时能够在此基础上结合现代文化进行不断的创新。在这个问题上，需要我们从现行的教育体系入手，一方面要加大传统教育体系中的中华优秀传统文化内容的占比，改革课程体系，出版相关教材，将一些中华优秀传统文化的内容融入如语文、数学、外语等课程的课堂教学中，对承担这些课程教学任务的教师进行大力培养，系统地教授他们中华优秀传统文化，使他们能够将厚重的中华优秀传统文化穿插到旧有的一些课程体系中去，通过正式的课堂渠道，以系统的方式传递给学生。另一方面是加强对学生创新意识、创新品格和创新能力的培养。因为创新关系到中华优秀传统文化的传承，必须以传承为基础和目标，有意识地设置相应的课程、开展相关活动，通过各种各样的方式

来培养我国青年一代的创新能力。

第二，努力构建中华优秀传统文化内容创新的互助体系。任何一种创新都离不开集体思考，大众的智慧能够在创新的过程中起到极大的作用。这样的例子举不胜举。构建中华优秀传统文化内容创新的互助体系，旨在通过凝聚群众的智慧和创造力进行创新。在这个问题上，我们需要通过建立相应的平台或利用现有的平台，但最关键的还是要保持一个开放的态度、设计一个能够促进创新互助的规则。B站在这方面就做得非常好。这个网站在最近几年的成功可以说完全是因为它在建站之初就设计出了一些能够促进年轻人创新的规则。同时，中华优秀传统文化内容创新互助过程中，会产生一些有关版权的问题，这也需要相关部门及时出台相应的法律法规来进行防范与解决。

第三，深入挖掘IP的价值，利用好粉丝经济。IP为英文"Intellectual Property"的缩写，原意是知识产权，后来在我国文化产业的运作中成为热门、有粉丝的小说、动漫、音乐、游戏等文化作品的知识产权的代名词。同时，这个词还指对文化作品进行改编或开发的权利。因此，这些拥有很多粉丝并且具有版权的文化作品，常常被称为IP资源。国内文化产业领域近年来经常出现囤积IP或抢购IP的现象，其实就是对于IP资源的抢夺，其背后的逻辑是通过购买IP资源，同时将IP所附带的粉丝收入囊中，这些粉丝会为IP资源相关的产品买单。这就是所谓的"粉丝经济"。从网络小说到电视剧、电影，接着又衍生出广播剧、动漫等文化产品，吸引更多粉丝。而这些电视剧、电影的开播，又把一些原本不知名的演员推到台前，成为"顶级流量"。有些影视公司还会借着影视作品的热播，为这些演员举办各种营销活动，获得巨大成功。在"互联网+中华优秀传统文化"产业的发展中，也可以对一些IP的价值进行深度挖掘，发展出粉丝群体，利用好粉丝经济。比如，《山海经》中的奇珍异兽和中华神话中的一些知名人物都可能成为IP资源，完全可以通过改编他们的故事或者赋予他们新的时代特征等方式，使其在网络时代焕发生机，成为拥有众多粉丝的大IP。我们这里所说的改编不是对这些神话人物抹黑或者臆造，将他们内在的精神内涵变得面目全非，而是要开启"新瓶装旧酒"的智慧，使他们的外在形式能够与现代社会的受众更加亲近，而内容上又传递了中华优秀传统文化的一些信息。在这个方面，漫画《非人哉》可以说是一个成功尝试。这部漫画讲述了哪吒、龙女、狐仙、玉兔、精卫、白泽等传说中的神仙妖怪在现代社会的生活。他们从事着现代社会的各种工作，生活、社交中遇到了不少与现代人相似的烦恼，但不同的是他们能使用各自的法力来解决……这种反差带来的幽默让读者十分喜爱，一发布即大受欢迎，后来还被改编为动画剧集。

（二）突破区域和行业限制，构建协同一致的政策环境

在数字时代，促进社会发展的一个非常重要的因素是高度协作。[①] 高度协作能够让人类的思想、经验和智慧聚合起来，实现不断地创新。但这样的高度协作只能在数字时代才会发生，因为网络技术使人们可以毫无障碍地获取世界各地的信息，与世界各地的人产生即时沟通。"互联网＋中华优秀传统文化"产业的发展也必须顺应高度协作的时代发展趋势。为了实现这一目标，也需要我们从行政管理体制方面予以配合，建立起不同行政区域协调一致的政策环境。这一政策环境的建设以区域的整体发展为目标，旨在为"互联网＋中华优秀传统文化"产业的发展尽量扫除机制的障碍，可以从以下几个方面着手。

第一，打破行政壁垒，以为"互联网＋中华优秀传统文化"产业的发展提供统一的市场条件为目标制定相关扶持政策。市场回报始终是"互联网＋中华优秀传统文化"产业发展的目标之一，因为如果没有市场回报，任何一种产业都难以持续发展下去。在条块分割的区域化行政管理体系中，不同行政区域对产业发展有不同的规划及相应的管理措施、手段，而"互联网＋中华优秀传统文化"产业有着强烈的跨区域性，需要一个统一的市场来支持其发展。这样就不可避免地会在实践中产生产业发展与行政管理体制之间的矛盾，可能会引起各地区比拼政策支持力度导致地区之间的恶性竞争，或者企业为了实现经济目的，不惜采用虚假欺骗的方式来申请相应的政策支持等问题。这些问题在我国新能源汽车产业的发展过程中就有体现，我们应该引以为戒。要解决这些问题，需要打破行政管理体系的区隔，顺应市场发展的规律，出台相应的扶持措施，旨在推动建立促进"互联网＋中华优秀传统文化"产业发展的统一市场条件。行政管理主体不要为了争取本行政区域的政绩，出台有可能毁坏"互联网＋中华优秀传统文化"产业发展土壤，造成重复建设、恶性竞争的扶持措施，如不经过充分的市场调研，仅凭企业的一面之词就匆忙批准、上马一些项目，很可能在投入大量的资金、物资支持后，才发现这些项目在别的行政区域早就建成，而剩下的市场份额已不多了，如此行政行为导致的后果可想而知。市场的问题还是应该交由市场来解决，政府对产业的扶持应尊重市场发展的规律，着眼于产业发展的全局。

第二，政府需要具备高度的主动性，在尊重市场规律的前提下，充分激发

[①]〔美〕尼古拉·尼葛洛庞蒂：《数字化生存》，海南出版社，1997年版，第231页。

企业的潜能，让他们积极主动地参与到"互联网＋中华优秀传统文化"产业的发展中来。在向数字时代进发的过程中，发展"互联网＋中华优秀传统文化"产业尤其需要突破地域和行业的限制，因为即使撇开市场的统一性是产业发展的基石不谈，中华优秀传统文化本身就具有的高度统一性和整体性就有突破地域和行业限制的内在需要。这就要求各行政区域的政府机构需要具备高度的主动性：一方面，多听、多了解企业的意见和看法，向企业学习，向市场学习，打破固有的地域意识，使这一个比较困难和复杂的系统性工作在实践探索中可以尽快完成，以适应数字时代"互联网＋中华优秀传统文化"产业发展的需要；另一方面，现阶段我国的一些文化企业还有比较狭隘的行业意识，需要政府在这一过程中做好引导和示范，推进企业之间的高度协作或跨行业融合发展。企业的潜能是无限的，只要政府不闭目塞听，不会不顾现实情况而强求企业按照政府的统一规划，只服务于本区域的发展，或迫使企业参与同本企业发展方向不符的市场活动，而是充分发挥主动性，保持虚心的态度，不断摸索市场规律，本着促进"互联网＋中华优秀传统文化"产业发展的初心，站在文化复兴、民族复兴的战略高度重视产业发展的意义，做出合理规划，积极引导、促进企业发展，那么就能在尊重市场规律的前提下，充分激发企业的潜力，最终突破区域和行业限制，促进"互联网＋中华优秀传统文化"产业跨区域、跨行业发展。

（三）树立全局意识，实现中华优秀传统文化资源的区域效益最大化

文化资源是指能够满足人类文化需求、为文化产业提供基础的自然资源或社会资源。任何文化资源都是有限的，随着时间的流逝，"互联网＋中华优秀传统文化"产业发展也必将面临中华优秀传统文化资源不足的问题。面对这一问题，我们特别需要加强区域合作意识，站在区域合作发展的高度，抓住区域经济一体化发展的契机，对区域内的中华优秀传统文化资源进行整合和统一开发，实现中华优秀传统文化资源得以合理配置和运用的目标。这就需要各行政区域之间密切合作，树立全局意识，打破彼此之间条块分割的壁垒，以实现中华优秀传统文化资源的区域效益最大化为目标，积极开展各种跨区域合作。

第一，政府和企业都要树立中华优秀传统文化资源珍贵、有限的意识，对区域内的中华优秀传统文化资源进行深入了解、合理使用。政府要对自己所管辖的行政区域内的中华优秀传统文化资源有摸底了解，根据相关权威部门发布的指导意见，构建起符合本地区实际情况的文化资源评估指标体系，培养专业

队伍，对本地区的中华优秀传统文化资源进行准确界定和分类。在摸清这些基本情况的基础上，根据国家所规定的产业发展方向以及市场规律，对中华优秀传统文化资源进行有步骤、有计划地开发。企业要在客观科学地评估自身发展潜力的基础上，结合"互联网+中华优秀传统文化"产业发展的趋势，对中华优秀传统文化资源进行合理的规划使用。

第二，打破区域条块分割，合力解决中华优秀传统文化资源闲置浪费的问题。目前在我国的文化资源开发过程中，仍然存在着中华优秀传统文化资源闲置浪费的情况，究其原因，主要是行政管理体制上的区域封锁、条块分割造成的。因此，政府需要打破区域条块分割的限制，站在区域整体发展的高度，进行行政区域的通力合作，利用区域经济一体化的机会，对区域内的中华优秀传统文化资源进行统一开发、合理配置，使中华优秀传统文化资源的作用得到充分的发挥。具体来说，可以成立跨区域的合作管理部门，对本区域的"互联网+中华优秀传统文化"产业发展进行统一规划、协调，并配套建立相应的产业发展评审管理机制、监督机制等。比如，一些在文化特色上接近、在地域上相邻的行政区域（如成渝经济圈、长三角经济带及珠三角经济带等），完全可以在现有的经济合作发展基础上共同制定本区域的"互联网+中华优秀传统文化"产业的发展规划，通过配套相应的政策，配置相应的资源来促进产业发展。区域合力发展"互联网+中华优秀传统文化"产业，不仅能够解决中华优秀传统文化资源闲置浪费的问题，还能在这一过程中不断挖掘出本区域更多的资源，使本区域的人民群众增强乡土意识、民族意识和文化意识，从精神层面更加认同中华优秀传统文化。

第三，建立科学的开发模式，对中华优秀传统文化资源进行科学、合理地开发。当前我国文化资源的开发利用中，存在着盲目开发、过度开发和庸俗开发等问题，不仅造成了资源的浪费，而且严重破坏了文化资源生态。[1] 在中华优秀传统文化资源的开发中尤其要注意避免出现类似的情况，因为像历史文化建筑、绘画等传统文化资源是不可再生的，一旦被破坏，几乎不可能再恢复。还有一些反面的资源开发案例是对中华优秀传统文化资源的"以新换旧"，用神话人物做主角来讲述现代故事，将神话人物本来的特征全部替换成现代社会的人才可能有的特征，以至于这些人物除了姓名之外的元素都被替换掉了，反而弄巧成拙，不伦不类。不合理、不科学的开发模式不仅会造成中华优秀传统文化资源的浪费，还会在一定程度上加深一些人对中华优秀传统文化土气、偏

---

[1] 尹明明：《传统文化资源的创新性开发利用》，《江西社会科学》2015年第11期。

第六章 "互联网+中华优秀传统文化"产业新业态融合创新研究

狭的刻板印象。因此，我们迫切需要建立科学的开发模式，要培养一批有专业知识并具备中华优秀传统文化独特审美的工作者参与到中华优秀传统文化资源的开发工作中。

（四）创造条件，引导"互联网+中华优秀传统文化"产业集群发展，实现集群效应

从全世界范围来看，产业集群的概念和实践已经产生多时，从技术创新、组织创新、社会资本、经济增长等四个方面对产业发展起到了非常有力的促进作用。[1] 产业集群能提高产业的整体竞争力，加强集群内企业间的有效合作，增强企业的创新能力，发挥资源共享效应，有利于形成"区位品牌"，是产业竞争力提升的关键。[2] 因其本身具有的融合性，"互联网+中华优秀传统文化"产业与其他产业相比，具有形成产业集群的更大优势。因此，我们应该创造条件，在以人为本的发展理念指引下，积极引导"互联网+中华优秀传统文化"产业集群发展，实现集群效应。

第一，参照现有的产业集聚模式，探索适合本区域的"互联网+中华优秀传统文化"产业集聚模式。根据目前我国新兴产业的集群集聚模式来看，可供"互联网+中华优秀传统文化"产业参照的集聚模式包括以资源集约化为核心的集群集聚模式、以城市为核心的集群集聚模式以及以产业价值链为核心的集群集聚模式等。[3] 在"互联网+中华优秀传统文化"产业的发展过程中，完全可以借鉴这些成熟的新兴产业集群集聚模式。

第二，始终坚持将创新作为"互联网+中华优秀传统文化"产业集群的内在驱动力。由政府主导，建立以创新为驱动的"互联网+中华优秀传统文化"产业集群机制。这一机制要在知识产权保护的基础上，努力克服一些由组织僵化、制度呆板、资源不足等带来的一系列约束创新的因素，从知识共享、文化资源共享、场地共享及人力资源共享等方面加强企业间的合作，激发产业活力，促进"互联网+中华优秀传统文化"产业集群不断实现内容创新、组织创新、盈利模式创新等。

第三，政府要做好顶层设计，针对市场发展的趋势，提出总体战略和发展目标，指导"互联网+中华优秀传统文化"产业集群有序发展。政府要以集约

---

[1] 陈剑锋，唐振鹏：《国外产业集群研究综述》，《外国经济与管理》2002年第8期。
[2] 魏守华，王缉慈，赵雅沁：《产业集群：新型区域经济发展理论》，《经济经纬》2002年第2期。
[3] 刘冰峰：《新兴产业集群知识合作创新研究》，华中科技大学出版社，2015年版，第39—41页。

化的意识为导引,明确"互联网+中华优秀传统文化"产业集群发展的重要性,经过详细的调查研究,对产业发展的前景及市场发展的趋势有深入了解,在此基础上做好顶层设计,提出本区域的"互联网+中华优秀传统文化"产业集群发展的总体战略和发展目标,指导产业集群有序发展。在此过程中,一是要为产业集群提供相应的配套资源,如产业园区、人力资源等;二是要未雨绸缪,做好产业发展的中长期发展规划;三是要在知识产权保护的基础上,设置好产业发展的规则及相应的行业标准。为了实现政府可以提供的资源的集约化,需要杜绝重复建设,明确目标和方向,将有限的资源精准投入到"互联网+中华优秀传统文化"产业发展园区的建设中。

三、"互联网+中华优秀传统文化"产业创新发展面临的问题

（一）对"互联网+"和"新业态"概念的认识不足

要发展"互联网+中华优秀传统文化"产业,首先,对"互联网+"和"新业态"这两个概念的认识要清楚。然而,我们发现,现阶段无论是官方,还是民间,无论是政府官员、企业家,还是老百姓,对这两个概念的认识或多或少都存在不足和简单化倾向,其中较为典型的是将"互联网+"等同于"+互联网",将"新业态"理解为"新产业"。这些概念如果不能得到澄清,必然会影响"互联网+中华优秀传统文化"产业的发展。

1. 将"互联网+"简单等同于"+互联网",弱化了"互联网+"的作用

多数人会把"互联网+产业"等同于"产业+互联网",认为"互联网+"不过就是在原有产业的基础上加入互联网这种传播工具,让互联网成为宣传、售卖产品的渠道,这种渠道比传统渠道可能更有效果,但本质上并没有任何不同。但是,他们没有认识到,"产业+互联网"模式与"互联网+产业"模式存在着本质上的差异,其根本区别就在于"是否产生新的产业业态与新的商业模式"[①]。简单来说,"产业+互联网"模式只是让传统产业搭载上互联网的列车,相关企业会建立自己的线上商店、专门的应用程序,但传统产业仍然是传统产业,原来的商业营销模式并没有改变。"产业+互联网"模式只是做加法,

---

① 傅琳雅:《"互联网+文化产业"的新业态及发展趋势》,《沈阳工业大学学报》(社会科学版) 2016 年第 4 期。

更多的是盘活社会的经济存量，而"互联网+产业"模式是做乘法，能够创造出原有模式之外的社会经济增量，两者谁对经济发展的贡献更大一目了然。①

2. 将"新业态"误解为创造新产业，在一定程度上阻碍了新业态的产生和发展

"互联网+"带来的是新业态。新业态并不是要形成一个新的产业，而是指对传统产业进行创新和升级改造，如通过对新的消费需求的培养和挖掘、产生新的产品或服务模式、创造新的盈利模式等方式产生新的经济增长点，改变原有产业的供需结构，增加供需数量。对于文化产业来说，互联网能够成为衍生新业态的关键就在于：第一，以信息为载体的文化非常适合互联网的传播；第二，以理念为核心的文化完全可以通过与互联网的深度融合，通过人们的沟通和重新演绎，创造出新的业态。如果将新业态等同于创造新的产业，会导致人们一开始就对新业态有认识偏差，形成畏难心理而不敢轻易涉入新业态的创造，如此将极有可能阻碍新业态的产生和发展。

（二）我国"互联网+"文化产业的整体规模还不够大，需要进一步提升创新创意能力

根据国家统计局2022年7月30日发布的数据，全国6.8万家规模以上文化及相关产业企业2022年上半年实现营业收入56052亿元，"互联网+"文化产业特征较为明显的16个行业小类实现营业收入19990亿元，比上年同期增长2.9%。②而根据中国信息通信研究院发布的《中国数字经济发展白皮书（2022年）》，2021年我国数字经济总量就达到45.5万亿元，同比名义增长16.2%，高于同期GDP名义增速3.4个百分点，占GDP比重达到39.8%。两组数据相比较可知，我国"互联网+"文化产业的整体规模仍比较小。造成这种情况的原因很多，最主要的原因是我国在文化产业领域创新创意能力和竞争力还不强，相关人才较为缺乏。

纵观我国文化产业市场，仅以近10年来最火爆的电影市场为例。虽然早在2018年中国电影市场就收获了609.8亿元票房，占据全球21.9%的份额，有望成为世界第二大电影市场，但多年来中国电影市场收入的多数并非来自国

---

① 傅琳雅：《"互联网+文化产业"的新业态及发展趋势》，《沈阳工业大学学报》（社会科学版）2016年第4期。

② 中国政府网：《2022年上半年全国规模以上文化及相关产业企业营业收入增长0.3%》，http://www.gov.cn/xinwen/2022-07/30/content_5703609.htm。

产电影，更不是来自以传统文化为基础进行创新的电影，而是来自美国。长期以来，美国的蜘蛛侠、钢铁侠等个人英雄主义电影占据了我国的大银幕，也给美国的电影公司带去了相当可观的收入。与此同时，即使是在国内取得相当不错的成绩的国产电影如《英雄》，又或是票房成绩不错又在国外获奖的国产电影如《一代宗师》，它们在海外市场上的表现远比不上国内市场。也就是说，我国的文化产品在竞争力上远不如美国。究其原因，根本还是在于我国在文化产业领域的创新创意能力不够，还需要进一步提升。只要创新创意能力跟上了，我国文化产业的大踏步发展指日可待。

（三）现阶段"互联网＋中华优秀传统文化"产业发展还处于起步阶段，尚需规范

现阶段"互联网＋中华优秀传统文化"产业还处在萌芽期，还相当稚嫩。要知道，要将原有的中华优秀传统文化产业发展到一定阶段，再创造出新的业态，原本就不是件容易的事。而且，各种由互联网带动并发展起来的可以在一定程度上代表中华优秀传统文化的力量目前还处于自由发展、未被规范的阶段，它们看起来充满活力，是传承中华优秀传统文化的希望，但由于自身存在的隐患，长远来看还可能会给"互联网＋中华优秀传统文化"产业的发展带来负面影响。

（四）"互联网＋"产业发展易导致中华优秀传统文化的内容碎片化

当产业与文化相结合，必然会涉及市场、资本、营利等问题。市场的接受度如何、产业的利润等都将成为文化产品是否成功、文化新业态是否能持续发展的重要影响因素。将中华优秀传统文化进行产业化运作，必然会遇到市场的问题，当爱好者要被转化为消费者，他们是否愿意买单会受很多因素的影响。在"互联网＋"产业发展的背景下，要使中华优秀传统文化能够得到关注，就不得不受到市场和技术的双重影响。例如，要使中华优秀传统文化的展现变得更直观更生动，需要利用互联网技术，让二维的图画变成三维立体场景；为了让人们了解中华优秀传统文化中的人物，需要给他们赋予新的角色内涵，让他们成为游戏的主角；等等。这里需要考虑的是，当我们如此将经过悠久的历史形成的中华优秀传统文化的整体进行创新性地切割、分解，使其能够通过短视频、动画、图片、音频等形式展现，或者增强其互动性，将原来静止的图画加入与观众的互动，以顺应"互联网＋"产业发展的技术要求和市场需要的同

时，会不会反过来使其内容的整体性受到影响而导致内容碎片化？会不会使受众对它的理解变得比较浅薄？因此，若要避免中华优秀传统文化在"互联网＋"产业发展的过程中出现内容碎片化的问题，需要我们在发展"互联网＋中华优秀传统文化"产业过程中树立正确的认识，积极采取相应的策略和措施。

第二节 建立扶持"互联网＋中华优秀传统文化"产业新业态的政策体系

一、建立扶持"互联网＋中华优秀传统文化"产业新业态政策体系的基本原则

第一原则是把握时机，根据"互联网＋中华优秀传统文化"产业新业态不同发展阶段适时出台相应的政策。在"互联网＋中华优秀传统文化"产业新业态发展初期政府应注重发展与规范之间的平衡，在发展中期应注重保持政策的稳定性、平滑性。我们以新业态发展初期的政策制定问题为例来进行阐述。在"互联网＋中华优秀传统文化"产业新业态发展初期，政府应当以能否促进"互联网＋中华优秀传统文化"产业新业态健康发展为目标，在政策制定时要在促进发展与规范市场主体行为之间把握好平衡。这样做的前提是需要政府对"互联网＋中华优秀传统文化"产业新业态的发展远景有正确的认识，对"互联网＋文化"产业市场有基本的判断，更重要的是，需要政府在面对新生事物时有相当的勇气和胆略，在其发展早期敢于采用宽松一些的政策，给予产业新业态足够的创新空间先行发展，千万不能简单粗暴地搞"一刀切"，随意叫停。

第二个原则是精准施策，按照"互联网＋中华优秀传统文化"产业新业态的不同特点制定相应政策。国家发改委、中央网信办、工业和信息化部、教育部等13部门在2020年便联合发布了《关于支持新业态新模式健康发展激活消费市场带动扩大就业的意见》。这一文件专门针对不同的业态特点，从线上服务新模式、产业数字化转型、新个体经济、共享经济新业态等不同方面，提出了创新性的重点政策。[1] 这充分体现了中央政府在面对经济发展的新业态新模式时精准施策的思想。在"互联网＋中华优秀传统文化"产业新业态的发展过

---

[1] 中国政府网：《关于支持新业态新模式健康发展激活消费市场带动扩大就业的意见》，http://www.gov.cn/zhengce/zhengceku/2020-07/16/content_5527449.htm。

程中，同样需要政府精准施策，对不同的新业态采取不同的政策。例如，在中华优秀传统文化保护问题上，目前市场上已出现了将文物进行数字化处理的新业态，能够为博物馆、展览馆等提供数字化的解决方案，让那些平时只能在馆内展示的文物也能以影像、动画等形式频频出现在人们的手机或电脑上，让它们"活起来"。这类新业态虽具备一定的公益价值，但还没有建立起好的盈利及运行模式，早期发展中需要政府出台鼓励创新的相应支持政策才可能继续发展。另外，市场上也出现了一些以传统文化元素为基础进行再创作的文创产品，这类产品往往具有成熟的销售渠道和营销手段，也有成熟的盈利模式，但需强化版权意识。对待这类新业态就需要政府出台相应的规范政策，使其可以在符合我国知识产权相关法律法规的范围内发展。可见，政府在出台促进"互联网＋中华优秀传统文化"产业新业态发展的相关政策时，不能将其简单化为一种业态或一种模式，要在深入调查的基础上，针对不同的新业态出台相应的政策，这样才能对"互联网＋中华优秀传统文化"产业的健康发展起到真正的引导、规范和促进的作用。

二、重视以数字化为基础的监测能力建设是建立良好的政策体系的前提

2019年10月31日，党的十九届四中全会审议通过了《中共中央关于坚持和完善中国特色社会主义制度、推进国家治理体系和治理能力现代化若干重大问题的决定》。这一文件明确指出："建立健全运用互联网、大数据、人工智能等技术手段进行行政管理的制度规则。推进数字政府建设，加强数据有序共享，依法保护个人信息。"[①] 这表明，党和政府非常重视数字政府建设的问题，对于数字化在政府行政管理中的作用已有充分认识。

"互联网＋中华优秀传统文化"产业与"互联网＋文化"产业并行，是近20年来新出现的一种经济模式，本身就具有跨行业、跨领域、跨地区等特点，使其较难被纳入原有的行政管理体系中，按照基本的属地管理原则，由某个地区的政府部门进行监测、控制和日常管理。而如果政府没有建立起相应的监测系统，单单靠企业主动报送的数据制定相应政策，那么这些政策难免不会"剑走偏锋"，因为如果没有掌握真实的数据，极有可能会做出不切实际甚至是错误的决策。以民宿的管理为例，一些城市可能存在民宿过多、有安全隐患的问

[①] 中共中央党史和文献研究院：《十九大以来重要文献选编（中）》，中央文献出版社，2021年版，第280页。

题，当地政府一直想整治民宿市场，但对于到底有多少家民宿、民宿质量如何、一般在什么时间经营、能够容纳多少游客等问题并不清楚，仅凭某些应用程序上的数据就得出结论并制定相应的管理制度，这样的制度出台可能会适得其反。因此，以数字化为基础的监测能力建设是政府制定"互联网＋优秀传统文化"产业新业态相关政策的基础，也是政府在这一领域进行决策、执行、服务的基础，简言之，即政府管理能力的基础。

总之，在制定"互联网＋中华优秀传统文化"产业新业态相关政策时，政府要以数据为基础，才能深刻掌握相关业态的运营状态。如果没有对新业态的真实监测数据，政府将很难进行判断和决策，也不太可能制定出切合实际的政策。在建立监测系统的问题上，可以尝试建立由政府主导、市场主体积极参与的共享开放的数据平台，以此为基础提升政府在互联网时代的监测能力。

三、各方联动，建立健全鼓励"互联网＋中华优秀传统文化"产业新业态健康发展的政策体系

（一）打通行政部门信息壁垒，构建全局性的政策体系

发展"互联网＋中华优秀传统文化"产业新业态是一项全局性的工作，需要突破地域、行业、专业等的限制，各部门联动，共下一盘棋。政府各部门应首先打通自己内部的信息壁垒，不再各自为政，运用大数据的方法和技术，建立并完善相关部门之间的数据链条，以技术为先导，带动政府各部门克服数据碎片化、信息资源不互通等问题，在此基础上从全局出发，制定鼓励"互联网＋中华优秀传统文化"产业新业态发展的政策体系。在这个问题上，中央政府已经做出了很好的示范，由国家发改委、中央网信办、工业和信息化部、教育部等13部门联合发布了《关于支持新业态新模式健康发展激活消费市场带动扩大就业的意见》，明确支持15种数字经济新业态新模式，并提供了相应的指导性的政策意见。[①]

（二）重视资本的作用，及时出台对资本进行规范和引导的政策

近二十年来，资本是推动我国"互联网＋"产业发展的重要力量。资本逐利的本质使其在推动我国"互联网＋"产业发展的过程中呈现出明显的两面

[①] 中国政府网：《关于支持新业态新模式健康发展激活消费市场带动扩大就业的意见》，http://www.gov.cn/zhengce/zhengceku/2020－07／16/content_5527449.htm。

性。一方面，资本可以使"互联网+"产业快速积累用户，建立起互联网平台，由此再产生新的盈利模式或新业态。另一方面，资本往往短视，想在短期内获取高额回报，鲜有长远和全局的规划，因此对"互联网+"产业的青睐是出于追逐利润的目的，这样一来，"互联网+"产业发展中就会出现"谋一时而非谋一世，谋一处而非谋全局"的情况，概念炒作变成常态。"包装概念—吸引投资—公司上市—套取资本—股东离场"这种依靠资本进行运作的模式一度成为一些从事"互联网+"产业的企业的理想模式。此类例子举不胜举。

"互联网+中华优秀传统文化"产业新业态的发展同样离不开资本的推动，但为了得到长远的发展，避免出现资本带来的消极影响，政府要及时出台相应的政策，鼓励资本投入的同时又做好规范和引导。主要措施包括：第一，出台鼓励有"互联网+文化"产业运营经验的企业参与"互联网+中华优秀传统文化"产业新业态PPP项目的专门政策，在吸纳社会资本进入"互联网+中华优秀传统文化"产业新业态的同时进行资源整合，帮助一批有实力的企业提升创新能力和管理水平，增强它们在"互联网+中华优秀传统文化"产业新业态领域的影响力，探索建立企业良性的发展模式，由此产生示范效应，带动更多的企业参与到"互联网+中华优秀传统文化"产业新业态的创新中来；第二，出台"互联网+中华优秀传统文化"产业新业态创新项目规划或清单，为企业及社会组织指明大致方向，对于符合发展方向的项目通过提供办公场地、补贴、减免税收等方式进行重点支持，同时为这些项目搭桥牵线，通过建立融资平台、开展合作洽谈会等方式吸引社会资本加入；第三，形成针对"互联网+中华优秀传统文化"产业新业态的专门金融服务政策，通过积极扶持、培育"互联网+中华优秀传统文化"领域的专业金融服务公司的方式为有潜力的"互联网+中华优秀传统文化"产业新业态提供金融支持，着力打造一批有实力的以"互联网+中华优秀传统文化"产业为主营业务的上市公司，由它们带动产业上下游企业共同发展，形成"互联网+中华优秀传统文化"产业企业群落；第四，出台促进个人在"互联网+中华优秀传统文化"产业领域创业的金融支持政策，为想从事"互联网+中华优秀传统文化"产业的公民提供创业起步期所需的包括资金支持在内的金融服务以及相应的数据支持，并降低他们创办公司或社会组织的注册登记门槛，制定免税等优惠政策，促使创业者将想法付诸行动，在行动中实现理想。

四、拓宽思路，创造有利于"互联网＋中华优秀传统文化"产业新业态健康发展的政策环境

政策体系的建立还要依靠良好的政策环境。从广义上看，政策环境指决定或影响政策制定和实施的一切自然条件和社会条件的总和；从狭义上看，指影响政策产生、存在和发展的一切自然因素和社会因素的总和。政策环境因素的范围比较广泛，我们可以借用管理学的PESTEL分析模型来对影响"互联网＋中华优秀传统文化"产业新业态发展的外部因素进行大致分析，再在此基础上对如何创造有利于"互联网＋中华优秀传统文化"产业新业态健康发展的政策环境提出建议。

（一）影响"互联网＋中华优秀传统文化"产业新业态发展的PESTEL分析

PESTEL分析模型是管理学中常用来分析公司外部环境的工具，目的是识别出那些对组织有影响的因素，主要是对公司所处的政治（Political）、经济（Economic）、社会（Social）、技术（Technological）、环境（Environmental）、法律（Legal）六个层面进行分析。借用这一模型，我们将影响"互联网＋中华优秀传统文化"产业新业态发展的外部因素也分为政治、经济、社会、技术、环境和法律六个层面。这六个层面对"互联网＋优秀传统文化"产业新业态发展的大致影响可用图6-1来表示。

图6-1 "互联网＋中华优秀传统文化"产业发展的PETSEL分析示意图

从政治层面看，国家支持"互联网＋中华优秀传统文化"产业新业态的发展是主流，在未来相当长的一段时间内，这一政策都不会改变；从经济层面看，我国GDP已经位列世界第二，成为仅次于美国的世界第二大经济体，经济的发展促使广大人民群众对于文化生活有了更高的要求；从社会层面看，互联网的普及使人民群众对于"互联网＋"产业有更高的接受度和参与度；从技术层面看，5G技术的推广和普及将把我国互联网整体技术水平推至更高层面，如自动驾驶、人工智能等相关产业的发展也会跃升到更高水平，"互联网＋中华优秀传统文化"产业也必将得到互联网相关技术的有力支持；从环境层面看，"互联网＋"产业能够运用大数据、人工智能等技术提升资源利用效率，成为生态友好型产业；从法律层面看，过去在"互联网＋"产业中出现了不少乱象，国家也正在出台相应的法律法规对市场主体行为进行约束，整个"互联网＋"产业的法律环境正在趋于稳定。

（二）创造有利于"互联网＋中华优秀传统文化"产业新业态健康发展的政策环境

1. 从政治层面上，积极倡导创造价值的新业态发展导向

创造价值不等于追求利润。就我国整个"互联网＋"产业的发展历程来看，资本是"互联网＋"产业发展中重要的驱动力量，而一些资本打着创新旗号，将原本并不新甚至是陈旧的技术搭上互联网的快车，包装成新概念来吸引投资，他们的最终目的就是完成"找风口—拉融资—狂撒币—IPO[①]—套现离场"的五步圈钱法。在这个过程中，一些企业甚至不惜伪造数据，瑞幸咖啡就是其中一个典型的例子。究其根本，还是因为有些企业将"互联网＋"产业定位为追求利润的事业，而没有看到产业的核心在于创造价值。

在"互联网＋中华优秀传统文化"产业新业态的创新发展过程中，政府需要积极倡导创造价值的发展导向，要对企业等市场主体进行教育，让企业家们认识到"互联网＋中华优秀传统文化"产业新业态不仅具有市场价值，更重要的是还会带来中华文明在互联网时代的伟大复兴，具有文化层面不可忽视的社会价值。政府要警惕那些打着创新旗号，实际上却一心想着圈钱走人的"伪创新""重复创新"，要倡导企业等市场主体在创新时以创造价值为目标，专注于技术、内容和商业模式的创新。同时，政府还要在出台的各种扶持企业发展、

[①] IPO为Initial Public Offering的简称，意为首次公开募股，指一家企业第一次将它的股份向公众出售。

创新创业的政策中及相应的监管过程中将对新业态价值的追求落到实处，这样才能杜绝只追求利润的企业可能造成的资源浪费、资金链断裂、数据伪造等会对市场和创新环境造成伤害的情况，从根源上避免"互联网＋中华优秀传统文化"产业新业态沦为一些企业的圈钱工具。

2. 从经济层面上，向技术创新的新业态加大投入

据国家统计局数据显示，2020年上半年"互联网＋文化"新业态继续逆势上行，线上文化消费保持较快增长，文化新业态特征较为明显的16个行业小类实现营业收入12939亿元，增长18.2%。[①] 在这些行业中同期增长最快的是新闻信息服务，同时互联网广告服务、多媒体游戏、动漫等行业的营业收入均实现两位数增长。可见，目前"互联网＋文化"产业中，属于应用创新、娱乐类的业态增长更为快速，而与技术创新有关的业态要得到增长一是需要政府出台相关政策支持，二是需要企业提高对技术创新的重要性的认识，三是需要全社会进一步形成支持创新、鼓励创新、争相创新的氛围。

技术创新同样是"互联网＋中华优秀传统文化"产业创新发展中的重要因素，因为在这个科学技术高速发展的互联网时代，任何产业或业态的创新最终都需要依靠技术来推动。举个例子来说，某博物馆有不少古代画作的藏品，想把这些画作通过互联网展示给老百姓，让老百姓们通过观赏这些画作对中华优秀传统文化有一些感性的认识，但因技术水平有限，目前只能在博物馆的网站上展示一些这些古老画作的照片。而另外一家博物馆没有这么多的古画藏品，但有很好的视频技术，能让古代画作上的人、物、车、马等动起来。他们不仅把这些视频放在了自己的官方网站上，也放到了抖音、B站等新媒体平台上，得到了很多网民的关注，为博物馆获得了很好的宣传效果。因此，技术创新是推动"互联网＋中华优秀传统文化"产业发展的基石，在经济层面，不仅政府需要出台强有力的经济政策，重点扶持以技术创新为主的新业态，而且企业也需要增强对技术创新重要性的认识，在技术创新上不断加大人力和物力投入。

3. 从社会层面上，避免新业态向泛娱乐化方向发展

不少调查显示，网民使用互联网的重要目的是满足娱乐的需求，这也有相关的数据支撑。近年来，我国已经成为全球最大的游戏产业市场，我国游戏产业的复合增长率很多年一直保持在30%左右，而仅仅在2019年上半年，我国

[①] 白帆：《"互联网＋文化"新业态逆势上行 线上文化消费快速增长》，https://cn.chinadaily.com.cn/a/202007/31/WS5f27657ca310a859d09db8b4.html。

游戏市场的实际销售收入就高达 1163.1 亿元。目前在"互联网＋中华优秀传统文化"产业的创新发展中，已经出现了一些将传统文化娱乐化的倾向，比如，有游戏公司使用《西游记》中的人物作为主角创作新游戏，但太白金星成了个萌妹子，孙悟空则变成喜欢书法的文艺青年"灭天大圣"……

在《娱乐至死》这本书中，波兹曼提醒我们："如果一个民族分心于繁杂琐事，如果文化生活被重新定义为娱乐的周而复始，如果严肃的公众对话变成了幼稚的婴儿语言，总而言之，如果人民蜕化为被动的受众，而一切公共事务形同杂耍，那么这个民族就会发现自己危在旦夕，文化灭亡的命运就在劫难逃。"[1] 这样的警示需要引起我们的足够重视。要知道，当中华优秀传统文化被娱乐化的时候，那就意味着它身上承载的价值观受到了质疑并可以被解构、改造成别的样子。因此，在发展中华优秀传统文化产业新业态时，一定要注意将创新业态与泛娱乐化区别开来，由政府通过广泛宣传、制定游戏分级制度、出台影视作品内容规范、加强对中小学生的教育等方式在社会层面进行约束、规范和引导，全社会积极参与，培养对泛娱乐化的敏感意识，自觉抵制将中华优秀传统文化泛娱乐化的所谓的"创新"。要从社会层面上做好预防工作，主动避免"互联网＋中华优秀传统文化"产业新业态向泛娱乐化方向发展。

4. 从技术层面上，鼓励企业在技术发展上实现真正创新

2013 年，美国著名 Cowboy Venture 投资人 Aileen Lee 提出"独角兽"概念，将那些成立时间不超过 10 年、估值超过 10 亿美元的初创企业称为"独角兽"，将它们视为衡量一个国家和地区新经济活跃程度的指标。2021 年 12 月胡润百富与广州市商务局、广州市黄埔区联合发布《2021 全球独角兽榜》。榜单显示，2021 年全球涌现了 1058 家独角兽企业，数量是 2020 年（472 家）的两倍以上，美国以拥有 487 家独角兽企业排名第一，中国以 301 家排名第二，美国和中国占全球独角兽总数的 74％。在为我国独角兽企业数量如此之多感到欣喜的同时，我们也发现，我国独角兽企业中有 90％的企业依靠提供内容、应用或是商业模式创新获取利润，比如占据独角兽榜单第一名的抖音母公司字节跳动。[2] 我们知道，技术的创新才是企业价值的不竭来源，是企业的核心竞争力，如果没有技术创新，内容或商业模式的创新是很容易被复制的，企业要想长久发展也就变得不现实了。因此，在"互联网＋中华优秀传统文化"产业

---

[1]〔美〕尼尔·波兹曼：《娱乐至死》，广西师范大学出版社，2011 年版，第 201 页。
[2] 腾讯新闻：《胡润研究院发布〈2021 全球独角兽榜〉》，https://new.qq.com/rain/a/20211221A0AQGS00。

新业态发展过程中,我们一定要鼓励企业在技术层面上进行创新,要让企业对技术创新引起足够重视,并投入大量的财力、物力和人力在技术发展上,推动企业以技术创新为荣,产生更多的技术创新成果。唯有如此,"互联网+中华优秀传统文化"产业新业态的发展才有长期持续、不断推进的可能性。

5. 从环境层面上,促进新业态向节约型发展

"互联网+中华优秀传统文化"产业新业态发展面临的环境问题是21世纪人类普遍需要面对的问题。它不是一个单纯的由物质生产带来的资源匮乏、环境污染的问题,而是一个与人的欲望、消费和资本密切相关的深刻而复杂的经济、社会和文化问题。我国优秀传统文化中本来就有道法自然、天人合一的思想,有俭约自守、中和泰和的生活理念,这些都能给现代社会的人们带来工作和生活方式以及人生价值方面的巨大启示,能够解决现代社会生产方式带来的环境问题。而"互联网+中华优秀传统文化"产业新业态不仅应当承接这些优秀传统文化中的思想和理念,还应当从新业态的生产方式、资源使用等方面践行这些思想和理念,使中华优秀传统文化中的这些优秀的思想和理念随着新业态的发展能更多地扩散开去,影响、感染更多的人。

6. 从法律层面上,着力推进相关法律法规体系建设

"互联网+中华优秀传统文化"产业新业态发展的法律环境建设是一个长期性的问题,要在处理好创新成果与企业或个人收益的关系、推进创新与规范发展的关系、部门分工与一体化管理的关系的基础上着力推进相关法律法规体系的构建。

(1) 平衡好创新成果与企业或个人收益的关系

在这方面主要是要出台相关法律法规,保证创新科技成果转化和收益分配机制能够顺利实施。习近平总书记高度关注创新收益分配问题,多次强调要重视对科研工作者的必要物质激励。在实践中,2015年全国人大常委会修订了《中华人民共和国促进科技成果转化法》,加大了对科研人员的激励力度。不过,针对科技创新型企业的股权和期权等方面的法律法规保护还需要进一步加强。此外,就"互联网+中华优秀传统文化"产业新业态发展中的创新成果保护问题,还需要进一步加强知识产权方面的法律法规建设。

(2) 处理好推进创新与规范发展的关系

网络世界不是法外之地,必须受到国家法律法规的约束。但与此同时,在推进创新过程中,如果国家对"互联网+"产业相关创新的规治太过严苛,可能会对这一领域的创新造成一定的阻碍。因此,在着力推进"互联网+中华优

秀传统文化"产业新业态法律法规体系建设时，一定要注意处理好推进创新与规范发展的关系，在尽可能为"互联网＋中华优秀传统文化"产业新业态的发展营造宽松氛围的同时，也要让它们在法治轨道上健康运行。要做到这一点，一是需要加强对互联网技术发展方向和互联网法治问题的研究，为"互联网＋中华优秀传统文化"产业新业态法律法规体系的建设打好理论基础；二是要完善政府的监管体系，加强数据治理工作，尤其是要及时出台相应的配套政策，为进一步优化"互联网＋中华优秀传统文化"产业新业态的经济发展环境打好法治基础。

（3）调整好部门分工与一体化管理的关系

网络世界治理困难之处就在于它有显著的跨地区、跨领域等特征，科层管理体制内部原有的属地化、分部门的管理体制可能不太适用。对"互联网＋中华优秀传统文化"产业新业态的管理也多少会遇到属地的难题。例如，某作者认为他在某文学网站上发布的古代言情小说被某公司非法"借用"了故事主线和结构制作成动画在B站发布。该作者应当在B站公司登记注册地起诉还是在涉嫌抄袭的公司登记注册地起诉？现行法律是否支持"借用"故事主线和结构的做法？在这一过程中，哪些证据能够被认可？如何保全这些证据？怎样防止原被告用技术手段篡改电子化证据？……诸多问题都需要我们从更高层次的一体化管理思路出发，借助数字化管理的技术力量，以形成协同有效的立体化治理格局为目标，打破地区、管理分工的限制，建立健全相关法律法规体系。

第三节 "互联网＋中华优秀传统文化"产业融合创新示范案例

互联网的出现，改变了人类的历史，也改变了我们生于斯长于斯的文化。在互联网时代，跳出原有的思维框架，主动拥抱新技术，借用技术的力量为自身赋能，是中华优秀传统文化能够在这个时代继续绽放光芒的必经之路。在这条道路上，如何将互联网技术融入中华优秀传统文化产业创作、生产、传播、流通、消费的各个环节，如何从内容生产开始就借助技术的东风进行不断创新，如何将浩如烟海的中华优秀传统文化资源通过更丰富多彩的方式呈现并传播开去影响到更多的人……这些都是我们需要回答的问题。近年来有不少个人或企事业单位在"互联网＋中华优秀传统们文化"产业融合创新上取得了一些成绩，在本部分我撷取了几个较为典型的进行分析，力求通过他们的经验更清晰地展示出"互联网+中华优秀传统文化"产业融合的路线或方式，为更多的个人或组织提供借鉴。

一、"书山曲海"数字化保护与传播项目——科技赋能，中华优秀传统文化焕发生机

清朝末年，刘鹗在《老残游记》第二回"历山山下古帝遗踪，明湖湖边美人绝调"中浓墨重彩地描述了艺人白妞表演山东梨花大鼓的场景。以山东大鼓为代表的"书山曲海"文化借1904年济南开商埠的契机走向兴盛。济南汇聚了山东快书、西河大鼓、相声等多种曲艺形式，不少艺术家如侯宝林、高元钧、骆玉笙、马三立等在此登台献艺、名扬四方，济南由此成为和北京、天津齐名的曲艺"大码头"。

"书山曲海"可谓是济南艺术发展史上最珍贵的艺术宝库，但随着时间的流逝，录像带、磁带等存储介质变质，使一些重要的艺术资料面临着失落的危险。而新型娱乐节目的兴起，使济南本地年轻人对"书山曲海"的记忆越来越淡。为了使这个珍贵的艺术宝库能够重新焕发出生机，国家艺术基金以立项形式资助120万元对"书山曲海"进行数字化保护与传播。2019年年底，历时两年的"'书山曲海'数字化保护与传播"项目终于交出了一份让人满意的答卷。

作为国家艺术基金新媒体项目，在互联网及其相关技术运用方面，"'书山曲海'数字化保护与传播"主要完成了四个方面的工作：第一，完成了重要资料的数字化保护。艺术家的珍贵录音、视频、照片等资料被进行了数字化处理，转移到了新的介质中，得到永久保护。第二，建成了"书山曲海"数字博览馆。这一数字博览馆完整收录了被数字技术处理后的珍贵的艺术资料，参观者只要轻点鼠标，通过3D复原的全景影像，就可以重回当年曲艺繁盛的老济南。第三，分门别类地运用不同形式展现数字化艺术资源。"书山曲海"数字博览馆中，明湖居、晨光茶社和富贵大戏院分别作为演播馆、博物馆和传承馆向观众呈现不同形式的数字化艺术资源，如演播馆播放多位知名艺术家的典型唱段，博物馆有各类艺术资源的介绍，还有众多知名老艺术家的老照片，传承馆讲述"书山曲海"在当代的传承发展，有曲种剧种传承人的纪录片等。第四，结合线上线下两类场景，对青少年进行艺术教育。在数字博览馆外再建了一个网上传统文化青少年传承基地，利用这一平台与山东省各类学校的校园活动接轨，将曲艺活动带入校园，学生在线下参加曲艺活动的表演视频又被放到网上传统文化青少年传承基地播放，由此加深青少年对"书山曲海"的认知，

带领他们进一步了解中华优秀传统文化，对中华优秀传统文化产生更大的兴趣。除以上四点外，这一项目还对"书山曲海"发展历史进行了重新梳理，在这一过程中有了不少新的发现，如将"曲山艺海"与"书山曲海"这两个阶段正本清源，还原了济南艺术发展史上的关键事实。

总的来说，"书山曲海"数字化保护与传播项目先将优秀传统文化资源进行数字化处理，再将互联网作为传播和互动渠道，实现中华优秀传统文化资源的展示、传播和传承。应该说，这一项目有效地调动了政府资源，充分利用了现阶段的互联网技术，做到了中华优秀传统文化与互联网的深度融合。对于国内同类中华优秀传统文化资源来说，完全可以通过这一项目学习如何使中华优秀传统文化触网蜕变，在网络世界中获得更长久的生命力。

二、"互联网＋三'文'"——文化产业与互联网的深度融合

明月村原是离成都市较远的蒲江县的一个小村落，2010年之前还是市级贫困村，直到2014年都没有游客光顾过。村里的土产是水稻、茶叶和雷竹，政府看中这里的雷竹规模，曾通过主办春笋节的方式以"西部雷竹之乡"的主题来打造明月村，也有村民曾想通过电子商务将这些土产售卖出去，但效果都不太理想。2014年，明月村以修复始建于隋唐的"邛窑"为契机，转型为"明月国际陶艺村"，吸引了不少艺术家入驻。其后，经历了短短两年时间，明月村从一个贫困村发展成为拥有36个文创项目，100余名艺术家、设计师进驻，年轻人纷纷前往打卡的网红村、文艺村。2018年，在建筑设计师赵晓钧、作家、品牌创始人宁远等人的共同推荐下，明月村的特产雷竹笋在网上开卖，受到众多关注。

明月村可谓是新农村建设中实现"互联网＋三'文'"的一个优秀成果。所谓三"文"，指的是文创、文旅、文居。文创主要是挖掘本地能体现优秀传统文化的内容，将其数字化，并推动再创作；文旅是利用文创优势，打造特色旅游景点、路线等，并将其以数字化方式传播、运营；文居主要是通过打造人文宜居环境，提高本地居民生活质量，以吸引更多人才和资源驻留。明月村的成功转型与以往乡村振兴的思路有着显著不同，它通过文化唱戏、互联网搭台，再以文创、设计的力量带动农业发展，提升农产品附加值。简单地说，就是在建设新农村的过程中实现三"文"的"互联网＋"产业项目。

明月村也是四川文化产业全面拥抱"互联网＋"模式的典型样本。四川省作为中华文明的重要发祥地之一，有着丰富的文化资源和深厚的历史底蕴。四

川省委省政府在文化产业的发展上有高屋建瓴的思路，于2019年5月公布了《建设文化强省中长期规划纲要（2019—2025年）》。纲要指出，要使文化强省建设和经济强省建设相互促进，实现四川省文化建设由"大"到"强"的根本转变，到2025年基本建成文化强省。与此同时，四川省也在积极加强数字化建设，并积极推动文化产业全面互联网化。在腾讯研究院联合腾讯云发布的《数字四川指数报告（2019）》中，四川数字指数已位居西部第一，而成都在全国城市数字总指数排名中位列第五，仅次于北京、深圳、上海和广州四个一线城市。建设文化强省与数字四川相结合，将文化产业全面"互联网＋"化，以互联网带动文化产业的发展，可谓是四川省发展文化产业的一个好经验。

第四节 "互联网＋中华优秀传统文化"产业融合创新模式

按照联合国教科文组织的定义，文化产品包括了文化商品与文化服务。文化商品一般是指那些传递思想、符号和生活方式的生活消费品，文化服务是那些旨在满足文化兴趣或需要的活动。[1]"互联网＋中华优秀传统文化"产业得到发展的必备要素是产业自身的创新升级，而作为文化产业的一种，"互联网＋中华优秀传统文化"产业兴衰的关键是文化商品和文化服务在流通领域的表现，简单地说，也就是相关文化商品和文化服务是否被市场所接受，能否持续不断地卖出去，使其商业价值得以实现。在本节中，我们在深入研究"互联网＋中华优秀传统文化"产业特点的基础上，结合文化产品的象征性、个性化、融合性这三个特征，提出了三种"互联网＋中华优秀传统文化"产业的融合创新模式。

一、众创、众包、众扶、众筹的"互联网＋中华优秀传统文化"产业发展模式

文化产品有着与农业产品、工业产品不同的特征，其中最显著的特征就是象征性。[2]顾客购买的主要是文化产品的象征性，也就是其象征价值，而这一象征价值需要在某种程度上得到公众的认可才使其能在流通领域顺利流通。例

---

[1] 王志标：《影响文化产品价格的因素分析》，《中南财经政法大学学报》2008年第5期。
[2] 白寅，何泽仪：《论文化产品的基本特征》，《湖南商学院学报》2006年第2期。

如，凡·高在世的时候，他的画只卖出去了一幅，后来是因为得到了后世艺术家的推崇，进而得到公众的认可，他的作品才开始在全世界的艺术市场流通，有多幅画作被成功拍卖，一些人以拥有他的画作为荣，不惜花费上百万美元，另外一些人将其作为给子孙后代的重要遗产，倍加珍惜……这些都是因为凡·高画作的象征价值得到了公众的认可、接受。文化产品的象征性所代表的象征价值要得到大众的支持，就必须要公众参与、认可，因为只有一个人认可的象征价值是无法让产品进入流通领域的。而众创、众包、众扶、众筹的"互联网＋中华优秀传统文化"产业发展模式正是很好地适应了文化产品的象征性需要公众认可这一特点，具有较强的开放性，能有效带动相应的组织、机构或个人投入到"互联网＋中华优秀传统文化"产业的发展中去。

具体到"互联网＋中华优秀传统文化"产业的发展上，众创、众包、众扶、众筹模式的运用包括以下四个要点。

首先，从最开始的中华优秀传统文化产品创造、生产之初就引入众创模式，建立专门的共享中华优秀传统文化产品生产场所，为中华优秀传统文化产品创作者提供专门的场地和便利的服务。可以通过对有历史有故事的旧建筑进行改造，或者将一些本身就具备文化内涵的地标性建筑建成共享中华优秀传统文化产品生产场所，吸引画家、手工匠人等文化产品创作者入驻。与工业产品相比，创造、生产传统文化产品所产生的污染少、需要的场地和资源也非常少，我们完全可以根据本地的历史、文化特点建多个共享中华优秀传统文化产品生产场所，为有需要的创作者提供生产、经营等方面的公共服务。在此基础上，可以利用共享中华优秀传统文化产品生产场所的集聚性，将一大批中华优秀传统文化产品创作者聚集在一起，共同就一个主题或项目进行创作，此其一。其二，中华优秀传统文化产品创造、生产的全过程可以被作为旅游资源进行展示，与有历史、有故事的旧建筑或有文化内涵的地标性建筑结合在一起，打造新的文化旅游目的地。其三，利用打造文化旅游目的地的机会，在共享中华优秀传统文化产品生产场所周边开设餐饮服务区，吸引本地有特色的餐饮公司入场，为中华优秀传统文化产品创作者和游客提供餐饮服务。如此一来，不仅能解决了中华优秀传统文化产品创作者工作地点分散、聚合力量困难等问题，还能够打造出城市新的旅游目的地，并带动特色餐饮发展，可谓一举三得。

其次，创建线上众包平台，在中华优秀传统文化产品生产的各个环节引入众包模式，聚合不同生产者的智慧、创意和力量，形成中华优秀传统文化产品创造与发展的良性动力。人类在很早以前就懂得共同协作，进入互联网时代以

第六章 "互联网+中华优秀传统文化"产业新业态融合创新研究

后,技术的发展大大降低了组织与组织之间、个体与个体之间以及个体与组织之间的协作成本,使现代社会人类的共同协作发展到了高级阶段,即"在线协作"阶段,可以跨越地域、时间的限制,最大限度地聚合生产者的智慧、创意和力量。如亚马逊的 Amazon Mechanical Turk（AMT）和 CrowdFlower 这类工具就是互联网时代众包模式的典型。这一模式的运作过程是:需求方在网站上发布任务,任何人都可以在完成注册后去认领这些任务,完成任务便能赚取相应的佣金。通过众包网站,发布任务的需求方可以快速找到合适的工作者,而工作者也可以在自己正式工作外利用闲暇时间赚取合理的报酬。在中华优秀传统文化产品生产的各个环节均可以引入这样的众包模式,将不同的工作者通过网络平台聚合起来,形成"积沙成塔"的效果。近年来,国内一些软件公司使用众包模式,有效地降低了软件开发、制作成本,但在文化产品的创造、生产上,众包模式还处于探索阶段。我们认为,中华优秀传统文化产品的创造、生产完全可以向软件产品的开发、制作流程学习,通过众包网络平台,结合中华优秀传统文化产品的特点,发展出中华优秀传统文化产品独有的协作模式。这样操作一是可以降低中华优秀传统文化产品的创造、生产成本,二是可以为更多的热爱中华优秀传统文化创作者提供工作机会。

再次,由政府牵头,整合企业、公益组织或个人的力量,建立完整清晰的"互联网+中华优秀传统文化"产业创业众扶体系,帮助"互联网+中华优秀传统文化"产业创业型企业或创业者个人成长。我国目前已进入"大众创业、万众创新"的伟大时代,广大人民群众的创业热情被激发,他们的智慧和创造力得以提升,也为我国的社会和经济发展提供了强大的活力。然而,如前所述,文化产品不同于工业产品,它的象征性需要得到公众认可才会产生价值,因而好的文化产品往往需要经过时间的沉淀才能被公众认可,实现其象征价值。"互联网+中华优秀传统文化"产业的发展也是一样的,与其他产业相比,甚至与其他类型的文化产业相比,它需要耗费更多的时间,对创意、技艺有更高的要求,因此,若仅仅依靠创业企业或创业者自己的力量,恐怕很难真正实现创业成功。对此,政府如果能够在积极营造"大众创业、万众创新"良好环境的过程中,有意识地整合企业、公益组织或个人的力量,让他们"有钱出钱,有力出力",从资金、物资、场地、创意等各个方面对中华优秀传统文化产品创业企业和创业者进行扶持,同时搭建好帮扶平台、建立相应的帮扶机制、理顺帮扶流程,形成有效激发创业企业和创业者活力的"互联网+中华优秀传统文化"产业众扶体系,必将能在助力"互联网+中华优秀传统文化"产业创业企业和创业者实现创业梦的同时,更好地激发市场活力,营造良好的

"互联网+中华优秀传统文化"产业创新创业氛围。

最后,建立专门的"互联网+中华优秀传统文化"产业发展的众筹平台,提供产业发展所需的各种融资服务,帮助创业企业或创业者解决资金困难的问题。在企业发展的过程中,资金是一个非常重要的资源。目前,我国有不少大大小小的融资机构,但是几乎找不到专门为"互联网+中华优秀传统文化"产业提供融资的机构。究其原因,主要是"互联网+中华优秀传统文化"产业的发展要得到投资人的认可需要付出比其他产业更大的努力,因为资本的根本特性就是逐利,在没有看到切实的回报之前,很少有资本愿意进行投资,而"互联网+中华优秀传统文化"产业虽然搭上了互联网技术的快车,但其内容的创新并非可以一蹴而就,往往需要成年累月的努力。因此,不少"互联网+中华优秀传统文化"产品都被资金问题困扰。例如,2019年上映的动画电影《哪吒之魔童降世》,虽然上映后取得了近50亿元的票房,但在最开始策划、制作的时候资金就是一个巨大的问题,后来是依靠众筹获得了近1900万元,成为国内影视类众筹交易额第一的众筹项目。在不少投资者对"互联网+中华优秀传统文化"产业持币观望的时候,政府的态度就显得尤为重要。政府可以主导搭建相应的众筹平台,将银行、投资公司以及信贷融资方面的中介机构纳入这一平台,建立一套规范化的流程,出台相应的评审、筛选办法,以政府的公信力作为保证,吸引上述市场主体对一些优秀的"互联网+中华优秀传统文化"创作、生产企业或个人进行资金投入,帮助他们获取产业发展需要的资金。此外,还需要政府和相应的融资机构进行合作,做出进一步的探索,目标在于建立起能够适应并促进我国"互联网+中华优秀传统文化"产业规范发展包括融资平台、程序在内的融资机制。

据不完全统计,我国目前有近五千个众创空间,科技企业孵化器近四千家,已经形成了一支支撑创新创业的重要力量。对于"互联网+中华优秀传统文化"产业的发展来说,需要在充分利用好这些力量的同时,抓住机会,以众创、众包、众扶、众筹作为发展"互联网+中华优秀传统文化"产业的关键词,建立相应的平台、场地、流程及机制,有效拓展"互联网+中华优秀传统文化"产业创业创新与市场、资金及其他资源的对接通道,由政府主导,搭建企业、公益组织、个人等多方共同参与的高效协同机制,打破产业内外的各种界限,建成有利于"互联网+中华优秀传统文化"产业成长的良好生态环境。

二、以文化服务为核心的"互联网+中华优秀传统文化"产业运营模式

　　个性化是文化产品在互联网时代打破原有的大工业生产条件的情况下出现的新特征。在大工业时代，一方面由于生产条件的限制，文化产品要有低廉的价格，让大众买得起，只能够进行大规模批量化的生产。因此，大众消费能负担得起的文化产品一般都有统一的标准和模式，按照工业产品的生产模式进行大量生产。另一方面，耗费艺术家个人巨大的精力和漫长的时间产生的独一无二的文化产品反而因其个性化而与大工业生产线上生产出来的文化产品区分开来，拥有了非常高的经济价值。而进入互联网时代以后，由于生产条件和生产方式的转变，尤其是 OA 系统、在线协同平台等的出现，使文化产品生产的管理流程大大优化，相关的人力成本、资金成本和物资成本大大降低，人们能用负担得起的价格进行个性化的文化产品订制。此外，进入互联网时代以后，按照马斯洛的需求层次理论，人类基本的生理需求和安全需求已经得到了满足，对精神生活的需求日益强烈，这种需要的满足本来就具有深刻的主观性色彩，带有明显的个性化特征，原来那种大批量、统一标准、从工厂流水线上生产出来的文化产品已经无法满足人们对于文化的这种深层次的个性需要。因此，个性化的文化产品就成为能够在一定程度上满足人们精神需要的必需品，而个性化也成为文化产品在进入互联网时代后呈现出的新特征。

　　也正因为以上原因，互联网时代大多数的文化产品生产不得不面临一个矛盾：既要取得高收益，又要保持个性化。为了保持文化产品的个性化，就不能大规模、批量化地进行生产，这样一来，文化产业就不太可能获得现代制造业那样由集约化、规模化的生产带来的高收益，因为如果用现代制造业的方式来进行生产，那么文化产品的个性化必然会受到很大的影响。"互联网+中华优秀传统文化"产业的发展也面临同样的问题。要解决这一问题，需要我们转变思路，不再沿用过去那种以产品为主体的经营方式，而是借鉴现代服务业的模式，采取以文化服务为核心的运营模式，进行"互联网+中华优秀传统文化"产业的经营，或能在保持文化产品个性化的同时取得更高的经济效益。以漫画这一文化产品为例，目前大多数个体漫画创作者或漫画工作室主要依靠在出版社、期刊社或漫画类的应用程序发表作品来获得报酬，仍然沿袭以产品为主体的运营模式。作品的质量好坏、能否受到大众欢迎成为"爆款"等是作品能否为作者带来高收益的关键因素。在这种将产品作为赚取利润的核心要素的经营模式下，产品质量与大众需求之间的对接就成为生产者孜孜不倦追求的目标。

近10年来，中国的漫画产业发展十分迅猛，但均依靠这种经营模式。如前所述的漫画《非人哉》，虽然特别受年轻人欢迎，但这一漫画最早也是采用传统的以产品为主体的运营模式，尽管有豆瓣评分高、粉丝数量上百万的优势，但直到2015年还没有实现盈利。创作方在近几年开始改变运营模式，和必胜客合作，做了三集必胜客定制动画广告，开始对传统漫画广告进行升级；与腾讯视频、企鹅影视等平台深度合作，将《非人哉》动画化；又全权主导《非人哉》周边衍生产品的开发和销售，创造新的利润增长点……通过现代社会市场经济的各种方式，利用网络的技术优势，将过去那种如何使产品卖得更好以赚取更多利润的以产品为中心的运营模式转化为如何提供更多更好的文化服务以文化运营为中心的运营模式。这样一来，不但在线下拓展了《非人哉》的影响力，同时也在一步步地使这部首先发表在网络上的漫画变成一个完整的产业生态系统。

总的来说，与以优势产品驱动的运营模式相比，以文化运营为中心的运营模式在赚取利润的过程中，服务比产品有着更大的影响力，广告服务、影视服务、游戏服务等均是中华优秀传统文化产业可以发展的服务方式，能带来更多的利润，解决以产品为中心的文化产业运营模式中既要赚取利润，又要保证文化产品的个性化的问题。在这种模式中，中华优秀传统文化产品本身已经不再是核心因素，技术的进步也只是为服务模式的创新服务。举个例子来说，目前流行的手机点餐系统已经成为一个成熟的点餐服务模式，而正是因为先有了这样一个用手机点餐的服务模式，然后才配备了网络支付、自动打印等技术，而不是反过来先有网络支付、自动打印等技术才有了手机点餐的模式。这就是以产品为中心的运营模式和以服务为中心的运营模式最为关键的不同，即前者以产品创新为驱动力，而后者以服务模式创新为驱动力。从长远的发展来看，"互联网＋中华优秀传统文化"产业的发展需要以服务模式创新作为主要驱动力，因为中华优秀传统文化产品的创新始终是有限的，而相关的服务却能针对人们的不同需要进行无限开发，是保证产业发展能够持续下去的源源不断的动力。

三、"互联网＋中华优秀传统文化"产业的"文化＋"发展新模式

中华优秀传统文化有着很强的融合性，有着"无比顽强的韧性与强大的生命力，保持着中华文化的持久性、完整性以及应时性，使中华文化亘古长存、

枝繁叶茂"①。"互联网+中华优秀传统文化"产业的"文化+"发展新模式正是沿袭和强化了中华优秀传统文化的融合性这一特征，在原有"互联网+中华优秀传统文化"产业基础上强化中华优秀传统文化因素，将其内在的强大经济力量催发出来，使中华优秀传统文化的融合性优势在产业发展过程中得以施展，并反过来促进产业的融合发展。作为一种更高层次的融合创新模式，"互联网+中华优秀传统文化"产业的"文化+"发展新模式具备以下三个方面的特征。

第一，以中华优秀传统文化为引领，进一步推动中华优秀传统文化产业进行跨产业融合。中华优秀传统文化产品或服务需要承继中华优秀传统文化的融合性，以中华优秀传统文化为引领，进行跨产业融合，将文化与第一产业、第二产业和第三产业进行融合，创造出新的中华优秀传统文化产品或服务，由此推动中华优秀传统文化产业呈现出一个跨产业发展的状态。在这方面目前已经有了一些融合的实践，例如，中华优秀传统文化与旅游产业融合，在全国各地兴起了一股改造旧建筑，打造新的文化旅游地的热潮；与服装产业融合，带来了汉服的兴盛；与影视产业融合，产出了一大批古风仙侠主题的影视作品，不仅在国内大受欢迎，还热销至东南亚地区；与服务业融合，发展出"易经推拿""汉方足浴"等新的休闲方式……这些都是以中华优秀传统文化为引领，推动跨产业融合的典型例子。

第二，以中华优秀传统文化为内容核心，进一步推动中华优秀传统文化产业在内容上与现代文化融合。文化产业要得到发展，必须在传承的基础上进行。中华优秀传统文化有着深厚的历史沉淀，根基很深。对于现代文化来说，中华优秀传统文化并不是一种完全不能相容的另类文化，而是需要结合现代人的社会心理进行融合，并在此基础上不断创新的文化。一般来说，文化的底子越厚，内涵越丰富，历史越悠久，融入其他文化的可能性就越大，同时能产生的创新也就更多。现代社会是一个开放的社会，正是因为有着这样的社会条件，我们对中华优秀传统文化的传承才有了更好的机会。而要想使中华优秀传统文化在现代社会能够得到很好的传承，其前提就是要对中华优秀传统文化进行新的创造。要将它与现代文化融合起来，并以它作为内容核心，使它成为中国现代文化的主体。这是我们需要特别注意到的一点，因为中华优秀传统文化是中国人民族性格的重要组成部分，这一点我们绝不能忽视。

第三，以中华优秀传统文化为抓手，进一步推动中华优秀传统文化产业跨

---

① 庞鹤鸣：《中华文化的坚韧性、长期性、融合性》，《中国发展观察》2018 年第 24 期。

平台融合。平台的发展是文化产业可以得到持续发展的基础。在互联网时代，文化产业的发展平台不只是限定在某个空间，而是可以超越空间的限制，从线下发展到线上，或者线上与线下联动。因此，我们完全可以利用互联网和现实社会中的不同平台，使中华优秀传统文化的内容在各个不同的平台上得到更多的关注，也使更多的人参与到中华优秀传统文化的创造中来。我们还可以使用线上平台来聚集国民的智慧和创造性，实现全民投入共同发展中华优秀传统文化的目的。

总的来说，"互联网+中华优秀传统文化"产业的"文化+"发展新模式是对原本由技术进步带来的"互联网+"模式的基础上发展的"互联网+中华优秀传统文化"产业的再次创新，即将文化要素与"互联网+中华优秀传统文化"产业进行范围更广、程度更深、层次更高的融合创新，推动"互联网+中华优秀传统文化"产业提升文化产品品质，实现结构优化，用文化因素促发产业内部的生命力。